TROSEDDEG LLYFR UN

ar gyfer CBAC Lefel 3 Tystysgrif a Diploma Cymhwysol

Rob Webb
Annie Townend

NAPIER PRESS **Troseddeg**

Troseddeg Llyfr Un ar gyfer CBAC Lefel 3 Tystysgrif a Diploma Cymhwysol

Addasiad Cymraeg o Criminology Book One for the WJEC Level 3 Applied Certificate & Diploma a gyhoeddwyd yn 2021 gan Napier Press Limited
admin@napierpress.com
www.criminology.uk.net

Ariennir yn Rhannol gan **Lywodraeth Cymru**
Part Funded by **Welsh Government**

Cyhoeddwyd dan nawdd Cynllun Adnoddau Addysgu a Dysgu CBAC

© Napier Press Limited 2021 (Yr ail argraffiad Saesneg)

© CBAC 2021 (Yr argraffiad Cymraeg hwn)

ISBN 9781838271565

Mae Rob Webb ac Annie Townend wedi datgan eu hawliau moesol i gael eu cydnabod yn awduron y gyfrol hon.

Data Catalogio Cyhoeddiadau y Llyfrgell Brydeinig

Mae cofnod catalog y teitl hwn ar gael gan y Llyfrgell Brydeinig.

Dylunio gan Global Blended Learning
Y clawr wedi'i ddylunio gan Promo Design

Wedi'i argraffu mewn modd cynaliadwy yn y DU gan Pureprint. Mae'r gyfrol hon wedi'i hargraffu ar Amadeus Silk, papur o ffynonellau cyfrifol wedi'i ardystio gan FSC®. Mae hyn yn sicrhau bod modd olrhain y gadwyn gwarchodaeth o'r goeden yn y fforest a reolir yn dda i'r ddogfen orffenedig yn y ffatri argraffu.

Bydd gweithgareddau a llyfrau gwaith ar gael ar-lein i athrawon a myfyrwyr Troseddeg sy'n defnyddio'r llyfr hwn.

Ewch i Hwb: www.hwb.gov.wales/

Cynnwys

Cyflwyniad

Croeso i'ch gwerslyfr *Lefel 3 Diploma Cymhwysol mewn Troseddeg!*

Dyma gyflwyniad byr i roi trosolwg cyflym i chi. Mae'n siŵr eich bod chi eisiau dechrau ar y gwaith, ond mae'n werth treulio ychydig funudau yn cyfarwyddo â nodweddion allweddol eich llyfr a sut byddwch chi'n cael eich asesu.

Nodweddion eich llyfr

Os edrychwch chi drwy'r llyfr, byddwch chi'n gweld rhai o'i brif nodweddion, gan gynnwys y canlynol.

Testunau Mae unedau'r llyfr wedi'u rhannu yn destunau unigol, ac mae pob testun yn ymdrin ag un o'r meini prawf asesu mae angen i chi ei astudio.

Man cychwyn Mae gweithgaredd byr ar ddechrau pob testun i'ch annog i ddechrau meddwl am y testun hwnnw a'i gysylltu â'r hyn rydych chi wedi'i ddysgu'n barod. Bydd rhai gweithgareddau i'w cwblhau gyda phartner neu mewn grŵp bach, ac eraill i'w cwblhau ar eich pen eich hun.

Gweithgareddau Mae pob testun yn cynnwys amrywiaeth eang o weithgareddau i ddatblygu eich gwybodaeth, eich dealltwriaeth a'ch sgiliau. Mae rhai yn seiliedig ar glipiau fideo, mae eraill yn seiliedig ar ymchwil neu drafodaethau, ac mae angen gwneud y rhan fwyaf mewn parau neu grwpiau bach.

Blychau Mae'r blychau yn cynnwys gwybodaeth ychwanegol sy'n gysylltiedig â'r prif destun.

Astudiaethau achos a Senarios Achosion a sefyllfaoedd troseddol go iawn a ffuglennol i chi eu hystyried.

Cwestiynau Bydd y cwestiynau yn eich helpu chi i fyfyrio ar yr hyn rydych chi wedi'i ddarllen.

Paratoi ar gyfer yr asesiad dan reolaeth Ar ddiwedd pob un o destunau Uned 1, mae adran arbennig yn amlinellu'r hyn mae angen i chi ei wneud i baratoi ar gyfer yr asesiad dan reolaeth. Mae disgrifiad o ofynion yr asesiad dan reolaeth wedi'i roi isod.

Profi eich hun Ar ddiwedd pob un o destunau Uned 2, bydd un neu ragor o gwestiynau ymarfer sy'n debyg i'r rhai a fydd yn yr arholiad Uned 2. I gyd-fynd â'r rhain bydd naill ai Cyngor ar sut i ateb y cwestiwn, neu ateb myfyriwr a gyrhaeddodd y band marciau uchaf, ynghyd â sylwadau'r arholwr.

Astudio Lefel 3 Troseddeg

Nod y llyfr hwn – *Troseddeg Llyfr Un* – yw eich helpu chi i ennill cymhwyster CBAC Lefel 3 Tystysgrif a Diploma Cymhwysol mewn Troseddeg.

- Ar gyfer y Dystysgrif, rhaid i chi basio Unedau 1 a 2. Mae'r llyfr hwn yn ymdrin â'r unedau hyn.
- Ar gyfer y Diploma, rhaid i chi basio Unedau 3 a 4 hefyd. Mae *Troseddeg Llyfr Dau* yn ymdrin â'r unedau hyn.

Dyma'r unedau byddwch chi'n eu hastudio yn ystod eich blwyddyn gyntaf:
- **Uned 1 Newid ymwybyddiaeth o drosedd**
- **Uned 2 Damcaniaethau troseddegol**

Dyma'r unedau byddwch chi'n eu hastudio yn ystod eich ail flwyddyn:

- **Uned 3 O leoliad y drosedd i'r llys**
- **Uned 4 Trosedd a chosb**

Deilliannau Dysgu

Mae pob uned wedi'i rhannu yn Ddeilliannau Dysgu. Mae'r rhain yn nodi beth dylech chi ei wybod, ei ddeall neu allu ei wneud o ganlyniad i gwblhau'r uned. Mae tri Deilliant Dysgu ar gyfer Uned 1 a phedwar ar gyfer Uned 2.

Meini Prawf Asesu

Mae pob Deilliant Dysgu wedi'i rannu yn Feini Prawf Asesu. Mae 11 o Feini Prawf Asesu gyfer Uned 1 a 10 ar gyfer Uned 2. Maen nhw'n nodi beth dylech chi allu ei wneud i ddangos eich bod wedi cyflawni'r Deilliannau Dysgu.

Yn y llyfr hwn, mae pob Maen Prawf Asesu yn cael sylw mewn testun ar wahân. Er enghraifft, mae Testun 1.1 yn ymdrin â Maen Prawf Asesu MPA1.1 ac yn y blaen.

Fel y gwelwch yn nhudalen Cynnwys y llyfr hwn, mae'r Deilliannau Dysgu ar gyfer Unedau 1 a 2 wedi'u rhestru, ac o dan bob un mae'r Meini Prawf Asesu perthnasol (wedi'u rhestru fel Testunau).

Sut byddwch chi'n cael eich asesu

Yn ystod blwyddyn gyntaf y cwrs Diploma, byddwch chi'n cwblhau asesiad dan reolaeth ac yn sefyll arholiad allanol. Dyma fanylion yr asesiadau hyn.

Uned 1: yr asesiad dan reolaeth

- Mae Uned 1 yn cael ei hasesu drwy asesiad dan reolaeth. Byddwch chi'n gweithio ar eich pen eich hun, yn union fel mewn arholiad traddodiadol.
- Ond, yn wahanol i arholiad traddodiadol, gallwch chi fynd â'ch nodiadau dosbarth i mewn i'r asesiad dan reolaeth i'ch helpu. Nodiadau dosbarth yw rhai mae eich athro wedi'u rhoi i chi (ar ffurf nodiadau neu PowerPoint) yn ogystal â'ch nodiadau a'ch gwaith personol ar sail astudiaethau a gwersi. Chewch chi ddim mynd â deunyddiau wedi'u paratoi ymlaen llaw ar gyfer Deilliant Dysgu 3 i'r asesiad dan reolaeth.
- Mae dwy ran i'r asesiad dan reolaeth. Mae rhan un yn ymwneud â Deilliant Dysgu 1 ac mae'n para 3 awr. Mae rhan dau yn ymwneud â Deilliannau Dysgu 2 a 3 ac mae'n para 5 awr.
- Ar ôl i chi fynd â'ch holl ddeunyddiau i mewn ar y diwrnod cyntaf, rhaid i chi eu gadael nhw yno nes bod yr asesiad dan reolaeth wedi gorffen.
- Gallwch chi ddefnyddio'r rhyngrwyd yn rhan dau yr asesiad, ond chewch chi ddim defnyddio eich ffeiliau a'ch dogfennau electronig personol.
- Eich athro/athrawes fydd yn penderfynu pryd bydd eich dosbarth yn cwblhau'r asesiad dan reolaeth.
- Eich athro/athrawes fydd yn marcio'r asesiad dan reolaeth. Yna bydd sampl o'r gwaith wedi'i farcio yn cael ei anfon i CBAC, y bwrdd arholi, i wirio ei fod wedi cael ei farcio'n gywir.
- Mae'r asesiad yn cynnwys briff – senario sy'n disgrifio sefyllfa yn cynnwys gwahanol droseddau. Rhaid i chi gwblhau tasgau penodol sy'n gysylltiedig â'r briff.

Uned 2: yr arholiad allanol

- Mae Uned 2 yn cael ei harholi drwy arholiad traddodiadol sy'n para 1 awr 30 munud. Arholwyr y tu allan i'ch ysgol neu goleg fydd yn gosod ac yn marcio'r arholiad.
- Mae tri chwestiwn yn yr arholiad, ac mae 25 marc ar gyfer pob cwestiwn – cyfanswm o 75 marc.
- Mae pob cwestiwn wedi'i rannu yn is-gwestiynau. Bydd rhai o'r is-gwestiynau yn fyrrach (rhwng 1 a 4 marc) a bydd eraill yn hirach (6 neu 9 marc).

- Mae pob cwestiwn yn dechrau gyda deunydd ysgogi fel senario trosedd. Bydd rhai o'r is-gwestiynau yn ymdrin â hyn.
- Byddwch chi'n sefyll yr arholiad yn ystod tymor yr haf. Bydd yn asesu pob un o'r pedwar Deilliant Dysgu.

Uned 2 a'r asesiad synoptig

Ystyr asesiad synoptig yw gwneud cysylltiadau rhwng yr hyn rydych chi'n ei ddysgu yn yr unedau gwahanol. Bydd rhai o'r cwestiynau yn arholiad Uned 2 yn gofyn am bethau rydych chi wedi eu dysgu ar gyfer Uned 1.

Graddau ac ailsefyll

Byddwch chi'n derbyn gradd rhwng A ac E ar gyfer y ddwy uned.

Ar gyfer Uned 1, gallwch chi ailsefyll yr asesiad unwaith. Os byddwch chi'n ailsefyll, rhaid i chi gyflwyno asesiad newydd.

Ar gyfer Uned 2, gallwch chi ailsefyll yr arholiad ddwywaith. Bydd y radd uchaf yn cyfrif tuag at eich gradd gyffredinol derfynol.

Arweiniad pellach ar asesu

Mae arweiniad pellach ar yr asesiad dan reolaeth i'w gael ar ddiwedd yr adran ar Uned 1, ac arweiniad ar yr arholiad ar ddiwedd yr adran ar Uned 2.

Unedau 3 a 4

Yn ystod ail flwyddyn eich cwrs, byddwch chi'n astudio Unedau 3 a 4. Bydd rhagor o wybodaeth am yr unedau hyn yn *Troseddeg Llyfr Dau*.

Mae manylion am unedau'r Dystysgrif a'r Diploma a sut maen nhw'n cael eu hasesu wedi'u crynhoi isod.

Blwyddyn	Uned	Asesiad	Cymhwyster
1	Uned 1 Newid ymwybyddiaeth o drosedd	Asesiad dan reolaeth 2 ran: 3 awr + 5 awr	25% o'r Diploma 50% o'r Dystysgrif
1	Uned 2 Damcaniaethau troseddegol	Arholiad 1 awr 30 munud	25% o'r Diploma 50% o'r Dystysgrif
2	Uned 3 O leoliad y drosedd i'r llys	Asesiad dan reolaeth 2 ran: 3 awr + 5 awr	25% o'r Diploma
2	Uned 4 Trosedd a chosb	Arholiad 1 awr 30 munud	25% o'r Diploma

NEWID YMWYBYDDIAETH O DROSEDD

Trosolwg

Rydyn ni'n dechrau'r uned hon drwy edrych ar fathau gwahanol o droseddau, ac yna'n mynd ymlaen i ystyried y rhesymau pam mae rhai mathau o droseddau wedi'u tanreportio. Er enghraifft, mae dioddefwyr troseddau fel cam-drin domestig yn aml yn amharod i ddatgelu hynny, neu gall tystion benderfynu anwybyddu troseddau maen nhw'n eu hystyried yn ddiniwed, fel ysmygu canabis neu lawrlwytho cerddoriaeth yn anghyfreithlon.

Yna byddwn ni'n symud ymlaen i ystyried effeithiau peidio â reportio troseddau. Er enghraifft, os nad yw troseddau yn cael eu reportio, fyddan nhw ddim yn flaenoriaeth i'r heddlu, hyd yn oed os yw'r troseddau dan sylw yn rhai difrifol.

Mae llawer o'r hyn rydyn ni'n ei wybod am droseddu yn dod o'r cyfryngau, sy'n cynhyrchu llif diddiwedd o newyddion am droseddau go iawn yn ogystal â phortreadau ffuglennol mewn dramâu trosedd. Ond mae'r cyfryngau wedi cael eu cyhuddo o drafod troseddu mewn ffordd gamarweiniol ac ymfflamychol. Yn yr uned hon, byddwn ni'n edrych ar ba mor gywir yw portread y cyfryngau mewn gwirionedd, a sut gall y cyfryngau waethygu'r broblem, er enghraifft drwy ysgogi 'panig moesol' am droseddu.

Heblaw am y cyfryngau, ffynhonnell arall o wybodaeth yw'r ystadegau mae'r heddlu, ymchwilwyr y llywodraeth a throseddegwyr yn eu casglu. Byddwn ni'n ystyried cryfderau a chyfyngiadau'r dulliau hyn o fesur faint o droseddu a'r mathau o droseddau sy'n digwydd yn y gymdeithas.

Yna byddwn ni'n edrych ar yr hyn mae ymgyrchwyr wedi'i wneud i godi ymwybyddiaeth o droseddau a sut mae rhai wedi llwyddo i newid y gyfraith. Yn olaf, bydd cyfle i chi ymarfer llunio deunyddiau ymgyrchu, ac ar ddiwrnod yr asesiad dan reolaeth, byddwch chi'n llunio ymgyrch sy'n ymwneud ag un o'r troseddau yn y briff.

Dadansoddi mathau gwahanol o droseddau

Man cychwyn

Gan weithio ar eich pen eich hun:

1. Gwnewch restr o 5 trosedd rydych chi wedi clywed amdanyn nhw yn ddiweddar. Gallai'r rhain fod yn eich ardal leol, neu'n rhai a gafodd sylw yn genedlaethol neu hyd yn oed yn rhyngwladol.

2. Ar gyfer pob un o'r troseddau ar eich rhestr, pwy yw dioddefwyr y math hwn o drosedd a phwy yw'r troseddwyr?

3. Yn eich barn chi, pam mae rhai mathau o droseddau yn cael llawer o sylw yn y cyfryngau?

Rhannwch eich atebion â'r person drws nesaf i chi. A yw eich atebion yn debyg neu'n wahanol?

Mae llawer o fathau gwahanol o droseddau. Er mwyn deall troseddau, gallwn ni eu grwpio nhw yn fathau gwahanol. Bydd y testun hwn yn edrych ar nifer o fathau gwahanol o droseddau.

Troseddau coler wen

Ystyr troseddau coler wen yw troseddau mae pobl mewn safle o awdurdod neu bŵer yn eu cyflawni.

Troseddau

Mae troseddau coler wen yn gategori sy'n cynnwys amrediad eang o droseddau a gyflawnir gan fusnesau a phobl broffesiynol. Ymhlith y troseddau hyn mae twyllo cwsmeriaid, efadu trethi *(tax evasion)*, torri deddfau iechyd a diogelwch, llygru'r amgylchedd, a gwahaniaethu yn erbyn gweithwyr yn anghyfreithlon.

Dioddefwyr a throseddwyr

Troseddwyr Yn ôl y troseddegwr Edwin Sutherland, trosedd coler wen yw: 'trosedd a gyflawnir gan berson parchus ac uchel ei statws yn y gymdeithas yn rhinwedd ei swydd'.

Ymhlith y bobl sy'n cyflawni'r troseddau hyn mae cyfarwyddwyr a rheolwyr cwmnïau, yn ogystal â phobl broffesiynol fel cyfrifwyr, cyfreithwyr, meddygon a deintyddion.

- **Troseddau corfforaethol** Ystyr hyn yw pan fydd trosedd yn cael ei chyflawni gan gwmni neu ar ran y cwmni (er enghraifft, drwy dwyllo cwsmeriaid neu efadu trethi er mwyn cynyddu elw).
- **Troseddau proffesiynol** Ystyr hyn yw pan fydd trosedd yn cael ei chyflawni gan bobl broffesiynol (er enghraifft, cyfrifwyr yn dwyn arian eu cleientiaid).

Dioddefwyr Mae troseddau coler wen yn aml yn cael eu hystyried yn rhai 'heb ddioddefwyr', ond nid yw hynny'n wir. Dyma rai o'r dioddefwyr:

- **Defnyddwyr** Er enghraifft, gall cwmnïau roi gwybodaeth ffug wrth hysbysebu eu cynnyrch, neu werthu nwyddau peryglus sy'n anaddas i'w defnyddio.
- **Trethdalwyr a'r llywodraeth** Mae cwmnïau sy'n efadu trethi yn twyllo trethdalwyr eraill ac yn amddifadu'r llywodraeth o arian i dalu am wasanaethau cyhoeddus.

- **Gweithwyr** Gall cyflogwyr drin eu gweithwyr yn annheg, er enghraifft drwy fwlio, aflonyddu'n rhywiol neu wahaniaethu'n hiliol. Mae'r troseddegwr Steve Tombs yn amcangyfrif bod cynifer â 1,100 o farwolaethau yn gysylltiedig â'r gwaith bob blwyddyn oherwydd bod cyflogwyr yn torri'r gyfraith.
- **Y cyhoedd** Rydyn ni'i gyd yn dioddef pan fydd cwmnïau yn llygru'r amgylchedd, er enghraifft drwy daflu gwastraff gwenwynig yn anghyfreithlon neu werthu ceir sy'n torri safonau allyriadau.

Blwch 1 **Cysylltiadau â throseddu trefnedig**

Pan fyddwn ni'n meddwl am droseddu trefnedig, rydyn ni fel arfer yn meddwl am grwpiau fel y Mafia a thrais – er enghraifft, rhedeg 'racedi amddiffyn' neu ymladd 'brwydrau tiriogaethol' gyda gangiau eraill.

Fodd bynnag, mae troseddu trefnedig hefyd yn delio â throseddau coler wen fel gwyngalchu arian *(money laundering)*, lle mae'r elw o droseddau fel gwerthu cyffuriau yn cael ei 'olchi' neu ei 'lanhau' drwy ei fuddsoddi mewn busnesau cyfreithiol. Mae hyn yn dangos sut mae mathau gwahanol o droseddau yn aml yn gysylltiedig.

Lefel ymwybyddiaeth y cyhoedd

Mae troseddau coler wen yn aml yn cael eu hystyried yn 'anweledig' – dydy'r cyhoedd ddim mor ymwybodol o'r troseddau hyn o'u cymharu â throseddau stryd fel ymosod neu fwrgleriaeth. Mae nifer o resymau dros hyn:

- **Sylw yn y cyfryngau** Dydy troseddau coler wen ddim yn cael llawer o sylw yn y cyfryngau.
- **Tanreportio** Dydy rhai dioddefwyr ddim yn reportio troseddau coler wen oherwydd dydyn nhw ddim yn sylweddoli eu bod nhw'n ddioddefwyr, ddim yn ystyried y drosedd yn un go iawn, neu'n teimlo na fydd reportio yn gwneud gwahaniaeth.
- **Dad-labelu** Mae tramgwyddau'n aml yn cael eu labelu fel achos o dorri rheoliadau yn hytrach na throsedd.
- **Natur gymhleth** Mae troseddau ariannol yn aml yn gymhleth ac mae'n bosibl nad oes gan yr heddlu yr adnoddau na'r arbenigedd i ymchwilio iddyn nhw'n effeithiol.
- **Pŵer a pharchusrwydd** Mae statws y troseddwyr yn golygu bod pobl yn llai tebygol o'u hamau, ac mae digon o bŵer a chyfoeth gan rai ohonyn nhw i osgoi cael eu herlyn.

Gwyrdroëdig, troseddol neu'r ddau?

Mae troseddau coler wen yn droseddol – maen nhw'n torri cyfraith trosedd. Ond weithiau dydyn nhw ddim yn ymddangos felly gan eu bod nhw'n anweledig, neu wedi'u labelu fel achos o dorri rheoliadau yn hytrach na throsedd 'go iawn'.

Mae troseddau coler wen hefyd yn wyrdroëdig ac yn gallu achosi llawer o niwed. Elfen bwysig o'r troseddau hyn yw torri ymddiriedaeth, er enghraifft cyfreithwyr yn twyllo cleientiaid neu feddygon yn cam-drin cleifion. Er enghraifft, y gred yw bod y meddyg teulu Dr Harold Shipman wedi llofruddio o leiaf 218 o'i gleifion. Ym marn Sutherland, mae'r torri ymddiriedaeth hwn yn gwneud troseddau coler wen hyd yn oed yn fwy gwyrdroëdig na throseddau cyffredin gan eu bod yn tanseilio ffydd mewn sefydliadau hanfodol fel gofal iechyd.

GWEITHGAREDD **Clip fideo**

Troseddau coler wen   Ewch i Hwb: www.hwb.gov.wales/

Troseddau moesol

Ystyr troseddau moesol (neu droseddau yn erbyn moesoldeb) yw gweithredoedd sy'n mynd yn groes i normau neu god moesol y gymdeithas – y gwerthoedd a'r rheolau ar gyfer ymddygiad arferol.

Troseddau

Ymhlith yr enghreifftiau o droseddau moesol mae puteindra, bod ym meddiant neu werthu cyffuriau anghyfreithlon, cardota, crwydraeth, ac yfed neu ysmygu sigaréts dan oed. Yn aml, bydd troseddau moesol yn ymwneud ag unigolyn yn cyflenwi nwyddau (e.e. cyffuriau) neu wasanaethau (e.e. puteindra) i rywun arall.

Dioddefwyr a throseddwyr

Dioddefwyr Mae troseddau moesol fel arfer yn cael eu hystyried yn droseddau heb ddioddefwyr gan nad oes dioddefwr penodol, yn enwedig troseddau sy'n ymwneud ag oedolion cydsyniol. O ganlyniad, yn aml does dim dioddefwyr amlwg fyddai'n reportio'r drosedd. Er enghraifft, dydy rhywun sy'n prynu cyffuriau ddim yn debygol o'i reportio'i hun na'r gwerthwr cyffuriau i'r heddlu.

Fodd bynnag, dydy rhai troseddau moesol (fel ysmygu sigaréts dan oed) ddim yn ymwneud ag oedolion cydsyniol ac mae yna ddioddefwr amlwg y mae angen i'r gyfraith ei amddiffyn. Gellir dadlau bod rhai oedolion sy'n cyflawni troseddau moesol hefyd yn ddioddefwyr. Er enghraifft, mae rhai menywod yn dod yn buteiniaid er mwyn ariannu eu dibyniaeth ar gyffuriau, ac weithiau bydd pimp yn ecsbloetio'r menywod hyn.

Troseddwyr Mae troseddwyr yn amrywio yn ôl y drosedd benodol. I rai (fel gwerthwyr cyffuriau), gall troseddu fod yn ffynhonnell incwm neu'n rhan o'u busnes pob dydd (fel perchenogion siopau sy'n gwerthu sigaréts i blant). Weithiau bydd amgylchiadau personol yn gorfodi rhai pobl i droseddu, fel cardotwyr a phobl sy'n cysgu ar y stryd (crwydriaid).

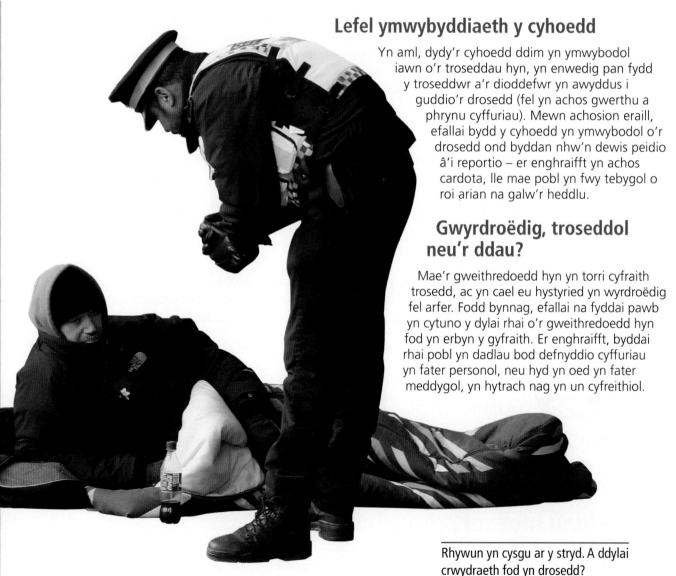

Lefel ymwybyddiaeth y cyhoedd

Yn aml, dydy'r cyhoedd ddim yn ymwybodol iawn o'r troseddau hyn, yn enwedig pan fydd y troseddwr a'r dioddefwr yn awyddus i guddio'r drosedd (fel yn achos gwerthu a phrynu cyffuriau). Mewn achosion eraill, efallai bydd y cyhoedd yn ymwybodol o'r drosedd ond byddan nhw'n dewis peidio â'i reportio – er enghraifft yn achos cardota, lle mae pobl yn fwy tebygol o roi arian na galw'r heddlu.

Gwyrdroëdig, troseddol neu'r ddau?

Mae'r gweithredoedd hyn yn torri cyfraith trosedd, ac yn cael eu hystyried yn wyrdroëdig fel arfer. Fodd bynnag, efallai na fyddai pawb yn cytuno y dylai rhai o'r gweithredoedd hyn fod yn erbyn y gyfraith. Er enghraifft, byddai rhai pobl yn dadlau bod defnyddio cyffuriau yn fater personol, neu hyd yn oed yn fater meddygol, yn hytrach nag yn un cyfreithiol.

Rhywun yn cysgu ar y stryd. A ddylai crwydraeth fod yn drosedd?

Troseddau gwladol

Yn ôl y troseddegwyr Green a Ward, troseddau gwladol yw gweithredoedd anghyfreithlon neu wyrdroëdig sy'n cael eu cyflawni gan asiantaethau'r wladwriaeth. Mae troseddau gan unigolion neu grwpiau eraill sydd wedi'u cyflawni â chefnogaeth y wladwriaeth hefyd yn droseddau gwladol.

Troseddau

Un math o drosedd wladol yw cam-drin hawliau dynol, er enghraifft hil-laddiad sef dinistrio grwpiau cenedlaethol, ethnig, hiliol neu grefyddol cyfan. Er enghraifft, ceisiodd y wladwriaeth Natsïaidd ladd yr holl Iddewon a Roma (Sipsiwn) yn y gwledydd roedden nhw'n eu rheoli yn ystod yr Ail Ryfel Byd. Yn Rwanda yn 1994, cafodd 800,000 o bobl o'r gymuned Tutsi leiafrifol eu llofruddio gan filwyr y wladwriaeth a oedd o gefndir Hutu yn bennaf, a gan grwpiau milisia (sifiliad arfog) a oedd wedi'u cefnogi gan y llywodraeth.

Ymhlith y troseddau gwladol eraill mae:

- **arteithio**, e.e. er mwyn gorfodi carcharorion i gyffesu neu i roi gwybodaeth
- **creulondeb yr heddlu**, e.e. ymosod ar brotestwyr heddychlon
- **carcharu heb dreial**, e.e. gwrthwynebwyr gwleidyddol
- **troseddau rhyfel**, e.e. bomio sifiliaid yn ddiwahân
- **troseddau gwleidyddol**, e.e. rigio etholiadau a llygredd *(corruption)* ymhlith gwleidyddion.

Dioddefwyr a throseddwyr

Dioddefwyr Dinasyddion y wladwriaeth dan sylw, neu ddinasyddion gwladwriaeth arall sydd wedi'i meddiannu neu wedi dioddef ymosodiadau gan wladwriaeth dramor. Mae dioddefwyr yn aml yn perthyn i leiafrif crefyddol neu ethnig (fel y Tutsi yn Rwanda) neu'n wrthwynebwyr gwleidyddol y llywodraeth.

Troseddwyr Swyddogion y wladwriaeth fel gwleidyddion, gweision sifil, swyddogion yr heddlu a'r lluoedd diogelwch. Mae milisia a chefnogwyr y llywodraeth sy'n gweithredu gydag anogaeth y wladwriaeth hefyd yn droseddwyr posibl. Yn Rwanda, y milisia oedd yn gyfrifol am y rhan fwyaf o'r lladd yn hytrach na lluoedd diogelwch y wladwriaeth ei hun.

Gall troseddwyr fod yn swyddogion â statws uchel iawn, fel arweinwyr y blaid Natsïaidd a gafodd eu herlyn am droseddau rhyfel a throseddau yn erbyn dynoliaeth yn Nhreialon Nürnberg ar ôl yr Ail Ryfel Byd. Ond gallan nhw hefyd fod yn swyddogion isel eu statws fel gwarchodwyr gwersylloedd crynhoi neu filwyr cyffredin.

Lefel ymwybyddiaeth y cyhoedd

Mae maint troseddau gwladol yn aml yn anferth, fel yn Rwanda, ac felly mae'r cyhoedd yn debygol o fod yn ymwybodol o achosion o'r fath, yn enwedig os ydyn nhw'n cael sylw llawn yn y cyfryngau. Fodd bynnag, mae gwladwriaethau yn bwerus iawn ac yn aml yn gallu cuddio eu troseddau, er enghraifft drwy sensro'r cyfryngau neu drwy basio deddfau sy'n cyfreithloni (cyfiawnhau) eu gweithredoedd. Yn yr un modd, mae troseddau rhyfel y rhai a gafodd eu gorchfygu yn fwy tebygol o ddod i'r amlwg a chael eu cosbi na throseddau'r gorchfygwyr.

Gwyrdroëdig, troseddol neu'r ddau?

Mae troseddau rhyfel, hil-laddiad, arteithio a chreulondeb yr heddlu yn amlwg yn wyrdroëdig – maen nhw'n mynd yn groes i safonau ymddygiad derbyniol. Yn ôl y rhan fwyaf o ddiffiniadau, maen nhw hefyd yn droseddau. Fodd bynnag, mae gwladwriaethau yn llunio eu deddfau eu hunain a gallan nhw ddewis diffinio eu gweithredoedd fel rhai sydd ddim yn droseddol. Er enghraifft, lluniodd y Natsïaid ddeddfau a oedd yn caniatáu i'r wladwriaeth anffrwythloni pobl anabl yn erbyn eu hewyllys.

Ar y llaw arall, yn ôl cyfraith ryngwladol, mae achosion o gam-drin hawliau dynol yn droseddau. Gall y Llys Troseddol Rhyngwladol ddwyn achos yn erbyn rhai sydd wedi'u cyhuddo o hil-laddiad, troseddau rhyfel a throseddau yn erbyn dynoliaeth.

Astudiaeth achos   Hil-laddiad

Mae'r canlynol yn enghreifftiau o hil-laddiad yn ystod y cyfnod diweddar.

- **Cyfundrefn y Natsïaid a'r Holocost, Ewrop 1933–45:** Y Natsïaid yn erlid a lladd Iddewon, Roma (Sipsiwn), pobl hoyw, pobl anabl a grwpiau eraill.
- **Rwanda, 1994:** 800,000 o bobl o'r gymuned Tutsi a Hutu cymedrol wedi'u lladd; bu'n rhaid i nifer fawr o bobl ffoi o'r wlad.
- **Myanmar (Burma) ers 2016:** Lluoedd milwrol wedi targedu grŵp lleiafrifol ethnig y Rohingya drwy ysbeilio a llosgi eu pentrefi, eu lladd, ymosod arnyn nhw yn rhywiol, a'u gyrru o'r wlad.

GWEITHGAREDD   Troseddau gwladol

Mewn grŵp bach, ymchwiliwch i un o'r enghreifftiau hyn a pharatowch gyflwyniad byr i'w ddangos i weddill y dosbarth.

Glanhau ethnig. Ffoaduriaid Rohingya yn cael eu gorfodi i adael eu mamwlad yn Myanmar.

Troseddau technolegol

Mae'r troseddau hyn yn ymwneud â defnyddio technoleg gwybodaeth a chyfathrebu (TGCh) fel y rhyngrwyd, y cyfryngau cymdeithasol etc. Enw arall ar droseddau technolegol yw seiberdroseddau neu e-droseddau.

Troseddau

Dyma rai mathau o droseddau sy'n ymwneud â TGCh:

- **Troseddau ariannol**, e.e. twyll gwe-rwydo (*phishing fraud*)
- **Seiberdresmasu**, e.e. hacio cyfrifon cymdeithasol neu ryddhau firysau
- **Dwyn hunaniaeth** (dwyn data personol)
- **Troseddau casineb**, e.e. cam-drin hiliol, bygythiadau ar-lein i dreisio neu ymosod ar unigolion etc.
- **Lawrlwytho anghyfreithlon**, e.e. cerddoriaeth a fideos dan drwydded hawlfraint
- **Cyhoeddi neu wylio pornograffi plant**.

Mae tor diogelwch data yn gallu bygwth miliynau o ddefnyddwyr y cyfryngau cymdeithasol.

Dioddefwyr a throseddwyr

Troseddwyr Mae unrhyw un sydd â mynediad at dechnoleg yn gallu cyflawni rhai o'r troseddau hyn, fel seiberfwlis a stelcwyr sy'n cyflawni troseddau casineb ar y cyfryngau cymdeithasol. Ond, fel arfer bydd angen gwybodaeth dechnegol arbenigol ar gyfer troseddau fel hacio. Oherwydd natur fyd-eang y rhyngrwyd, gall y troseddwr fod mewn rhan wahanol o'r byd i'r dioddefwr.

Dioddefwyr Gall unrhyw un sy'n defnyddio'r rhyngrwyd fod yn ddioddefwr, ond mae twyllwyr ariannol yn tueddu i dargedu grwpiau mwy agored i niwed fel yr henoed a phobl â llai o addysg. Mae unigolion sydd ddim hyd yn oed yn defnyddio'r rhyngrwyd na'r cyfryngau cymdeithasol yn gallu dioddef negeseuon maleisus, fel cam-drin hiliol. Yn ôl arolwg yr elusen gwirfoddoli ieuenctid *vInspired* a holodd 2,000 o bobl ifanc 14–18 oed, roedd chwarter ohonyn nhw wedi cael eu cam-drin ar-lein. Gall perchenogion hawliau cyhoeddi (e.e. cerddoriaeth, ffilmiau neu lyfrau) hefyd ddioddef gwe-ladrad a thor-hawlfraint.

GWEITHGAREDD / **Ymchwil**

Troseddau technolegol   Ewch i Hwb: www.hwb.gov.wales/

Lefel ymwybyddiaeth y cyhoedd

Mae ymwybyddiaeth o droseddau technolegol yn amrywio. Mae dioddefwyr yn debygol o wybod eu bod yn cael eu trolio, ond efallai na fydd dioddefwyr seiberdwyll neu ddwyn hunaniaeth yn sylweddoli eu bod wedi cael eu targedu am beth amser. Mae dealltwriaeth y cyhoedd o beryglon seiberdroseddau yn amrywio – mae rhai pobl yn deall y rhyngrwyd yn well na'i gilydd – ond mae'r heddlu, busnesau a'r llywodraeth wedi cynnal ymgyrchoedd i godi ymwybyddiaeth ac i annog pobl i fod yn ofalus.

Gwyrdroëdig, troseddol neu'r ddau?

Mae llawer o'r gweithredoedd hyn yn amlwg yn drosedol ac yn wyrdroëdig – er enghraifft, mae gwylio pornograffi plant neu dwyllo pobl yn erbyn y gyfraith a hefyd yn groes i safonau ymddygiad derbyniol.

Fodd bynnag, er bod rhai gweithredoedd – fel lawrlwytho cerddoriaeth yn anghyfreithlon – yn drosedol, maen nhw'n gyffredin iawn a dydy llawer o bobl ddim yn eu hystyried yn wyrdroëdig.

Bydd gweithredoedd eraill, fel gwylio pornograffi oedolion, wedi'u hystyried yn wyrdroëdig, ond dydyn nhw ddim yn anghyfreithlon. Yn yr un modd, dydy trolio o bob math ddim yn anghyfreithlon: bydd rhai achosion yn wyrdroëdig yn unig (e.e. bod yn anghwrtais am ymddangosiad rhywun), ond bydd eraill yn wyrdroëdig ac yn anghyfreithlon (e.e. cam-drin hiliol neu fygythiadau).

Astudiaeth achos   Menywod a seiberdroseddu

Er bod seiberdroseddu yn gallu effeithio ar unrhyw un, dangosodd adroddiad gan Sefydliad Cydraddoldeb Rhywiol Ewrop fod menywod a merched yn fwy tebygol o ddioddef seiberdrais. Yn ôl yr adroddiad, er bod y trais hwn yn digwydd ar-lein, mae'n aml yn gysylltiedig â gweithgareddau oddi ar y rhyngrwyd. Mae 77% o fenywod sydd wedi dioddef seiberaflonyddu hefyd wedi dioddef o leiaf un math o drais rhywiol neu gorfforol gan bartner, ac mae 70% o fenywod sydd wedi dioddef seiberstelcio hefyd wedi dioddef o leiaf un math o drais corfforol neu rywiol gan bartner.

Addaswyd o *'Cyber violence is a growing threat, especially for women and girls'*, Sefydliad Cydraddoldeb Rhywiol Ewrop, 19 Mehefin 2017

1. Pam mae menywod yn fwy tebygol o ddioddef seiberdrais?
2. Pam mae'n bwysig reportio'r math hwn o drosedd ac ymchwilio iddo?

Troseddau unigol: troseddau casineb

Troseddau casineb yw troseddau lle mae tybiaeth fod gweithred y troseddwr wedi'i chymell gan gasineb ar sail anabledd, hil, crefydd, cyfeiriadedd rhywiol neu hunaniaeth drawsryweddol y dioddefwr. Mae'r nodweddion hyn yn cael eu galw'n 'nodweddion gwarchodedig'. Nid y dioddefwr yn unig sy'n gallu tybio bod y troseddwr wedi'i gymell gan gasineb; gall tyst *(witness)*, yr heddlu neu rywun arall ddod i'r casgliad hwnnw hefyd.

Troseddau

Mae cam-drin geiriol, bygythiadau, aflonyddu, ymosod a bwlio, a difrod i eiddo i gyd yn enghreifftiau o droseddau casineb. Gall unrhyw drosedd fod yn fwy difrifol os yw casineb yn rhan ohoni, a gall erlynwyr wneud cais i gynyddu'r ddedfryd yn dilyn euogfarn. Er enghraifft, os yw crefydd yn ffactor sy'n gwaethygu ymosodiad, mae'r ddedfryd uchaf yn cynyddu o chwe mis i ddwy flynedd.

Dioddefwyr a throseddwyr

Troseddwyr Mae troseddwyr yn tueddu i fod yn bobl sydd ag agweddau rhagfarnllyd (fel hiliaeth, Islamoffobia, trawsffobia neu homoffobia) tuag at y grŵp mae'r dioddefwr yn perthyn iddo.

Dioddefwyr Gall unrhyw un sy'n meddu ar unrhyw un o'r nodweddion gwarchodedig ddioddef trosedd casineb. Er enghraifft, mae Arolwg Troseddu Cymru a Lloegr yn amcangyfrif bod dros 100,000 o achosion o gasineb ar sail hil yn digwydd bob blwyddyn yn erbyn aelodau o grwpiau lleiafrifol ethnig.

Lefel ymwybyddiaeth y cyhoedd

Mae ymwybyddiaeth y cyhoedd o droseddau casineb wedi tyfu yn ystod y blynyddoedd diweddar. Mae hyn oherwydd bod pwyslais cynyddol ar reportio troseddau casineb, ymchwilio iddyn nhw a'u herlyn. Er enghraifft, roedd nifer yr euogfarnau am droseddau casineb ar sail anabledd wedi codi o 141 yn 2008 i 800 yn 2017.

Mae'r cyfryngau hefyd yn rhoi mwy o sylw i'r troseddau hyn, yn enwedig troseddau casineb ar y cyfryngau cymdeithasol. Yn 2017, roedd Gwasanaeth Erlyn y Goron (y corff sy'n gyfrifol am erlyn troseddwyr) wedi tynhau'r canllawiau ar gyfer cyhuddo unigolion sy'n defnyddio'r cyfryngau cymdeithasol i gyflawni troseddau casineb. Mae gwaith sefydliadau gwirfoddol fel TellMAMA hefyd wedi bod yn bwysig wrth annog dioddefwyr i reportio troseddau.

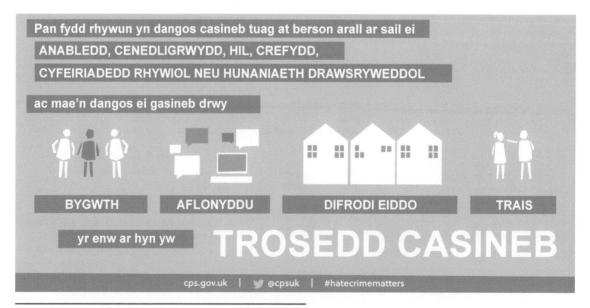

Poster Gwasanaeth Erlyn y Goron am droseddau casineb.

Gwyrdroëdig, troseddol neu'r ddau?

Yn amlwg, mae troseddau casineb yn torri cyfraith trosedd, ac yn gyffredinol, mae erlid rhywun ar sail ei hil, crefydd, anabledd, cyfeiriadedd rhywiol neu hunaniaeth rhywedd hefyd yn cael ei ystyried yn ymddygiad gwyrdröedig.

Troseddau unigol: troseddau 'ar sail anrhydedd'

Mae troseddau 'ar sail anrhydedd' yn golygu defnyddio trais i amddiffyn anrhydedd honedig teulu neu gymuned. Bydd y cyflawnwyr yn ymosod ar yr unigolyn sydd, yn eu barn nhw, wedi dwyn gwarth ar y teulu.

Troseddau

Dyma rai enghreifftiau o droseddau 'ar sail anrhydedd': ymddygiad bygythiol, ymosod, anafu, llosgi, ymosod ac anffurfio gydag asid, herwgydio, treisio a llofruddio. Yn y DU, mae 12 o lofruddiaethau 'ar sail anrhydedd' yn digwydd bob blwyddyn ar gyfartaledd.

Weithiau bydd aelodau o'r teulu neu'r gymuned yn cynllwynio i gyflawni neu guddio trosedd 'ar sail anrhydedd', neu i warchod y bobl sydd wedi cyflawni'r drosedd. (Ystyr cynllwynio yw pan fydd unigolion yn cydweithio i gynllunio, cyflawni neu guddio trosedd.)

Priodasau dan orfod Trosedd sy'n gysylltiedig â hyn yw priodasau dan orfod, sef pan nad yw rhywun wedi cydsynio i briodi ond yn gwneud hynny dan orfodaeth, fel arfer oherwydd pwysau gan aelodau'r teulu. Gall hefyd olygu gorfodi unigolyn i adael y DU er mwyn priodi partner dramor sydd wedi'i ddewis gan y teulu.

I nifer, mae anffurfio organau cenhedlu benywod *(FGM: female genital mutilation)* hefyd yn fath o drosedd 'ar sail anrhydedd', gyda'r nod o reoli rhywioldeb y dioddefwr.

Dioddefwyr a throseddwyr

Troseddwyr Yn gyffredinol, y bobl sy'n cyflawni troseddau 'ar sail anrhydedd' yw teulu'r dioddefwr, y teulu estynedig ac aelodau o'r gymuned. Fel arfer, mae'r troseddwyr yn aelodau gwrywaidd o'r teulu – tad, brawd, ewythr neu gefnder – ond gall menywod y teulu fod yn rhan ohono hefyd.

Yn aml, bydd teulu'n cyflawni trosedd 'ar sail anrhydedd' yn dilyn pwysau gan y gymuned oherwydd byddai peidio â chosbi'r unigolyn yn arwain at golli enw da.

Dioddefwyr Merched a menywod yw mwyafrif llethol y dioddefwyr, ac mae'r rhan fwyaf ohonyn nhw yn ifanc. Yn y DU, mae'r rhan fwyaf o ddioddefwyr yn perthyn i grwpiau lleiafrifol ethnig, yn enwedig cymunedau Asiaidd.

Mewn rhai cymunedau, mae disgwyl i ferched a menywod ifanc aros yn wyryfod nes iddyn nhw briodi, peidio â chael perthynas y tu allan i'w cymuned, a phriodi'r person mae'r teulu yn ei ddewis. Mae unrhyw un sydd wedi'i amau o fynd yn groes i hyn yn fwy tebygol o ddioddef troseddau 'ar sail anrhydedd'. Mae menywod priod sy'n gwneud cais i gael ysgariad neu i gael cystodaeth o'u plant hefyd yn fwy tebygol o gael eu targedu.

Lefel ymwybyddiaeth y cyhoedd

Mae ymwybyddiaeth y cyhoedd o droseddau 'ar sail anrhydedd' wedi bod yn eithaf isel gan fod rhai o'r cymunedau dan sylw yn meddwl bod modd eu cyfiawnhau. Fodd bynnag, mae nifer y troseddau 'ar sail anrhydedd' sy'n cael eu reportio i'r heddlu yn dechrau cynyddu, yn enwedig gan fod ymwybyddiaeth wedi codi ers i briodasau dan orfod ddod yn drosedd yn 2014. Erbyn hyn, mae dros 5,000 o droseddau yn cael eu reportio i'r heddlu bob blwyddyn.

Fodd bynnag, er bod mwy o ddioddefwyr yn datgelu'r troseddau, dim ond tua 5% o'r achosion mae'r heddlu yn eu cyfeirio at Wasanaeth Erlyn y Goron i'w herlyn. Yn ôl elusennau menywod, yn dilyn toriadau i gymorth cyfreithiol a gwasanaethau cefnogi i fenywod o gymunedau lleiafrifol, dydy llawer o ddioddefwyr ddim yn gallu cael cyfiawnder nac yn cael eu hamddiffyn.

Gwyrdroëdig, troseddol neu'r ddau?

Mae trais 'ar sail anrhydedd' yn ymddygiad troseddol sy'n anwybyddu hawl y dioddefwr i ddewis sut i fyw. Mae'r gymdeithas yn ehangach hefyd yn ystyried hyn yn ymddygiad gwyrdröedig gan nad yw'n dderbyniol, yn llygaid y mwyafrif, i deuluoedd reoli ymddygiad menyw drwy ddefnyddio trais.

Fodd bynnag, mewn rhai cymunedau, mae normau rhywedd yn golygu bod disgwyl i fenywod ymddwyn mewn ffyrdd penodol a chael eu cosbi os nad ydyn nhw'n cydymffurfio. Eto i gyd, fel mae Gwasanaeth Erlyn y Goron yn ei nodi, 'does dim anrhydedd na chyfiawnhad dros gam-drin hawliau dynol pobl eraill'.

Troseddau unigol: cam-drin domestig

Ystyr cam-drin domestig (neu drais domestig) yw pan fydd rhywun yn defnyddio trais, yn cam-drin neu'n ymddwyn yn fygythiol tuag at bartner, cyn-bartner neu aelod o'r teulu.

Troseddau

Mae'r gyfraith yn berthnasol i bawb sy'n 16 oed neu'n hŷn, beth bynnag eu rhywedd neu rywioldeb. Mae'n cynnwys y mathau canlynol o gam-drin:
- **Ymosodiadau corfforol a rhywiol, a threisio.**
- **Cam-drin ariannol**, e.e. rheoli arian y dioddefwr neu fynd i ddyled yn enw'r dioddefwr.
- **Cam-drin emosiynol neu seicolegol**, e.e. bygythiadau, tanseilio a beirniadu parhaus, gwneud i rywun deimlo'n euog.

Yn ogystal â deddfau yn erbyn trais corfforol a rhywiol, ers 2015 mae ymddygiad sy'n rheoli neu'n gorfodi hefyd yn drosedd:
- **Ymddygiad sy'n rheoli** yw gwneud i'r dioddefwr deimlo'n israddol neu'n ddibynnol, e.e. drwy ynysu, rheoli bywyd pob dydd, ecsbloetio'n ariannol neu atal y dioddefwr rhag gadael y berthynas.
- **Ymddygiad sy'n gorfodi** yw cam-drin emosiynol i niweidio, cosbi neu godi ofn ar y dioddefwr.

Mae **Deddf Clare** (Cynllun Datgelu Trais Domestig) yn rhoi'r hawl i fenywod ofyn i'r heddlu a yw eu partner wedi ymddwyn yn dreisgar yn y gorffennol. Mae'r ddeddf wedi'i henwi ar ôl Clare Wood a gafodd ei llofruddio yn 2009 gan ei chyn-gariad a oedd, yn ddiarwybod i Clare, wedi bod yn dreisgar yn y gorffennol. I gael rhagor o wybodaeth am Ddeddf Clare, ewch i Uned 2, Testun 4.3.

Dioddefwyr a throseddwyr

Troseddwyr Dynion yw mwyafrif helaeth y troseddwyr. Partner neu gyn-bartner y dioddefwr yw'r troseddwr fel arfer, ond gall aelodau'r teulu hefyd gyflawni'r drosedd.

Dioddefwyr Menywod yw'r rhan fwyaf o'r dioddefwyr. Mae ymchwil hefyd yn dangos bod menywod yn fwy tebygol o ddioddef sawl math o gam-drin, a'u bod yn profi trais a rheolaeth fwy difrifol.

Fodd bynnag, mae rhai menywod mewn mwy o berygl nag eraill. Yn ôl Arolwg Troseddu Cymru a Lloegr (ATCLl), y grwpiau canlynol o fenywod oedd yn wynebu'r perygl mwyaf: menywod 16–24 oed; menywod sydd wedi gwahanu neu ysgaru; rhieni sengl; menywod ag anabledd; a menywod yn y grŵp incwm isaf.

Mae dynion yn llai tebygol o fod yn ddioddefwyr, ac mae'r dynion sy'n cael eu cam-drin hyd yn oed yn llai tebygol na menywod o reportio'r drosedd. Un rheswm posibl yw bod rhai dynion yn teimlo nad yw cael eu cam-drin yn beth 'gwrywaidd', a'r ffaith bod y cam-drin yn llai difrifol ar y cyfan.

GWEITHGAREDD / **Clip fideo**

Cam-drin domestig   Ewch i Hwb: www.hwb.gov.wales/

Lefel ymwybyddiaeth y cyhoedd

Mae sawl ffactor yn arwain at ymwybyddiaeth isel y cyhoedd o gam-drin domestig:

- Mae'n digwydd yn y cartref yn bennaf, allan o olwg y cyhoedd a'r heddlu.
- Mae dioddefwyr yn aml yn rhy ofnus i reportio trosedd, sy'n gwneud i'r broblem edrych yn llai nag ydyw mewn gwirionedd.
- Mae'r heddlu yn aml wedi trin achosion domestig fel 'cwerylon cartref' yn unig, a heb ymyrryd yn yr hyn maen nhw'n ei ystyried yn fater preifat rhwng gŵr a gwraig.

Fodd bynnag, mae ymgyrchwyr ffeministaidd wedi llwyddo i ddod â cham-drin domestig i sylw'r cyfryngau, y gwleidyddion a'r cyhoedd, ac mae hyn wedi gwthio'r system cyfiawnder troseddol i gymryd y mater o ddifrif. Fodd bynnag, mae llawer o le i wella o hyd. Er enghraifft, yn ôl ATCLl, roedd 1.6 miliwn o fenywod wedi dioddef cam-drin domestig yn 2020. Fodd bynnag, lleiafrif bach iawn o'r troseddau hyn sy'n cael eu reportio i'r heddlu, a dim ond 1 o bob 12 achos sy'n arwain at erlyniad llwyddiannus.

Gwyrdroëdig, troseddol neu'r ddau?

Mae cam-drin domestig yn drosedd, ac mae'r rhan fwyaf o bobl yn ei ystyried yn enghraifft o ymddygiad gwyrdröedig. Fodd bynnag, yn ôl ATCLl, roedd lleiafrif bach o ddynion a menywod yn meddwl bod taro neu slapio partner yn dderbyniol mewn amgylchiadau penodol, fel os yw rhywun wedi bod yn anffyddlon neu'n cael perthynas y tu ôl i'w cefn, yn fflyrtio â phobl eraill, neu'n cwyno yn barhaus.

PARATOI AR GYFER YR ASESIAD DAN REOLAETH

Beth mae'n rhaid i chi ei wneud

Gan ddefnyddio eich nodiadau ar gyfer Testun 1.1 *Dadansoddi mathau gwahanol o droseddau*, dadansoddwch y mathau canlynol o droseddau, gan ddefnyddio ystod o enghreifftiau perthnasol:

- coler wen: trefnedig; corfforaethol; proffesiynol
- moesol
- gwladol: hawliau dynol

- technolegol: e-droseddau
- unigol: troseddau casineb; troseddau 'ar sail anrhydedd'; cam-drin domestig

Defnyddiwch y pwyntiau canlynol i ddadansoddi pob math o drosedd:

- troseddau
- mathau o ddioddefwyr
- mathau o droseddwyr

- lefel ymwybyddiaeth y cyhoedd
- gwyrdroëdig, troseddol neu'r ddau.

Senario briff yr aseiniad

Rhaid i chi ddadansoddi dwy drosedd ym mriff yr aseiniad. Byddwch chi'n derbyn y briff ar ddiwrnod cyntaf yr asesiad dan reolaeth.

Sut bydd yn cael ei farcio

3–4 marc: Yn dadansoddi dau fath o drosedd sydd i'w gweld ym mriff yr aseiniad.

1–2 farc: Yn disgrifio dau fath o drosedd sydd i'w gweld ym mriff yr aseiniad.

Esbonio'r rhesymau pam nad yw rhai troseddau penodol yn cael eu reportio

Man cychwyn

Gan weithio mewn grŵp bach:

1. Rhestrwch 5 trosedd gallech chi neu rywun rydych chi'n ei adnabod eu dioddef.
2. Ar gyfer pob un o'r troseddau hyn, rhowch reswm i esbonio pam efallai na fyddai'r dioddefwr yn reportio'r drosedd.
3. Dylai pob grŵp roi adborth i weddill y dosbarth. Gwnewch restr o holl resymau'r dosbarth.

Rhesymau pam nad yw troseddau'n cael eu reportio

Nid yw'n bosibl ymchwilio i droseddau a'u datrys os nad ydyn nhw'n cael eu reportio i'r heddlu. Mae nifer o resymau pam nad yw pobl yn reportio troseddau. Er enghraifft, efallai nad yw unigolyn yn sylweddoli ei fod wedi dioddef trosedd. Ar y llaw arall, efallai fod yr unigolyn yn gwybod yn iawn ei fod yn ddioddefwr ond bod ganddo resymau personol, cymdeithasol neu ddiwylliannol dros beidio â reportio'r drosedd.

Rhesymau personol

Mae sawl rheswm personol sy'n esbonio pam nad yw rhai pobl yn reportio trosedd.

Ofn

Weithiau bydd dioddefwr yn poeni y gallai rhywun ddial arno os yw'n reportio'r drosedd i'r heddlu. Os yw'r dioddefwr yn adnabod y troseddwr, mae'n bosibl ei fod yn ofni y bydd reportio'r drosedd yn arwain at fwy o weithredu yn ei erbyn. Mae dioddefwyr hefyd yn aml yn ofni'r canlyniadau posibl i'w teulu a'u ffrindiau agosaf.

Senario Ofn

Mae Siôn yn cael diod mewn bar lleol gyda'i gariad. Mae grŵp o ddynion lleol yn dod i mewn i'r bar. Mae dyn o'r grŵp (Steve) yn mynd i brynu diodydd wrth y bar ar yr un pryd â Siôn. Mae'r dyn y tu ôl i'r bar yn gofyn i Siôn am ei archeb. Mae Steve yn flin bod Siôn wedi cael cyfle i archebu o'i flaen ac mae'n bygwth Siôn a'r dyn y tu ôl i'r bar. Ar ôl ffrwgwd, lle mae Siôn yn cael anaf bach, mae'r grŵp o ddynion yn llwyddo i dawelu Steve a'i berswadio i adael y bar.

1. Pam efallai byddai Siôn yn rhy ofnus i reportio'r ymosodiad?
2. Pam efallai na fyddai'r dyn y tu ôl i'r bar yn reportio'r ymosodiad?

Cywilydd

Gall dioddefwr trosedd deimlo embaras neu gywilydd. Weithiau dydy'r dioddefwr ddim eisiau cyfaddef bod trosedd o'r fath wedi digwydd oherwydd y ffordd mae'n gwneud iddo deimlo neu'r ffordd mae'n gwneud iddo ymddangos i eraill. O ganlyniad, mae'n bosibl na fydd yn reportio'r drosedd i'r heddlu.

Mae Elin allan gyda'i ffrindiau mewn clwb nos. Yno, mae'r menywod yn dechrau siarad â grŵp o ddynion. Mae un o'r dynion, Mark, yn dangos diddordeb yn Elin. Mae hi'n sgwrsio ag ef ac yn gadael iddo brynu diod iddi. Dydy Elin ddim yn siŵr beth ddigwyddodd wedi hynny. Y peth nesaf mae hi'n ei gofio yw dihuno yn ei fflat. Mae hi'n noeth ac yn sylweddoli bod rhywun arall yn y fflat. Dydy Elin ddim yn cofio cyrraedd adref. Mae Mark yn ymddangos o'r ystafell ymolchi, yn gwisgo ei ddillad ac yn gadael. Cyn mynd, mae'n rhoi ei rif ffôn i Elin ac yn awgrymu y gallen nhw gwrdd eto rywbryd.

1. Yn eich barn chi, pam nad yw Elin yn reportio'r hyn ddigwyddodd? Rhowch gynifer o resymau â phosibl.

2. Awgrymwch resymau i esbonio pam byddai'n syniad da i Elin reportio digwyddiadau'r noson i'r heddlu.

Diffyg diddordeb

Mae'n bosibl na fydd trosedd yn cael ei reportio i'r heddlu oherwydd diffyg diddordeb ar ran y tystion. Er enghraifft, os yw unigolyn yn gweld pobl ifanc yn eu harddegau yn yfed alcohol yn y parc lleol, mae'n debyg na fydd yn poeni am y drosedd sy'n cael ei chyflawni ac felly ni fydd yn trafferthu ei reportio i'r heddlu.

Mae Sam yn 21 oed ac yn byw mewn ardal yng nghanol dinas lle mae llawer o fflatiau. Does dim gardd breifat gan y rhan fwyaf o bobl yn yr ardal ond mae parc cymunedol ar gael i breswylwyr. Roedd canolfan gymunedol a chlwb ieuenctid yn arfer bod yno, ond maen nhw wedi cau. Erbyn hyn, mae pobl ifanc yr ardal yn ymgasglu yn y parc, yn enwedig yn ystod gwyliau ysgol. Mae llawer o'r bobl ifanc yn yfed alcohol ac mae rhai ohonyn nhw'n ysmygu sigaréts a chanabis. Mae Sam yn aml yn gweld y bobl ifanc yn y parc ar ei ffordd adref o'r gwaith.

1. Awgrymwch resymau i esbonio pam efallai na fyddai Sam yn reportio'r ysmygu ac yfed dan oed yn y parc.

2. A fyddai pawb yn yr ardal yn teimlo yr un fath â Sam? Awgrymwch pa breswylwyr eraill fyddai'n fwy tebygol o reportio'r pethau hyn.

Ddim yn effeithio ar yr unigolyn

Yn debyg i ddiffyg diddordeb, fydd rhai troseddau ddim yn effeithio'n uniongyrchol ar yr unigolyn, felly ni fydd yn teimlo'r angen i'w reportio i'r heddlu. Er enghraifft, os yw unigolyn yn gweld rhywun yn torri i mewn i gar neu i gartref rhywun arall, efallai na fydd ots ganddo gan nad yw'n effeithio arno'n bersonol ac felly ni fydd yn reportio'r drosedd.

Cwestiwn

Yn y senario ar ddiffyg diddordeb uchod, pam efallai na fyddai gweithredoedd y bobl ifanc yn effeithio ar Sam?

Rhesymau cymdeithasol a diwylliannol

Yn ogystal â rhesymau personol dros beidio â reportio troseddau, gall ffactorau cymdeithasol a diwylliannol hefyd ddylanwadu ar hyn.

Diffyg gwybodaeth

Un rheswm posibl dros beidio â reportio trosedd yw'r ffaith nad yw pobl bob amser yn gwybod bod gweithred benodol yn erbyn y gyfraith ac felly dydyn nhw ddim yn ystyried ei reportio.

Yn yr un modd, mae'n bosibl nad ydyn nhw'n gwybod sut i reportio'r drosedd neu â phwy dylen nhw gysylltu. Er enghraifft, os yw unigolyn yn derbyn negeseuon cas neu fygythiol ar-lein, efallai na fydd yn gwybod beth i'w wneud i reportio'r drosedd hon. Os nad yw'r dioddefwr wedi cwrdd â'r troseddwr wyneb yn wyneb, efallai na fydd yn sylweddoli bod yr awdurdodau yn dal i allu delio ag achosion o'r fath.

GWEITHGAREDD / Ymchwil

Reportio bwlio ar-lein
Ewch i Hwb: www.hwb.gov.wales/

Natur gymhleth

Mae rhai troseddau yn gymhleth iawn a gall fod yn anodd dweud a oes trosedd wedi'i chyflawni. Er enghraifft, pan fydd cwmnïau'n cyflawni troseddau coler wen sy'n cynnwys gweithdrefnau cyfrifyddol cymhleth, weithiau dydy'r troseddau byth yn cael eu darganfod. Yn amlwg, os nad yw trosedd yn cael ei darganfod yn y lle cyntaf, does dim modd ei reportio.

Astudiaeth achos | Natur gymhleth y drosedd

Am ddwy flynedd a hanner, llwyddodd cyfrifydd, pennaeth busnes adeiladu a gweinyddwr cyflogres i dwyllo Cyllid a Thollau Ei Mawrhydi (CThEM) drwy ddwyn gwerth £6.9 miliwn o TAW, treth incwm a Chyfraniadau Yswiriant Gwladol.

Roedd y dynion wedi gwneud hyn drwy ddefnyddio rhwydwaith cymhleth o gwmnïau a chyfrifon banc. Roedd disgwyl i gleientiaid y cwmni dalu TAW ar y gwasanaethau a ddarparwyd, ac roedd treth wedi'i thynnu o gyflogau gweithwyr y cwmni, ond ni chafodd y TAW na'r trethi eu talu i CThEM.

Roedd y cwmni yn cyflenwi contractwyr tymor byr i'r diwydiant adeiladu, ac yn aml roedden nhw'n darparu cannoedd o weithwyr ar y tro. Ond yn hytrach na thalu'r trethi a'r Yswiriant Gwladol i CThEM, roedd y tri dyn yn dwyn yr arian i fyw bywyd moethus.

Addaswyd o'r Datganiad i'r Wasg gan CThEM, 24 Hydref 2016

1. Pam byddai'n anodd gwybod bod y tri dyn yn yr achos hwn wedi cyflawni trosedd?
2. Pam byddai pobl yn annhebygol o reportio'r math hwn o drosedd?

Diffyg diddordeb ar ran y cyfryngau

Mae llawer o'n gwybodaeth am droseddau yn dod o adroddiadau'r cyfryngau. Mae hyn yn codi ymwybyddiaeth pobl, ac mae tystion a dioddefwyr y mathau o droseddau sy'n cael sylw yn y cyfryngau yn fwy tebygol o'u reportio i'r heddlu.

Yn yr un modd, os nad yw troseddau'n cael sylw yn y cyfryngau, maen nhw'n llai tebygol o gael eu reportio i'r heddlu. Os nad yw'r cyfryngau yn cyflwyno eu cynulleidfaoedd i drosedd benodol, bydd y cyhoedd yn llai gwyliadwrus a phryderus am y drosedd dan sylw, yn llai tebygol o sylwi arni, a hefyd yn llai tebygol o'i reportio os byddan nhw'n sylwi arni.

Fodd bynnag, os yw'r cyfryngau yn dechrau dangos diddordeb mewn trosedd benodol, bydd hyn yn codi proffil y drosedd a gall annog dioddefwyr troseddau o'r fath i'w reportio.

GWEITHGAREDD / Ymchwil

Effaith diddordeb ar ran y cyfryngau
Ewch i Hwb: www.hwb.gov.wales/

Diffyg pryder cyhoeddus ar hyn o bryd

Yn debyg i ddiffyg diddordeb ar ran y cyfryngau, os nad yw trosedd yn achosi pryder ymhlith y cyhoedd, mae'n llai tebygol y bydd pobl yn ei reportio. Er enghraifft, mae agweddau'r cyhoedd at ganabis wedi newid dros y blynyddoedd. Mae bod ym meddiant canabis yn dal yn drosedd, ond mae llawer o bobl bellach yn ystyried ei fod yn eithaf diniwed. (Yn ôl arolwg YouGov yn 2019, roedd mwyafrif bach o blaid cyfreithloni bod ym meddiant canabis.) O ganlyniad, mae pobl yn annhebygol o reportio'r drosedd i'r heddlu.

Astudiaeth achos	Diffyg pryder cyhoeddus

Yn ôl *The Independent* yn 2016, roedd 47% o bobl yn y DU yn cefnogi gwerthu canabis dan drwydded. Mae'r cyhoedd a rhai gwleidyddion yn cefnogi'r newid hwn yn rhannol gan y byddai'n cynhyrchu tua £1 biliwn o drethi o'r gwerthiant. Byddai hyn hefyd yn golygu nad yw'r arian hwn yn nwylo troseddwyr.

1. Yn ôl y wybodaeth hon, pa fanteision fyddai'n dod yn sgil cyfreithloni canabis?
2. Beth yw'r rhesymau posibl dros beidio â chefnogi cyfreithloni?
3. Beth fyddai'r effaith ar droseddu pe bai canabis yn cael ei gyfreithloni, yn eich barn chi?
4. Pa weithgareddau eraill gallwch chi feddwl amdanyn nhw sydd yn erbyn y gyfraith ond sydd ddim yn destun pryder i'r cyhoedd?

Stondin farchnad Weed World, Gŵyl Glastonbury. A yw'r cyhoedd wedi stopio poeni am ganabis erbyn hyn?

Troseddau sy'n rhwym wrth ddiwylliant

Mae'r Deyrnas Unedig yn gymdeithas amlddiwylliannol â phob math o gredoau ac arferion diwylliannol gwahanol. Fodd bynnag, mae rhai arferion diwylliannol yn torri'r gyfraith. Mae anffurfio organau cenhedlu benywod a phriodasau dan orfod yn enghreifftiau o arferion diwylliannol sydd yn erbyn y gyfraith yn y DU.

Er bod arferion o'r fath yn droseddau, mae'r ffaith eu bod nhw'n gysylltiedig â diwylliant ac arferion rhai cymunedau yn golygu nad ydyn nhw'n cael eu reportio i'r heddlu bob tro. Weithiau dydy aelodau'r gymuned dan sylw ddim o reidrwydd yn sylweddoli bod dim o'i le ar y weithred. Bydd pobl eraill yn ofni y bydd eu cymuned eu hun yn dial os ydyn nhw'n reportio'r drosedd. Hefyd, bydd pobl y tu allan i'r gymuned weithiau'n teimlo na ddylen nhw ymyrryd yn niwylliant pobl eraill.

Senario Troseddau sy'n rhwym wrth ddiwylliant

Mae Aaminah yn 14 oed ac mae ei theulu yn dod o Pakistan. Cafodd Aaminah ei geni yn y DU a dydy hi erioed wedi bod i Pakistan. Hi yw'r hynaf o dair chwaer. Mae Aaminah eisiau aros yn yr ysgol a chael gyrfa.

Mae rhieni Aaminah yn llym iawn. Yn ddiweddar, mae ei rhieni wedi bod yn cynllunio taith i Pakistan; maen nhw'n dweud eu bod eisiau i Aaminah gwrdd â rhai aelodau o'i theulu. Er gwaethaf rhesymau ei rhieni, mae Aaminah yn poeni am y daith. Mae hi wedi clywed am achosion lle mae teuluoedd wedi mynd â'u merched i Pakistan i briodi, ac mae hi'n poeni mai pwrpas y daith yw trefnu ei phriodas.

1. Pam gallai cynlluniau'r teulu ar gyfer Aaminah fod yn drosedd?

2. Pam efallai na fyddai Aaminah yn fodlon reportio'r drosedd? Rhowch gynifer o resymau â phosibl.

PARATOI AR GYFER YR ASESIAD DAN REOLAETH

Beth mae'n rhaid i chi ei wneud

Gan ddefnyddio eich nodiadau ar gyfer Testun 1.2 *Esbonio'r rhesymau pan nad yw rhai troseddau penodol yn cael eu reportio*, rhowch esboniad clir a manwl o'r rhesymau hyn gan roi enghreifftiau perthnasol.

Rhesymau

- personol, e.e. ofn, cywilydd, diffyg diddordeb, ddim yn effeithio ar yr unigolyn
- cymdeithasol a diwylliannol, e.e. diffyg gwybodaeth; natur gymhleth; diffyg diddordeb ar ran y cyfryngau; diffyg pryder cyhoeddus ar hyn o bryd, trosedd sy'n rhwym wrth ddiwylliant (e.e. lladd 'ar sail anrhydedd', dewiniaeth).

Dylech chi ystyried troseddau fel:
- ymosod cyffredin
- cam-drin domestig
- fandaliaeth

- troseddau 'heb ddioddefwyr' (e.e. troseddau coler wen, crwydraeth, puteindra, hunanladdiad â chymorth)
- treisio

Senario briff yr aseiniad

Os yw'r rheswm rydych chi'n ei esbonio hefyd yn ymddangos yn y briff, dylech chi gyfeirio at y briff.

Sut bydd yn cael ei farcio

3–4 marc: Esboniad clir a manwl o'r rhesymau pam na chafodd y ddwy drosedd eu reportio.

1–2 farc: Esboniad cyfyngedig o'r rhesymau pam na chafodd y ddwy drosedd eu reportio.

Esbonio canlyniadau troseddau sydd ddim yn cael eu reportio

Man cychwyn

Gan weithio gyda phartner:

1. Defnyddiwch eich gwaith ar gyfer Testunau 1.1 ac 1.2 i nodi tri math o drosedd na fydd yn cael eu reportio o bosibl, a'r rhesymau dros beidio â'u reportio.
2. Rhowch ganlyniadau (effeithiau) peidio â reportio'r mathau hyn o droseddau.
3. Rhannwch eich atebion â'r dosbarth.

Fel mae'r testun blaenorol wedi'i ddangos, mae llawer o resymau pam nad yw pobl yn reportio rhai troseddau. Mae nifer o ganlyniadau hefyd yn sgil peidio â reportio troseddau. Byddwn ni'n ystyried y canlyniadau hyn yn y testun hwn.

Effaith donnog

Mae hyn yn seiliedig ar y syniad o ollwng carreg mewn pwll o ddŵr, gan greu tonnau sy'n lledaenu ar draws arwyneb y pwll. Yn achos troseddu, ystyr hyn yw bod trosedd heb ei reportio (y 'garreg') yn gallu effeithio nid yn unig ar y dioddefwr cynradd neu uniongyrchol, ond bydd yn lledaenu ar draws cymuned neu gymdeithas gyfan (y 'don') i effeithio ar ddioddefwyr eilaidd. Gall yr effaith donnog ddigwydd yn achos sawl math o drosedd.

Troseddau casineb Gellir gweld yr effaith donnog yn achos troseddau casineb. Gall unigolion o leiafrifoedd ethnig ddioddef troseddau casineb. Er bod y drosedd yn erbyn yr unigolyn, gall y neges ledaenu 'ton o niwed' drwy'r gymuned gyfan. Mae hyn yn arbennig o wir yn achos cam-drin ar-lein mewn fforwm cyhoeddus.

Canlyniadau diwylliannol

Weithiau bydd pobl o ddiwylliannau gwahanol yn gweld yr un weithred mewn ffyrdd gwahanol. Oherwydd hyn, bydd rhai arferion sy'n cael eu hystyried yn annerbyniol ac yn erbyn y gyfraith yn y DU yn dderbyniol i rai pobl o ddiwylliannau eraill.

Mae **anffurfio organau cenhedlu benywod** (FGM) yn enghraifft o hyn. Mae FGM yn drosedd yn y DU, ond mae'n arfer cyffredin mewn sawl rhan o'r byd ac mae'n digwydd hefyd ymhlith rhai diwylliannau lleiafrifol yn y DU. Felly, efallai fod troseddwyr yn y cymunedau hyn yn credu y gallan nhw droseddu heb gael eu cosbi, gan olygu bod cyfraddau troseddu uchel yn parhau. O ganlyniad, mae'n bosibl nad yw aelodau o'r gymuned yn reportio'r arfer hwn ac mae'n parhau i ddigwydd o olwg y gyfraith. Yn ôl Haroon Siddique:

> *"Credir bod dros 20,000 o ferched y flwyddyn mewn perygl o brofi FGM yn y DU. Mae grwpiau meddygol, undebau llafur a sefydliadau hawliau dynol yn amcangyfrif bod 66,000 o ferched wedi dioddef yr arfer hwn yng Nghymru a Lloegr."*

Fodd bynnag, mae rhai aelodau o'r cymunedau hyn wedi dweud eu bod yn anghytuno ag FGM fel rhywbeth sy'n groes i hawliau dynol merched a menywod. Mae gweithwyr proffesiynol fel meddygon ac athrawon hefyd yn cadw golwg am unrhyw ddioddefwyr a merched sydd mewn perygl.

Mae troseddau 'ar sail anrhydedd' a phriodasau dan orfod (gweler Testun 1.1) hefyd yn codi ystyriaethau tebyg.

Dad-droseddoli a newid cyfreithiol

Mae rhai gweithredoedd yn gyffredin mewn cymdeithas er eu bod yn erbyn y gyfraith. Er enghraifft, mae llawer iawn o bobl yn defnyddio, neu wedi defnyddio, canabis. Fodd bynnag, gan fod llawer o aelodau'r cyhoedd yn ei hystyried yn drosedd eithaf diniwed, heb ddioddefwr, dydy pobl ddim yn ei reportio.

Pan fydd trosedd benodol yn dod yn gyffredin ac mae'r cyhoedd yn rhoi'r gorau i'w reportio gan nad ydyn nhw'n ei hystyried yn drosedd 'go iawn' bellach, gall ymgyrchwyr fynnu newid yn y gyfraith. Yn achos canabis, mae nifer o daleithiau UDA a gwledydd eraill wedi ymateb i bwysau cyhoeddus drwy ddad-droseddoli bod ym meddiant y cyffur. Ystyr dad-droseddoli yw bod gweithred yn cael ei thrin fel achos o gamymddygiad: mân dramgwydd, a'r gosb yw rhybudd neu ddirwy fach.

Cyfreithloni Mae rhai o daleithiau UDA a gwledydd eraill wedi mynd gam ymhellach ac wedi cyfreithloni canabis at ddefnydd hamdden neu feddygol. Mae rhai gwledydd hefyd wedi dad-droseddoli bod ym meddiant cyffuriau 'caled' fel heroin. Y ddadl o blaid hyn yw ei fod yn lleihau nifer y troseddau treisgar sy'n gysylltiedig â'r fasnach gyffuriau, yn arbed arian drwy beidio â charcharu troseddwyr, ac yn lleihau nifer yr heintiau HIV sy'n lledaenu drwy rannu nodwyddau.

GWEITHGAREDD / **Ymchwil**

Dad-droseddoli cyfunrywioldeb   Ewch i Hwb: www.hwb.gov.wales/

Blaenoriaethau'r heddlu

Dydy pobl yn aml ddim yn reportio rhai mathau o droseddau, fel cam-drin domestig. Gall hyn olygu nad yw'r heddlu yn gwybod pa mor gyffredin yw'r math hwn o drosedd, felly dydyn nhw ddim yn rhoi blaenoriaeth i'r mater. O ganlyniad, unwaith bydd y cyhoedd yn sylweddoli nad yw'r heddlu yn blaenoriaethu troseddau penodol, maen nhw'n llai tebygol o reportio'r troseddau hyn gan eu bod yn credu na fydd yr heddlu yn delio â nhw.

Mae'r heddlu yn rhoi mwy o flaenoriaeth i rai troseddau nag eraill. Dyma rai rhesymau posibl dros hyn:

- **Adnoddau cyfyngedig** – mae hyn yn golygu nad yw'r heddlu yn gallu ymchwilio i bob trosedd. Yn sgil toriadau gwariant diweddar gan y llywodraeth, mae heddluoedd wedi gorfod penderfynu pa droseddau i ganolbwyntio arnyn nhw.
- **Y boblogaeth leol** – efallai fod pobl leol eisiau i'r heddlu ddelio â math penodol o drosedd neu ymddygiad gwrthgymdeithasol.
- **Y cyfryngau** – weithiau bydd y cyfryngau'n canolbwyntio ar fath penodol o drosedd ac yn gofyn i'r heddlu weithredu.
- **Y Swyddfa Gartref** – adran y llywodraeth ganolog sy'n gyfrifol am blismona, ac sy'n gosod blaenoriaethau penodol (e.e. masnachu pobl: *human trafficking*) ar gyfer heddluoedd ar draws y wlad.

Yn anorfod, felly, bydd rhai troseddau (e.e. bod ym meddiant canabis) yn cael llai o flaenoriaeth, ac efallai bydd yr heddlu yn eu hanwybyddu. Byddai gorfodi'r gyfraith yn erbyn cynifer o droseddwyr yn amhoblogaidd ac yn ddrud iawn o ran adnoddau'r heddlu – arian y gallai'r heddlu ei wario ar fynd i'r afael â throseddau mwy difrifol.

Astudiaeth achos | **Cam-drin plant yn rhywiol**

Yn 2012, cafodd Ymgyrch Yewtree ei sefydlu gan yr heddlu ar ôl i ITV ddarlledu rhaglen ddogfen am weithredoedd cam-drin rhywiol y darlledwr radio a theledu Jimmy Savile. Cafodd Ymgyrch Yewtree ei sefydlu yn wreiddiol i ymchwilio i Savile, ond cafodd ei ehangu i gynnwys enwogion eraill fel Gary Glitter a Max Clifford. Yn sgil y rhaglen ddogfen, roedd mwy o aelodau'r cyhoedd yn reportio achosion hanesyddol o gam-drin rhywiol gan wahanol enwogion. Wrth i'r achosion hyn ddod i'r amlwg, roedd mwy a mwy o sylw i ymgyrch Yewtree yn y cyfryngau, yn enwedig gan fod y bobl dan amheuaeth yn enwogion.

1. Pam byddai rhaglen ddogfen ar y teledu yn annog aelodau'r cyhoedd i reportio trosedd?
2. Pam byddai achosion yn ymwneud ag enwogion yn cael mwy o sylw yn y cyfryngau?
3. Sut gallai blaenoriaethau'r heddlu newid ar ôl i'r cyfryngau adrodd am achosion hanesyddol o gam-drin plant yn rhywiol?

Troseddau heb eu cofnodi

Er mwyn i'r heddlu gofnodi trosedd, ac yna ymchwilio iddi a'i herlyn, rhaid iddyn nhw wybod yn y lle cyntaf fod trosedd wedi digwydd. Er bod yr heddlu yn canfod rhai troseddau, mae'r rhan fwyaf o droseddau (hyd at 90%) yn dod i sylw'r heddlu pan fydd y cyhoedd yn eu reportio. Os yw pobl yn dewis peidio â reportio troseddau, yn amlwg nid yw'n bosibl eu cofnodi nac ymchwilio iddyn nhw.

Fodd bynnag, hyd yn oed pan fydd pobl yn reportio trosedd honedig i'r heddlu, gall yr heddlu benderfynu peidio â'i chofnodi. Mae nifer o resymau posibl dros hyn:

- Dydyn nhw ddim yn credu'r stori neu does dim digon o dystiolaeth i sicrhau euogfarn.
- Mae'r dioddefwr yn gwrthod dwyn cyhuddiad.
- Dydyn nhw ddim eisiau ymchwilio i'r achos, e.e. gan nad yw'r drosedd yn flaenoriaeth iddyn nhw neu'n rhy ddibwys, neu er mwyn arbed adnoddau neu gynyddu cyfraddau datrys troseddau.

Y ffigur tywyll

Os nad yw'r heddlu yn cofnodi trosedd, ni fydd yn ymddangos yn ystadegau'r heddlu. Yr enw ar droseddau sydd heb eu cofnodi yw ffigur tywyll troseddu. Dyma'r holl droseddau eraill – e.e. troseddau heb dystion, troseddau â thystion ond heb eu reportio i'r heddlu, a throseddau wedi'u reportio i'r heddlu ond heb eu cofnodi ganddyn nhw.

Dydy troseddau heb eu cofnodi ddim yn cael eu cynnwys yn ystadegau troseddu swyddogol yr heddlu. O ganlyniad, mae'r llywodraeth a'r system cyfiawnder troseddol yn cael darlun camarweiniol o batrymau troseddu, sy'n eu harwain i ganolbwyntio ar y troseddau sy'n ymddangos yn bwysig ar sail yr ystadegau yn unig, gan esgeuluso troseddau sydd mewn gwirionedd yn fwy cyffredin neu ddifrifol.

GWEITHGAREDD / **Ymchwil**

Trosedd yn eich ardal chi   Ewch i Hwb: www.hwb.gov.wales/

Newid diwylliannol

Gall peidio â reportio troseddau arwain at newidiadau diwylliannol. Dyma rai o'r newidiadau hyn.

Technoleg newydd

Gall technoleg newydd gynnig cyfleoedd newydd o ran troseddu. Mae gennym fynediad uniongyrchol at bob math o gyfryngau erbyn hyn. O ganlyniad, mae seiberdroseddau newydd yn ymddangos fel lawrlwytho cerddoriaeth yn anghyfreithlon. Yn gyffredinol dydy'r rhain ddim yn cael eu hystyried yn droseddau 'go iawn' felly dydy pobl ddim yn tueddu i'w reportio. Mae hyn yn atgyfnerthu'r syniad eu bod nhw'n dderbyniol ac felly daw'r ymddygiad hwn yn rhan o ddiwylliant cymdeithas.

Derbyn anhrefn

Gall newid diwylliannol arall ddigwydd mewn ardaloedd lle mae cyfraddau uchel o fân droseddu, fel fandaliaeth, graffiti, cardota, gwerthu cyffuriau, puteindra ac ymddygiad meddw ac afreolus. Weithiau bydd preswylwyr yn dod i dderbyn y sefyllfa ac yn teimlo nad ydyn nhw'n gallu gwneud dim ynglŷn â'r mater, felly maen nhw'n rhoi'r gorau i reportio'r troseddau. O ganlyniad, dydy'r heddlu ddim yn cofnodi'r troseddau nac yn rhoi sylw iddyn nhw. Yn y pen draw, bydd troseddu yn dod yn norm yn yr ardal a bydd troseddwyr eraill yn cael eu denu yno, gan arwain at ddirywiad pellach o ganlyniad i ragor o droseddu ac esgeulustod.

Yn ôl damcaniaeth Wilson a Kelling, **'ffenestri wedi'u torri'**, os nad yw pobl yn reportio mân droseddau ac os nad yw'r heddlu yn delio â nhw, bydd hyn yn arwain yn y pen draw at droseddau mwy difrifol. Mae Wilson a Kelling yn defnyddio delwedd 'ffenestri wedi'u torri' i gynrychioli holl arwyddion anhrefn a diffyg gofal am bobl eraill mewn ardal. Maen nhw'n dadlau bod peidio â thrwsio ffenestri wedi'u torri, goddef cardota ymosodol etc. yn rhoi'r neges nad oes neb yn poeni am yr ardal wrth iddi ddirywio.

Mae Wilson a Kelling yn dadlau bod angen strategaeth mewn dwy ran i atal y dirywiad hwn:

- **Strategaeth gwella'r amgylchedd**: rhaid trwsio ffenestri wedi'u torri yn syth, a rhaid i geir sydd wedi'u gadael gael eu symud o'r stryd heb oedi etc.
- **Strategaeth plismona goddef dim**: rhaid i'r heddlu fod yn rhagweithiol, a delio â'r arwydd lleiaf o anhrefn (hyd yn oed os nad yw'n droseddol).

GWEITHGAREDD / Trafodaeth

Ffenestri wedi'u torri
Ewch i Hwb: www.hwb.gov.wales/

Newid gweithdrefnol

Os yw'r heddlu yn poeni am danreportio troseddau, weithiau byddan nhw'n gwneud newidiadau i sut gall pobl eu reportio. Yn y gorffennol, roedd angen ymweld â gorsaf yr heddlu neu ffonio 999 i reportio trosedd. Fodd bynnag, yn ddiweddar mae'r heddlu a sefydliadau gwirfoddol wedi cyflwyno gweithdrefnau newydd i'w gwneud yn haws reportio troseddau. Dyma rai ohonyn nhw:

- **Rhaglenni teledu** fel Crimewatch.
- **Llinellau cymorth** fel Crimestoppers a Childline. Mae'r rhain fel arfer yn rhoi cyfle i bobl reportio troseddau yn ddienw.
- **Sefydliadau gwirfoddol** fel Victim Support, Stonewall a TellMAMA sy'n cynnig cymorth i unigolion sydd eisiau reportio trosedd.
- **Posteri a chyhoeddiadau wedi'u recordio**, e.e. mewn gorsafoedd trenau, fel negeseuon 'Wedi sylwi. Wedi sôn. Wedi setlo' sy'n annog pobl i reportio eitemau neu ymddygiad amheus.
- **Apiau ffôn** er mwyn cysylltu'n gyflym â'r heddlu mewn argyfwng.

PARATOI AR GYFER YR ASESIAD DAN REOLAETH

Beth mae'n rhaid i chi ei wneud

Gan ddefnyddio eich nodiadau ar gyfer Testun 1.3 *Esbonio canlyniadau troseddau sydd ddim yn cael eu reportio*, rhowch esboniad clir a manwl (gan gynnwys enghreifftiau perthnasol) o bob un o ganlyniadau canlynol troseddau sydd ddim yn cael eu reportio:

- effaith donnog
- canlyniadau diwylliannol
- dad-droseddoli
- blaenoriaethau'r heddlu
- troseddau heb eu cofnodi
- newid diwylliannol
- newid cyfreithiol
- newid gweithdrefnol.

Dylech chi fod â dealltwriaeth o effeithiau cadarnhaol a negyddol troseddau sydd ddim yn cael eu reportio ar yr unigolyn ac ar y gymdeithas.

Senario briff yr aseiniad

Os yw'r canlyniad rydych chi'n ei esbonio hefyd yn ymddangos ym mriff yr aseiniad yn yr asesiad dan reolaeth, dylech chi ddefnyddio enghreifftiau o'r briff neu o'ch astudiaethau personol.

Sut bydd yn cael ei farcio

3–4 marc: Esboniad clir a manwl (gan gynnwys enghreifftiau perthnasol) o ganlyniadau troseddau sydd ddim yn cael eu reportio.

1–2 farc: Esboniad cyfyngedig (gan restru enghreifftiau yn unig, o bosibl) o ganlyniadau troseddau sydd ddim yn cael eu reportio.

Disgrifio cynrychioliad y cyfryngau o drosedd

Man cychwyn

Mewn grŵp bach, casglwch amrywiaeth o bapurau newydd gwahanol. Gallai'r rhain fod yn gopïau print neu'n fersiynau ar-lein. Ar gyfer pob un o'r mathau canlynol, defnyddiwch o leiaf un enghraifft: papur lleol; papur cenedlaethol poblogaidd 'top coch' (fel *The Sun*); papur cenedlaethol 'safonol' (fel *The Guardian*).

1. Dewch o hyd i enghreifftiau o adroddiadau am droseddau ym mhob un o'r papurau newydd.

2. Os yw rhai o'r papurau newydd yn sôn am yr un troseddau, cymharwch y straeon. A oes gwahaniaethau yn y ffordd mae'r adroddiadau yn sôn am y troseddau – er enghraifft, y penawdau, yr iaith neu'r ffotograffau?

3. A yw papurau newydd lleol yn adrodd am droseddau mewn ffordd wahanol i bapurau newydd cenedlaethol? A ydyn nhw'n adrodd am droseddau gwahanol neu'n defnyddio arddull gwahanol wrth adrodd? A oes mwy o adroddiadau am droseddau yn un math o bapur newydd nag un arall?

4. Ysgrifennwch gyflwyniad byr i grynhoi eich canfyddiadau am sut mae'r papurau newydd yn adrodd am droseddau.

Y cyfryngau a throsedd

Bydd gan rai ohonon ni brofiad uniongyrchol a phersonol o drosedd, ond mae llawer o'r hyn rydyn ni'n ei wybod am droseddu yn dod yn anuniongyrchol o'r cyfryngau. Mae nifer o fathau gwahanol o gyfryngau – gan gynnwys papurau newydd, nofelau, ffilmiau, teledu a radio, a'r cyfryngau cymdeithasol – yn portreadu troseddu, boed yn ffuglen neu'n fywyd go iawn. Yn y testun hwn, byddwn ni'n ystyried sut mae cyfryngau gwahanol yn cynrychioli trosedd a throseddwyr.

Papurau newydd

Mae sawl math o bapur newydd ar gael, gan gynnwys y canlynol:

- Y wasg 'boblogaidd', fel *The Daily Mail*, a'r wasg 'safonol' fel *The Guardian*
- Papurau dyddiol, a phapurau dydd Sul fel *The Observer*
- Papurau lleol a rhanbarthol fel *The Evening Standard* (Llundain) a'r *Western Mail* (Caerdydd), a phapurau am ddim fel *The Metro*
- Erbyn hyn, mae fersiynau ar-lein yn ogystal â fersiynau print ar gael o'r holl brif bapurau newydd. Mae gwerthiant papurau newydd wedi bod yn gostwng ers sawl blwyddyn.

Mae troseddu yn newyddion mawr yn y wasg. Yn ôl un astudiaeth, mae un o bob wyth adroddiad newyddion yn ymdrin â throseddu, ac mae'r papurau poblogaidd yn rhoi mwy o sylw i droseddu. Mae'r papurau poblogaidd yn canolbwyntio ar straeon sy'n creu cynnwrf ac yn eu trin fel math o 'adloniant ffeithiol' – cyfuniad o wybodaeth ffeithiol ac adloniant ffuglennol.

Gwerthoedd newyddion Mae'r mathau o droseddau, troseddwyr a dioddefwyr sy'n ymddangos mewn adroddiadau papur newydd yn hollol wahanol mewn sawl ffordd i'r rheini sy'n ymddangos yn yr ystadegau troseddu swyddogol. Mae'r troseddegwr Surette yn galw hyn yn 'gyfraith gwrthgyferbynnu'. Fel mae Blwch 2 yn ei ddangos, mae troseddau'n fwy tebygol o gael sylw os ydyn nhw'n bodloni 'gwerthoedd newyddion' penodol.

Math o drosedd

Mae papurau newydd yn canolbwyntio ar droseddau treisgar difrifol a throseddau rhyw, ond mân droseddau eiddo fel dwyn o siopau yw mwyafrif helaeth y troseddau sy'n cael eu cofnodi yn yr ystadegau swyddogol. Dangosodd un astudiaeth fod bron un o bob tair stori newyddion am drosedd yn ymwneud â thrais. Mae tua un o bob tri adroddiad am drosedd yn ymwneud â lladdiad. Y lladdiadau sydd fwyaf tebygol o gael sylw yn y newyddion yw'r rhai â chymhelliad yn ymwneud â rhyw, budd ariannol, cenfigen neu ddial. Mae papurau poblogaidd yn cynnwys mwy o straeon am drais ac yn aml yn eu gosod ar y dudalen flaen.

Troseddwyr a dioddefwyr

Mewn adroddiadau yn y wasg, mae'r troseddwyr a'r dioddefwyr fel arfer yn hŷn ac o statws uwch na'r rheini sy'n ymddangos gerbron y llysoedd. Mae'r adroddiadau yn rhoi mwy o sylw i blant, menywod, pobl hŷn, pobl dosbarth canol a phobl wyn sy'n dioddef troseddau. Yr unig beth sy'n gyffredin rhwng adroddiadau newyddion a'r ystadegau swyddogol yw mai dyn yw'r troseddwr nodweddiadol.

Anwybyddu'r achosion Mae straeon papurau newydd yn canolbwyntio ar ddigwyddiadau penodol yn hytrach nag achosion cyffredinol troseddu. Er enghraifft, mae adroddiadau am dreisio yn aml yn beirniadu'r troseddwr unigol yn hytrach nag ystyried materion ehangach yn ymwneud â phŵer dynion. Yn yr un modd, dydy adroddiadau am derfysgoedd neu derfysgaeth yn aml ddim yn esbonio cefndir gwleidyddol y troseddau.

Straeon am yr heddlu Mae adroddiadau'r wasg yn tueddu i orbwysleisio llwyddiant yr heddlu wrth ddatrys troseddau, ac os yw un o swyddogion yr heddlu yn troseddu, bydd adroddiadau'n aml yn awgrymu mai gweithred 'un ddafad ddu' ydyw yn hytrach nag arwydd o broblem ehangach.

Blwch 2 | Gwerthoedd newyddion

Gwerthoedd newyddion yw'r meini prawf mae newyddiadurwyr a golygyddion yn eu defnyddio i benderfynu a yw stori yn haeddu cael ei chynnwys mewn papur newydd neu fwletin newyddion. Os oes modd adrodd am stori yn unol â'r gwerthoedd hyn, mae'n fwy tebygol o gyrraedd y newyddion. Ymhlith y gwerthoedd newyddion mae:

- **Uniongyrchedd** – 'newyddion sy'n torri'
- **Dramateiddio** – cynnwrf a chyffro
- **Personoli** – straeon am unigolion sydd o ddiddordeb i bobl
- **Pobl statws uwch** ac enwogion
- **Symleiddio** – cael gwared ar 'elfennau llwyd' y stori
- **Elfen newydd neu annisgwyl** – 'ongl' newydd neu ddatblygiad sy'n achosi 'sioc'
- **Risg** – straeon am ddioddefwyr sy'n agored i niwed ac ofn
- **Trais** – yn enwedig straeon sy'n cynnwys gweithredoedd gweledol eithafol.

Teledu

Er bod papurau newydd yn adrodd am droseddau 'go iawn', mae'r teledu yn darlledu newyddion ffeithiol a rhaglenni ffuglennol am droseddu.

Newyddion am droseddu

Mae adroddiadau teledu yn debyg i'r papurau newydd o ran y pwyslais ar droseddau treisgar (yn enwedig mewn bwletinau newyddion lleol). Yn yr un modd, mae newyddion teledu yn portreadu troseddwyr a dioddefwyr fel pobl hŷn, mwy dosbarth canol. Fodd bynnag, mae rhaglenni teledu 'realiti' yn eithriad: maen nhw'n canolbwyntio mwy ar straeon yn cynnwys pobl ifanc a ddrwgdybir.

Rhaglenni ffuglennol am droseddu

Mae tua chwarter yr holl raglenni teledu yn ddramâu trosedd. Mae'r patrwm hwn yn debyg i'r sylw mae troseddu'n ei gael mewn darllediadau newyddion.

Trais Mae tua dwy o bob tair rhaglen trosedd yn UDA yn ymwneud â llofruddiaeth, ymosod neu ladrad arfog. Fel arfer, y cymhelliad sy'n cael ei ddangos ar gyfer llofruddio yw trachwant a chynllwynio, ond mewn gwirionedd, mae'r rhan fwyaf o laddiadau yn deillio o wrthdaro domestig neu ymladd rhwng dynion ifanc. Yn yr un modd, er bod y rhan fwyaf o droseddau rhyw yn cael eu cyflawni gan bobl mae'r dioddefwyr yn eu hadnabod, mewn rhaglenni teledu ffuglennol (a straeon newyddion teledu) mae'r troseddwr yn ddieithryn seicopathig.

Troseddau eiddo Mae portreadau o'r troseddau hyn ar y teledu yn llawer mwy difrifol na'r rhan fwyaf o droseddau go iawn, er enghraifft lladradau gwerth uchel sydd wedi'u cynllunio'n ofalus iawn, ac sy'n aml yn cynnwys trais.

Troseddwyr a dioddefwyr Mae dramâu trosedd fel arfer yn portreadu troseddwyr fel dynion statws uwch, gwyn, canol oed. Mae'r dioddefwyr yn debyg, ond mae cyfran uwch yn fenywod. Yn fwy diweddar, mae dioddefwyr yn chwarae rhan ganolog mewn rhaglenni a ffilmiau ffuglennol, ac mae'r gynulleidfa yn cael ei hannog i uniaethu â nhw.

Yr heddlu Mae rhaglenni teledu fel arfer yn dangos cyfraddau datrys troseddau uchel, o'u cymharu ag ystadegau troseddu swyddogol – mae'r heddlu fel arfer yn dal y troseddwr. Fodd bynnag, mae mwy o ddramâu bellach yn dangos yr heddlu yn methu. Mae'r heddlu fel arfer yn cael eu portreadu mewn ffordd gadarnhaol, ond mae tuedd gynyddol i bortreadu swyddogion heddlu sy'n greulon neu llwgr.

GWEITHGAREDD / Ymchwil

Troseddu ar y teledu

Ewch i Hwb: www.hwb.gov.wales/

Ffilm

Mae tua un o bob pump ffilm sinema yn ffilm drosedd, ac mae hyd at hanner y ffilmiau sy'n cael eu cynhyrchu yn cynnwys golygfeydd treisgar. Mae patrwm y cynrychioliadau mewn ffilmiau trosedd ffuglennol yn debyg i'r hyn sydd ar y teledu.

Mae'r **cynrychioliad o drais** wedi dod yn fwy graffig ac eithafol dros amser. Mae troseddau eiddo wedi'u tangynrychioli o'u cymharu â'r ystadegau swyddogol.

Yn 1993, cafodd dau fachgen eu cyhuddo o lofruddio Jamie Bulger, plentyn dwy oed. Yn ystod y treial, awgrymwyd bod un o'r diffynyddion wedi gwylio'r 'fideo ffiaidd', *Child's Play 3*, a bod hyn wedi dylanwadu arno. Fodd bynnag, yn ôl yr heddlu a ymchwiliodd i'r achos, doedd dim tystiolaeth i brofi hyn.

Samuel L. Jackson a John Travolta yn chwarae lleiddiaid tâl *(hit men)* yn *Pulp Fiction*. Ond i ba raddau mae ffuglen yn adlewyrchu'r ffeithiau?

GWEITHGAREDD / Clip fideo

Troseddu mewn ffilmiau

Ewch i Hwb: www.hwb.gov.wales/

Gemau electronig

Mae troseddu yn ymddangos mewn llawer o gemau electronig. Mewn gemau saethu fel *Grand Theft Auto* a *Call of Duty,* mae chwaraewyr yn cymryd rhan mewn golygfeydd ffug o drais a lladdiadau. O ystyried poblogrwydd gemau o'r fath, mae pryder bod rhai pobl yn dod yn 'gaeth' i chwarae gemau fideo.

Yn 2018, dywedodd Sefydliad Iechyd y Byd fod 'anhwylder gemau fideo' yn gyflwr meddygol. Ystyr hyn yw bod unigolyn yn colli rheolaeth dros chwarae gemau fideo a'i fod yn dod yn flaenoriaeth yn mywyd pob dydd yr unigolyn, gan effeithio ar ei fywyd personol, teuluol, cymdeithasol, addysgol neu alwedigaethol.

Un pryder yw y bydd pobl sy'n chwarae llawer o gemau treisgar yn dod i arfer â thrais ac yn ei ystyried yn normal (dadsensiteiddio), neu hyd yn oed yn cyflawni troseddau tebyg eu hunain.

Fodd bynnag, er gwaethaf llawer o astudiaethau ar effeithiau posibl dod i gysylltiad â thrais yn y cyfryngau, gan gynnwys mewn gemau electronig, does dim llawer o dystiolaeth o effeithiau niweidiol. Mae'r pryderon ynglŷn â phlant yn chwarae gemau fideo o bosibl yn seiliedig ar duedd y gymdeithas i ystyried plentyndod fel cyfnod o ddiniweidrwydd, yn hytrach nag ar unrhyw effeithiau gwirioneddol sy'n dod yn sgil chwarae gemau fideo. Mae'n bosibl bod gemau o'r fath yn caniatáu i chwaraewyr ryddhau teimladau ymosodol mewn ffordd ddiogel – proses mae rhai seicolegwyr yn ei galw'n catharsis.

Y cyfryngau cymdeithasol: blogiau a rhwydweithio cymdeithasol

Mae cysylltiadau hefyd rhwng troseddu a'r cyfryngau cymdeithasol. Fel mae Testun 1.1 wedi'i ddangos, gall y cyfryngau cymdeithasol gael eu defnyddio fel ffordd o gyflawni troseddau casineb fel aflonyddu a cham-drin hiliol neu homoffobig.

Mae rhai ymosodiadau gan gangiau wedi cael eu trefnu, eu recordio a'u postio ar-lein, ac yna wedi'u pecynnu weithiau fel fideos ymladd tanddaearol. Mae fideos cerddoriaeth 'drill' hefyd wedi cael eu postio ar-lein i annog gwrthdaro â gangiau eraill (gweler isod).

GWEITHGAREDD / Ymchwil

Troseddau perfformio

Ewch i Hwb: www.hwb.gov.wales/

Atal trosedd Ar y llaw arall, mae'n bosibl defnyddio'r cyfryngau cymdeithasol i atal neu reportio trosedd hefyd. Er enghraifft, mae gan heddluoedd gyfrifon Facebook a Twitter erbyn hyn ac maen nhw'n eu defnyddio i apelio am wybodaeth neu dystion, ac i rybuddio pobl am beryglon posibl. Mae'r Asiantaeth Troseddu Cenedlaethol yn rhannu adroddiadau am eu gwaith ar y cyfryngau cymdeithasol, gan gynnwys clipiau o bobl sydd wedi'u hamau o droseddau difrifol a threfnedig yn cael eu harestio. Gall yr heddlu hefyd edrych ar ffonau pobl a ddrwgdybir i chwilio am dystiolaeth ddamniol mewn negeseuon testun a hunluniau.

Gall aelodau'r cyhoedd hefyd ddefnyddio'r cyfryngau cymdeithasol i godi ymwybyddiaeth pobl eraill o droseddau neu beryglon. Mae apiau fel Witness Evident yn galluogi'r cyhoedd i reportio troseddau i'r heddlu, anfon lluniau, fideos a thystiolaeth sain, a gwneud datganiadau. Mae apiau eraill ar gael sy'n galluogi pobl i reportio mathau penodol o droseddau, fel troseddau casineb.

GWEITHGAREDD / Clip fideo

Defnyddio apiau i reportio troseddau

Ewch i Hwb: www.hwb.gov.wales/

Cerddoriaeth

Mae trosedd wedi bod yn destun poblogaidd i gerddorion dros y blynyddoedd. Mae caneuon yn aml yn sôn am gariadon dialgar, gangsteriaid, gwerthwyr cyffuriau, lladron banciau, carcharorion a throseddwyr eraill o bob math.

Gall rhai mathau o gerddoriaeth gyfrannu at drosedd. Er enghraifft, mae fideos cerddoriaeth 'drill' sy'n cynnwys geiriau bygythiol wedi cael eu postio ar YouTube. Yn aml, bydd un gang stryd yn creu fideo at sylw gang arall, ac mae fideos o'r fath wedi ysgogi ymosodiadau a llofruddiaethau rhwng y gangiau. Yn 2018, cafodd gorchymyn llys ei basio yn gwahardd aelodau *1011*, grŵp 'drill', rhag cyfeirio at anafiadau neu farwolaeth yn eu cerddoriaeth, ac yn eu gorfodi i roi gwybod i'r heddlu eu bod yn rhyddhau fideo newydd.

Trosedd fel ffasiwn Mae cerddoriaeth a fideos cerddoriaeth yn gallu cyflwyno trosedd fel rhywbeth ffasiynol. Er enghraifft, mae rap gangster a hip hop yn cyfuno lluniau o droseddoldeb y stryd â lluniau o nwyddau moethus a ffasiwn dylunwyr. Mae hysbysebion yn defnyddio fideos cerddoriaeth hip hop i werthu cynnyrch i bobl ifanc, gan farchnata trosedd fel rhywbeth deniadol a ffasiynol.

GWEITHGAREDD	Clip fideo

Cerddoriaeth a throsedd	Ewch i Hwb: www.hwb.gov.wales/

PARATOI AR GYFER YR ASESIAD DAN REOLAETH

Beth mae'n rhaid i chi ei wneud

Gan ddefnyddio eich nodiadau ar gyfer Testun 1.4 *Disgrifio cynrychioliad y cyfryngau o drosedd*, rhowch ddisgrifiad manwl o gynrychioliad y cyfryngau o drosedd, gan gynnwys enghreifftiau perthnasol.

Cyfryngau

- papur newydd
- teledu
- ffilm
- gemau electronig

- y cyfryngau cymdeithasol (blogiau, rhwydweithio cymdeithasol)
- cerddoriaeth.

Dylech chi roi enghreifftiau penodol o'r ffordd mae gwahanol fathau o gyfryngau yn cael eu defnyddio i gyflwyno portreadau ffuglennol a ffeithiol o droseddau.

Senario briff yr aseiniad

Dylech chi gyfeirio at y briff, os yw'n berthnasol.

Sut bydd yn cael ei farcio

4–6 marc: Disgrifiad manwl o gynrychioliad y cyfryngau o drosedd, gan gynnwys enghreifftiau perthnasol.
1–3 marc: Disgrifiad cyfyngedig o gynrychioliad y cyfryngau o drosedd.

Esbonio effaith cynrychioliadau'r cyfryngau ar ganfyddiad y cyhoedd o drosedd

Man cychwyn

Gan weithio gyda phartner:

1. Gwnewch restr o dair trosedd rydych chi wedi'u gweld yn y cyfryngau yn ystod yr wythnos diwethaf.

2. Sut gwnaethoch chi glywed am y troseddau hyn? Byddwch yn benodol – dywedwch pa fath o gyfryngau, er enghraifft.

3. A fyddech chi wedi clywed am y troseddau hyn pe baen nhw heb fod yn y cyfryngau?

Rhannwch eich atebion â'r dosbarth. A oedd pawb wedi nodi yr un straeon?

Effaith portreadau'r cyfryngau o drosedd

Mae'r ffordd mae'r cyfryngau yn portreadu trosedd a throseddwyr yn cael effaith fawr ar ganfyddiad y cyhoedd o drosedd. Gall sylw yn y cyfryngau effeithio ar ganfyddiad a theimladau pobl am y canlynol: faint o droseddu sy'n digwydd, a yw troseddu ar gynnydd, ac a yw troseddu'n fygythiad. O ganlyniad, gall hyn annog y cyhoedd i fynnu bod yr heddlu, y llysoedd neu'r llywodraeth yn cymryd camau i ddelio â'r broblem ganfyddedig – er enghraifft, ymateb yn llym i fath penodol o drosedd neu gyflwyno deddfau newydd.

GWEITHGAREDD / **Clip fideo**

Effaith sylw yn y cyfryngau   Ewch i Hwb: www.hwb.gov.wales/

Panig moesol

Gall y ffordd mae'r cyfryngau'n cynrychioli trosedd arwain at *fwy* o drosedd mewn gwirionedd drwy greu panig moesol. Yn ôl Stanley Cohen, panig moesol yw pan fydd y gymdeithas yn gorymateb i broblem ganfyddedig mewn ffordd afresymegol. Mae'n dechrau pan fydd y cyfryngau'n penderfynu bod grŵp yn *ddiawliaid y werin* neu'n fygythiad i werthoedd cymdeithas, gan orbwysleisio difrifoldeb y broblem drwy adrodd amdani mewn ffordd ymfflamychol.

Yna, bydd y cyfryngau, gwleidyddion ac unigolion eraill sy'n uchel eu parch yn condemnio ymddygiad y grŵp ac yn galw am ymateb llym gan yr awdurdodau. Fodd bynnag, gall hyn wneud y sefyllfa yn waeth mewn gwirionedd, drwy fwyhau (gwaethygu) maint y broblem a achosodd y panig yn y lle cyntaf.

Y mods a'r rocers

Mae llyfr Cohen, *Folk Devils and Moral Panics,* yn astudiaeth glasurol o'r broses hon. Yn y llyfr, mae Cohen yn edrych ar y gwrthdaro rhwng dau grŵp o bobl ifanc dosbarth gweithiol, y mods a'r rocers, a sut roedd ymateb y cyfryngau i'r gwrthdaro wedi creu panig moesol.

Ar y dechrau, doedd y gwahaniaethau rhwng y mods a'r rocers ddim yn amlwg a doedd dim llawer o bobl ifanc yn perthyn i'r naill 'grŵp' na'r llall. Dechreuodd y gwrthdaro ar benwythnos gwlyb y Pasg yn 1964 yn nhref gwyliau Clacton, lle bu rhywfaint o ymladd a pheth difrod i eiddo.

Fodd bynnag, roedd ymateb eithafol y cyfryngau wedi achosi panig moesol. Roedd tair elfen i hyn:

- **Gorbwysleisio a chamarwain** o ran nifer y bobl oedd yn rhan o'r digwyddiad a difrifoldeb yr helynt, gan orliwio'r sefyllfa â phenawdau ymfflamychol.
- **Rhagweld** y byddai rhagor o wrthdaro a thrais.
- **Symboleiddio** Cafodd symbolau'r mods a'r rocers – fel eu dillad, steil gwallt, beiciau a sgwteri – eu labelu mewn ffordd negyddol.

Mods yn cyrraedd Clacton, a'r heddlu yn cadw llygad arnyn nhw.

GWEITHGAREDD / Clip fideo

Panig moesol   Ewch i Hwb: www.hwb.gov.wales/

Sbiral ymhelaethu gwyredd

Mae Leslie Wilkins yn dadlau bod y cyfryngau yn gallu creu sbiral ymhelaethu gwyredd – proses lle mae ymdrechion yr awdurdodau i reoli gwyredd mewn gwirionedd yn achosi *mwy* o wyredd, nid llai, sy'n gofyn am fwy o ymdrechion i reoli ac yna mwy o wyredd eto.

Yn achos y mods a'r rocers, llwyddodd y cyfryngau i wneud hyn mewn dwy ffordd:

- Roedd adroddiadau'r cyfryngau yn rhoi'r argraff bod y broblem allan o reolaeth ac arweiniodd hyn at alwadau am ymateb neu fesurau mwy llym gan yr heddlu a'r llysoedd. Arweiniodd hyn at fwy o stigmateiddio'r mods a'r rocers (eu labelu mewn ffordd negyddol) fel troseddwyr.
- Roedd y cyfryngau'n pwysleisio'r gwahaniaethau honedig rhwng y ddau grŵp. O ganlyniad, roedd mwy o bobl ifanc yn uniaethu ag un grŵp ac yn gweld y llall fel y gelyn, gan arwain at fwy o wrthdaro. Felly, roedd ymddygiad y bobl ifanc yn cyfateb i'r ddelwedd roedd y cyfryngau wedi'i chreu ohonyn nhw, gan gynyddu maint yr helynt ac arwain at ymateb hyd yn oed yn fwy llym gan yr awdurdodau, gyda mwy o arestiadau a dedfrydau hirach.

Ers y mods a'r rocers, mae llawer o achosion eraill o banig moesol a diawliaid y werin wedi bod sy'n rhannu rhai o'r nodweddion gafodd eu disgrifio gan Cohen. Dyma rai enghreifftiau posibl: defnyddio cyffuriau, cyfunrywioldeb ac HIV/Aids, hwliganiaeth pêl-droed, mygio, cam-drin plant yn rhywiol, cŵn peryglus, pobl sy'n byw ar fudd-daliadau, ffoaduriaid a cheiswyr lloches, a throseddau cyllell.

Cwestiynau

1. Sut mae adroddiadau am gynnydd mewn troseddau cyllell yn y cyfryngau yn gallu ymhelaethu gwyredd?

2. Sut gallai'r cyfryngau adrodd am y broblem heb achosi ymhelaethu?

Pryderon ac agweddau'r cyhoedd yn newid

Fel mae achos y mods a'r rocers yn ei ddangos, mae'r ffordd mae'r cyfryngau yn cynrychioli grwpiau penodol yn gallu newid agweddau'r cyhoedd drwy ysgogi panig moesol. Roedd y portreadau o'r mods a'r rocers fel diawliaid y werin yn y cyfryngau wedi creu pryder ymhlith y cyhoedd fod pobl ifanc allan o reolaeth ac yn fygythiad i gymdeithas.

Ers yr ymosodiadau terfysgol ar UDA yn 2001, mae adroddiadau'r cyfryngau am grefydd Islam a Mwslimiaid wedi bod yn negyddol yn bennaf, fel mae Blwch 3 yn ei ddangos. Mae hyn wedi cyfrannu at newid yn agwedd y cyhoedd a chynnydd mewn Islamoffobia yn y boblogaeth. Gall hyn hefyd fod yn gyfrifol am y cynnydd mewn troseddau casineb yn erbyn Mwslimiaid dros y blynyddoedd diwethaf.

Blwch 3	Sut mae papurau newydd yn adrodd am Fwslimiaid

Ar ôl dadansoddi 143 miliwn o eiriau yn y papurau newydd Prydeinig, daeth Paul Baker et al. i'r casgliad fod y portread o Fwslimiaid a chrefydd Islam yn eithriadol o negyddol. Dyma eu canfyddiadau.

Roedd adroddiadau am Islam a Mwslimiaid yn aml yn defnyddio geiriau fel bygythiad, ffwndamentaliaeth, terfysgol, eithafol a rhywiaethol. Roedd y geiriau 'Mwslimaidd' ac 'Islamaidd' yn aml wedi'u cysylltu â geiriau sy'n awgrymu trais (e.e. 'terfysgaeth Islamaidd', 'eithafwyr Mwslimaidd').

Roedd y term 'y gymuned Fwslimaidd' yn cael ei ddefnyddio i bortreadu Mwslimiaid fel grŵp homogenaidd (pawb yr un peth), a oedd yn gwrthdaro â'r DU ac yn cynnwys elfennau radical a pheryglus. Roedd y term yn aml yn ymddangos wrth ymyl geiriau fel dicter, ofn, rhybudd, beirniadaeth, anfodlonrwydd, sarhaus a gwrthwynebus. Roedd y term yn helpu i greu'r syniad bod Mwslimiaid yn perthyn i grŵp ar wahân ac yn cyfrannu at broses 'aralleiddio'.

Roedd papurau newydd yn aml yn defnyddio lluniau'r heddlu o droseddwyr i bortreadu Mwslimiaid. Roedd cynnydd yn nifer y straeon a oedd yn canolbwyntio ar eithafiaeth, ond roedd lleihad yn nifer y straeon a oedd yn sôn am ymosodiadau ar Fwslimiaid.

Mae papurau newydd hefyd yn cyhoeddi llythyrau darllenwyr ac erthyglau colofnwyr sy'n cynnwys agweddau hynod o negyddol tuag at Fwslimiaid. Drwy wneud hyn, gall y papur ymbellhau oddi wrth safbwyntiau o'r fath a rhoi llwyfan iddyn nhw ar yr un pryd.

Canfyddiadau o dueddiadau o ran trosedd

A yw troseddu yn cynyddu, yn gostwng neu'n aros yr un peth? A yw mathau penodol o droseddau yn digwydd yn fwy neu'n llai aml? Ar y cyfan, mae'r cyhoedd yn fwy tebygol o gredu bod troseddu ar gynnydd. Er enghraifft, yn ôl Arolwg Troseddu Cymru a Lloegr, roedd 72% o bobl o'r farn bod troseddu yn genedlaethol wedi cynyddu, ac roedd 43% o'r farn bod mwy o droseddau yn lleol.

Effaith y cyfryngau

Mae'r gwahaniaeth hwn rhwng y ffigurau lleol a chenedlaethol yn arwyddocaol. Rydyn ni'n adnabod ein hardal leol, ond rydyn ni'n dibynnu ar y cyfryngau i wybod beth sy'n digwydd yn genedlaethol. Fel mae Testun 1.4 wedi'i ddangos, mae'r cyfryngau yn rhoi llawer o sylw i droseddu, yn enwedig troseddau treisgar, ac mae adroddiadau'r papurau poblogaidd yn aml yn ymfflamychol ac yn codi ofn ar bobl. Mae hyn yn rhoi'r argraff bod troseddu yn gyffredin iawn a bod y broblem yn gwaethygu.

Ofn trosedd

Os yw pobl yn meddwl bod troseddu ar gynnydd, bydd mwy o bobl yn ofni dioddef trosedd. Un rheswm posibl dros hyn yw'r ffaith bod y cyfryngau'n rhoi mwy o sylw i rai mathau o droseddau, fel lladrata ar y stryd ac ymosodiadau treisgar/rhyw, ac yn awgrymu mai person hŷn a/neu fenyw yw'r dioddefwr nodweddiadol. O ganlyniad, mae menywod a phobl hŷn yn fwy tebygol o ofni y byddan nhw'n dioddef trosedd ar y stryd. Ond mewn gwirionedd, dynion ifanc sy'n wynebu'r perygl mwyaf o ddioddef trais y tu allan i'r cartref.

Yn yr un modd, mae gormod o sylw yn y cyfryngau i droseddau yn erbyn plant – fel herwgydio a cham-drin rhywiol, neu drais gan baedoffilyddion – yn gallu gwneud i rieni ofni caniatáu i'w plant fynd allan heb oruchwyliaeth. Fodd bynnag, aelodau o'r teulu, nid dieithriaid, sydd fwyaf tebygol o achosi niwed i blant.

Mae ymchwil Schlesinger a Tumber hefyd wedi dangos mai darllenwyr papurau poblogaidd a phobl sy'n gwylio llawer o deledu sydd fwyaf ofn dioddef trosedd. Rheswm posibl dros hyn yw eu bod yn cael mwy o gyswllt â chynrychioliadau'r cyfryngau o droseddau o'r fath.

Fodd bynnag, mewn rhai achosion, mae'r canfyddiad bod trosedd ar gynnydd yn gywir. Mae cyfraddau troseddu yn cynyddu mewn rhai ardaloedd, ac weithiau bydd preswylwyr wedi dioddef trosedd neu'n gwybod am ffrindiau neu gymdogion sydd wedi dioddef. Yn yr achos hwn, mae'r ofn yn seiliedig ar brofiad personol yn hytrach na chynrychioliadau'r cyfryngau.

Stereoteipio troseddwyr

Stereoteip yw cyffredinoli am grŵp penodol o bobl neu roi diffiniad gorsyml i'w disgrifio; er enghraifft, 'mae pob person ifanc yn ddiog'. Mae stereoteipio yn gallu dylanwadu ar y math o bobl sy'n dod i sylw'r system cyfiawnder troseddol.

Teipeiddiadau

Yn ôl Aaron Cicourel, mae'r heddlu, barnwyr, swyddogion prawf ac erlynwyr yn llunio stereoteipiau o'r 'tramgwyddwr nodweddiadol'. Enw Cicourel ar y rhain oedd 'teipeiddiadau' *('typifications')*, a daeth i'r casgliad mai'r 'troseddwr nodweddiadol', ym marn yr heddlu, oedd unrhyw un â'r nodweddion canlynol:

- dynion ifanc o ddosbarth cymdeithasol is, yn aml yn ddi-waith
- yn aml o gefndir du neu leiafrifol ethnig
- yn dod o ardal ddifreintiedig
- yn dangos 'agwedd wael' tuag at awdurdod
- wedi gwneud yn wael yn yr ysgol, wedi colli'r ysgol yn fwriadol, etc.
- yn cymdeithasu â phobl eraill mae'r heddlu'n gwybod amdanyn nhw.

Mae'n debyg bod yr heddlu'n seilio'r teipeiddiadau hyn yn rhannol ar bortreadau yn y cyfryngau: mae troseddwyr yn y cyfryngau yn aml yn debyg i ddisgrifiad Cicourel o deipeiddiadau'r heddlu. Er enghraifft, ar raglenni newyddion lleol a rhaglenni 'realiti', dynion ifanc, dosbarth gweithiol yw'r troseddwyr ac ardaloedd difreintiedig neu stadau tai cyngor yw lleoliadau'r troseddau.

Proffwydoliaeth hunangyflawnol

Mae'r heddlu yn defnyddio'r teipeiddiadau hyn i benderfynu ble i gynnal patrôl, pwy dylen nhw eu stopio a'u holi, a ddylen nhw arestio neu gyhuddo rhywun, ac yn y blaen. Gall hyn greu proffwydoliaeth hunangyflawnol: mae pobl sydd â'r teipeiddiadau hyn yn fwy tebygol o gael eu dal pan fyddan nhw'n gwneud rhywbeth o'i le gan fod yr heddlu yn cadw golwg am y 'mathau hyn' o bobl. Bydd y troseddwr yn derbyn euogfarn ac felly yn cadarnhau i'r heddlu bod angen iddyn nhw gadw golwg am y 'mathau hyn' o bobl yn y dyfodol, gan arwain at ragor o arestiadau.

Yn y cyfamser, mae'r heddlu yn tueddu i anwybyddu troseddwyr heb y teipeiddiadau hyn, ac felly fyddan nhw ddim yn cael eu dal. Dyma un o'r rhesymau pam dydy troseddwyr coler wen sy'n ymddangos yn 'barchus' yn aml ddim yn cael eu cosbi.

Fel yr heddlu, mae'r cyhoedd hefyd yn llunio stereoteipiau yn seiliedig ar bortreadau'r cyfryngau o'r 'troseddwr nodweddiadol'. O ganlyniad, mae'n bosibl eu bod nhw'n gyfarwydd â gweld dynion, pobl ifanc, pobl ddu, a'r dosbarth gweithiol yng nghanol dinasoedd yn camymddwyn ac felly byddan nhw'n fwy tebygol o reportio'r broblem i'r heddlu.

GWEITHGAREDD / **Trafodaeth**

Stereoteipio troseddwyr   Ewch i Hwb: www.hwb.gov.wales/

Lefelau o ymateb i droseddu a mathau o gosbau

Gall y cyfryngau effeithio ar benderfyniadau'r heddlu o ran y lefelau o ymateb i droseddu, a'r cosbau mae'r llysoedd yn eu rhoi. Gallwn edrych ar ddwy enghraifft o hyn: y mods a'r rocers, a therfysgoedd 2011.

Y mods a'r rocers

Yn eu hadroddiadau ymfflamychol a'u hymgais i labelu pobl ifanc fel diawliaid y werin, roedd y cyfryngau hefyd yn galw ar yr heddlu a'r llysoedd i weithredu'n fwy llym.

Er enghraifft, mae Cohen yn sôn am achosion o'r heddlu yn arestio pobl ar hap cyn iddyn nhw gyflawni unrhyw drosedd, yn arestio pobl ddiniwed a oedd yn yr ardal, ac yn herio pobl i droseddu (er enghraifft, drwy eu gwthio nes iddyn nhw ymateb). Yn yr un modd, roedd y llysoedd wedi cadw diffynyddion ar remánd yn y carchar am fân droseddau, ac roedd dedfrydau'r rhai a gafwyd yn euog yn anarferol o llym. Roedd hyn yn rhannol oherwydd bod ynadon yn credu bod angen 'dysgu gwers' iddyn nhw, ac yn rhannol er mwyn gosod esiampl a fyddai'n atal eraill rhag ymddwyn yn yr un ffordd.

Terfysgoedd 2011

Dechreuodd y terfysgoedd yn dilyn protest y tu allan i orsaf heddlu Tottenham i fynegi dicter am farwolaeth Mark Duggan a gafodd ei saethu gan swyddogion yr Heddlu Metropolitan. Ymledodd y terfysgoedd i rannau eraill o'r wlad yn gyflym.

Yn ôl Simon Rogers, roedd dedfrydau'r rhai a gafwyd yn euog o droseddau yn ystod y terfysgoedd yn llym iawn. Er enghraifft:

- Roedd y **llysoedd ieuenctid** wedi rhoi dedfrydau carcharol i 32% o'r rhai a gafwyd yn euog, o'u cymharu â 5% yn unig yn achos y rhai a gafwyd yn euog o droseddau tebyg yn 2010 (y flwyddyn cyn y terfysgoedd).

- Roedd y **llysoedd ynadon** wedi anfon 37% o'r rhai a gafwyd yn euog i'r carchar, o'u cymharu â 12% o achosion tebyg yn 2010, ac roedd y ddedfryd gyfartalog bron tair gwaith yn hirach.

- Roedd **Llys y Goron** wedi anfon 82% o'r rhai a gafwyd yn euog i'r carchar, o'u cymharu â 33% o achosion tebyg yn 2010. Roedd y dedfrydau wyth mis yn hirach ar gyfartaledd.

Wrth drafod y dedfrydau hyn, dywedodd cyn-gadeirydd Cymdeithas y Bar Troseddol, Paul Mendelle Cwnsler y Frenhines *(Queen's Counsel)*, fod perygl y gallai'r llysoedd gael eu tynnu i ganol "rhyw fath o hysteria cymdeithasol a mynd dros ben llestri drwy roi dedfrydau sy'n rhy hir ac yn rhy llym."

Terfysgoedd Llundain, Awst 2011. Y frigâd dân a'r heddlu ger adeilad sydd ar dân yn Croydon.

Rôl y cyfryngau

Chwaraeodd y cyfryngau rôl sylweddol wrth osod y sylfeini ar gyfer y dedfrydau mwy llym. Er enghraifft, roedd *The Daily Mail* wedi disgrifio'r rhai fu'n rhan o'r terfysgoedd fel 'pobl anllythrennog ac anrhifog' a oedd fel 'anifeiliaid gwyllt...sydd ond yn ymateb i reddfau anifeilaidd – bwyta ac yfed, cael rhyw, a dwyn neu ddinistrio eiddo pobl eraill.'

Ar yr un pryd, nid oedd y rhan fwyaf o'r cyfryngau wedi gwneud unrhyw ymdrech i ystyried achosion sylfaenol y terfysgoedd. Cafodd y cyfryngau hefyd eu cyhuddo o beidio â beirniadu rôl yr heddlu ym marwolaeth Mark Duggan a'r ffordd gwnaeth yr heddlu ddelio â'r brotest.

Cwestiynau

1. Yn eich barn chi, pam roedd dedfrydau'r rhai fu'n rhan o derfysgoedd 2011 mor llym?

2. Pam byddai'r cyfryngau'n canolbwyntio ar y terfysgoedd a'r rhai fu'n rhan ohonynt yn hytrach nag ar achosion y terfysgoedd?

Entrepreneuriaid moesol

Un elfen o banig moesol yw galwadau i gymryd camau llym yn erbyn diawliaid y werin. Enw Howard Becker ar y bobl sy'n arwain y galwadau hyn yw 'entrepreneuriaid moesol'.

Entrepreneuriaid moesol yw unigolion neu garfanau pwyso sy'n arwain ymgyrch neu 'grwsâd' ar fater moesol – er enghraifft alcohol, pornograffi, cymryd cyffuriau, erthyliad, mods a rocers, neu gyfunrywioldeb. Maen nhw'n honni bod y mater yn broblem gymdeithasol ddifrifol a bod angen gweithredu ar frys i ddelio â'r broblem. Mae entrepreneuriaid moesol yn defnyddio'r cyfryngau er mwyn galw am gymryd camau llym i ddatrys y broblem – er enghraifft drwy fynnu rhagor o blismona, dedfrydau mwy llym, deddfau mwy caeth, ac ati.

Mae entrepreneuriaid moesol yn aml yn dod o'r dosbarthiadau cymdeithasol uwch – gwleidyddion, uwch swyddogion yr heddlu a barnwyr, ac arbenigwyr o bob math. Yn achos y mods a'r rocers a therfysgoedd 2011, roedd y newyddion a'r papurau newydd yn dyfynnu, yn cyfweld ac yn cynnwys barn entrepreneuriaid moesol, gan roi cyfle iddyn nhw gynnig rhagfynegiadau ac atebion i'r problemau.

GWEITHGAREDD / **Clip fideo**

Terfysgoedd   Ewch i Hwb: www.hwb.gov.wales/

Blaenoriaethau a phwyslais yn newid

Pan fydd y cyfryngau yn lleisio pryder ynglŷn â math penodol o drosedd neu ymddygiad gwrthgymdeithasol, gall arwain at newidiadau ym mlaenoriaethau neu bolisïau'r llywodraeth, yr heddlu ac asiantaethau eraill. Gall hyd yn oed arwain at gyflwyno deddfau newydd. Dwy enghraifft o newid blaenoriaethau a arweiniodd at newidiadau yn y gyfraith yw materion cŵn peryglus a rêfs anghyfreithlon.

Cŵn peryglus

Yn 1990 ac 1991, roedd y papurau poblogaidd yn adrodd am gŵn Rottweiler a daeargwn pydew *(pit bull terriers)* a oedd wedi lladd neu ymosod ar blant. Roedd yr iaith yn ymfflamychol ac yn emosiynol: gwelwyd penawdau fel 'Llarpiwyd' (*'Savaged'*) a 'Ffrwynwch y cythreuliaid' (*'Muzzle these devils'*). Roedd yr adroddiadau hefyd yn cynnwys ffotograffau gwaedlyd o'r dioddefwyr.

Roedd adroddiadau'r cyfryngau yn portreadu daeargwn pydew fel 'cŵn y diafol', ac yn annog y safbwynt eu bod yn fygythiad eang a difrifol. Arweiniodd hyn at alwadau i weithredu a chafodd llywodraeth Geidwadol John Major ei beirniadu am beidio ag ymyrryd. O ganlyniad, penderfynodd yr Ysgrifennydd Cartref Kenneth Baker fod angen cyflwyno deddfwriaeth frys i Senedd San Steffan. Cafodd y Ddeddf Cŵn Peryglus ei phasio ym mis Awst 1991.

O dan y ddeddf hon, roedd bridio, gwerthu neu hyd yn oed fod yn berchen ar ddaeargwn pydew a thri brid arall yn anghyfreithlon. Byddai unrhyw gŵn anghyfreithlon yn cael eu lladd a gallai'r perchennog gael ei anfon i'r carchar am hyd at chwe mis.

Gwleidyddiaeth Ffactor arall a gyfrannodd at y newid ym mlaenoriaethau'r llywodraeth oedd y sefyllfa wleidyddol ar y pryd. Roedd Baker wedi cael ei feirniadu'n llym yn ystod y flwyddyn flaenorol am y ffordd roedd wedi delio â therfysgoedd mewn carchardai. Drwy ymateb yn gyflym i alwadau'r cyfryngau a'r cyhoedd, gallai ddangos ei fod yn barod i weithredu, felly roedd cyflwyno polisi poblogaidd heb oedi yn ymddangos yn ddewis atyniadol iawn.

Beirniadaeth o'r Ddeddf Cŵn Peryglus

Mae'r Ddeddf Cŵn Peryglus wedi'i beirniadu'n eang ac wedi'i hystyried yn ymateb eithafol a difeddwl i benawdau'r papurau poblogaidd. Yn ôl un beirniad, roedd yn 'enghraifft berffaith o'r hyn na ddylid ei wneud'.

Roedd y Ddeddf Cŵn Peryglus yn ymateb i banig moesol a oedd yn gorbwysleisio'r peryglon. Mae marwolaethau yn sgil ymosodiadau cŵn yn brin iawn mewn gwirionedd: bu farw 30 o bobl yn y 25 mlynedd gyntaf ar ôl pasio'r Ddeddf Cŵn Peryglus, ac roedd 21 o'r rhain wedi'u hachosi gan gŵn oedd heb eu cynnwys yn y Ddeddf.

'Rhoi bai ar y weithred, nid y brid'
Un broblem sy'n ymwneud â'r Ddeddf Cŵn Peryglus yw penderfynu a yw ci yn ddaergi pydew ai peidio. Mae beirniaid hefyd yn dadlau bod lladd cŵn

Perchenogion cŵn yn protestio yn erbyn deddfwriaeth yn gwahardd bridiau penodol o gŵn 'peryglus'.

oherwydd eu brid yn fath o 'hil-laddiad' cŵn. Maen nhw'n honni bod angen 'rhoi bai ar y weithred, nid y brid', ac y dylai'r gyfraith dargedu perchenogion anghyfrifol yn hytrach na'r cŵn.

Gwnaeth Baker ei hun gyfaddef bod mwy o bobl yn reportio eu bod wedi cael eu cnoi gan fridiau eraill o gŵn heblaw daeargwn pydew, ond pe bai wedi cynnwys cŵn Alsatian a Doberman yn yr un categori, "byddai hyn wedi gwylltio 'criw y welingtons gwyrdd'" sef pobl dosbarth canol a dosbarth uwch sy'n pleidleisio dros y Ceidwadwyr.

Mae beirniaid fel Lodge a Hood yn dadlau bod y broblem hon yn ymwneud â dosbarth cymdeithasol, yn ogystal â chŵn. Mae'r cyfryngau wedi labelu a beirniadu perchenogion daeargwn pydew fel pobl anghyfrifol, dosbarth cymdeithasol is sy'n byw ar stadau cyngor. Mae'r cŵn eu hunain wedi cael eu portreadu fel symbol statws macho sy'n ddewis poblogaidd ymhlith aelodau o gangiau a gwerthwyr cyffuriau.

Rêfs anghyfreithlon

Roedd y cyfryngau hefyd wedi chwarae rhan bwysig wrth newid blaenoriaethau'r llywodraeth a'r heddlu o ran rêfs anghyfreithlon. Dechreuodd y diwylliant rêf *(rave culture)* tua diwedd yr 1980au. Roedd rêfs yn aml yn cael eu cynnal mewn ardaloedd gwledig, ac roedd cymryd y cyffur ecstasi (MDMA) a dawnsio i gerddoriaeth 'acid house' yn rhan amlwg o'r diwylliant hwn.

Ymateb y cyfryngau Ar y dechrau, roedd ymateb y cyfryngau yn eithaf ffafriol i'r rêfs. Roedd papur newydd *The Sun* yn gwerthu crysau T 'wyneb hapus' ac yn disgrifio 'acid house' fel rhywbeth 'cŵl a ffasiynol'. Fodd bynnag, ymddangosodd yr arwyddion cyntaf o banig moesol yn 1988, pan rybuddiodd *The Sun* am beryglon cymryd ecstasi:

> "Byddwch chi'n dechrau gweld pethau. Er enghraifft, os nad ydych chi'n hoffi pryfed cop, byddwch chi'n dechrau gweld rhai enfawr. Mae siawns dda y byddwch chi'n mynd i ysbyty meddwl am weddill eich oes. Mae siawns dda y byddwch chi'n cael eich cam-drin yn rhywiol pan fyddwch chi o dan ddylanwad. Efallai na fyddwch chi'n gwybod am hyn am rai dyddiau neu wythnosau."

Darlledodd y BBC raglenni dogfen a oedd yn gorbwysleisio peryglon ecstasi. Yn ôl Sam Bradpiece, roedd y BBC yn portreadu diwylliant rêf yn rheolaidd fel bygythiad i gymdeithas, ac felly byddai'n bosibl cyfiawnhau ymateb cadarn gan y llywodraeth a'r gyfraith.

Newid i'r gyfraith Yn y pen draw, penderfynodd y llywodraeth newid y gyfraith yn benodol er mwyn atal rêfs. Mae Deddf Cyfiawnder Troseddol a Threfn Gyhoeddus 1994 yn gwahardd digwyddiadau yn yr awyr agored gyda dros 100 neu ragor o bobl, a lle mae cerddoriaeth uchel â churiad ailadroddus yn cael ei chwarae yn y nos sy'n debygol o achosi pryder i breswylwyr lleol. Dyma'r unig dro erioed i fath penodol o gerddoriaeth gael ei gwneud yn anghyfreithlon. Gall pobl sy'n mynd i'r rêf gael eu harestio heb warant.

Gwleidyddiaeth Yn ogystal â rôl y cyfryngau, roedd gwleidyddiaeth hefyd wedi chwarae rhan wrth newid blaenoriaethau'r gyfraith. Roedd diwylliant hedonistaidd (ceisio pleser) y diwylliant rêf yn cyferbynnu'n llwyr â gwerthoedd llywodraethau Ceidwadol Margaret Thatcher a John Major, a oedd yn rhoi pwyslais ar hunan-ddisgyblaeth, gwaith caled ac unigolyddiaeth.

PARATOI AR GYFER YR ASESIAD DAN REOLAETH

Beth mae'n rhaid i chi ei wneud

Gan ddefnyddio eich nodiadau ar gyfer Testun 1.5 *Esbonio effaith cynrychioliadau'r cyfryngau ar ganfyddiad y cyhoedd o drosedd*, rhowch esboniad clir a manwl o effaith amrywiaeth o gynrychioliadau'r cyfryngau ar ganfyddiad y cyhoedd o drosedd.

Effaith

- panig moesol
- pryderon ac agweddau'r cyhoedd yn newid
- canfyddiadau o dueddiadau o ran trosedd

- stereoteipio troseddwyr
- lefelau o ymateb i droseddu a mathau o gosbau
- blaenoriaethau a phwyslais yn newid.

Dylech chi fod yn gyfarwydd ag enghreifftiau penodol o bortread y cyfryngau o droseddoldeb a'r amrywiaeth o effeithiau a nodir. Dylai dealltwriaeth o'r effeithiau hynny fod yn seiliedig ar ddamcaniaethau.

Senario briff yr aseiniad

Dylech chi gyfeirio at y briff, os yw'n berthnasol.

Sut bydd yn cael ei farcio

4–6 marc: Esboniad clir a manwl o effaith amrywiaeth o gynrychioliadau'r cyfryngau ar ganfyddiad y cyhoedd o drosedd.
1–3 marc: Esboniad cyfyngedig o effaith cynrychioliadau'r cyfryngau ar ganfyddiad y cyhoedd o drosedd.

Gwerthuso dulliau o gasglu ystadegau am drosedd

Man cychwyn

Mae angen i chi ysgrifennu adroddiad am lefelau troseddu yn eich ardal leol.

Gan weithio mewn grŵp bach:

1. Pa ffynonellau gallech chi eu defnyddio i gael gwybodaeth am lefelau troseddu yn eich ardal?
2. Beth fyddai manteision ac anfanteision defnyddio'r ffynonellau hyn?

Dwy ffynhonnell o ystadegau troseddu

Faint o drosedd sy'n digwydd, a sut rydyn ni'n gwybod hynny? Beth gall ystadegau troseddu ei ddweud wrthon ni?

Mae troseddegwyr yn defnyddio dwy brif ffynhonnell o ystadegau am drosedd:

- Ystadegau'r Swyddfa Gartref – troseddau a gofnodwyd gan yr heddlu
- Arolwg Troseddu Cymru a Lloegr (ATCLl) – arolwg o ddioddefwyr trosedd.

Yn y testun hwn, byddwn ni'n ystyried y ddwy ffynhonnell hyn o ystadegau troseddu ac yn gwerthuso eu defnyddioldeb.

Ystadegau'r Swyddfa Gartref: troseddau a gofnodwyd gan yr heddlu

Mae 43 o heddluoedd rhanbarthol yn y DU, yn ogystal â'r Heddlu Trafnidiaeth Prydeinig. Bob mis, mae pob heddlu yn rhoi gwybod i'r Swyddfa Gartref faint o droseddau sydd wedi'u cofnodi yn yr ardal. Mae'r ffigurau hyn yn cael eu hanfon i'r Swyddfa Ystadegau Gwladol, sy'n cyhoeddi'r ystadegau terfynol ar gyfer y wlad i gyd.

Mae'r ystadegau'n ymwneud â phob trosedd hysbysadwy, sef yr holl droseddau sy'n dod gerbron rheithgor, yn ogystal â rhai troseddau llai difrifol sy'n dod gerbron ynadon, fel ymosod heb achosi anaf.

Yn ogystal â'r ystadegau troseddu cenedlaethol, mae pob heddlu yn cyhoeddi ystadegau ar gyfer ei ardal. Gallwch chi ddod o hyd i ystadegau troseddu a mapiau troseddu ar gyfer eich ardal leol ar-lein.

Dibynadwyedd

Ystyr dibynadwyedd yw p'un a yw dull o gasglu gwybodaeth am rywbeth yn rhoi'r un canlyniad os yw rhywun arall yn ei ddefnyddio. Os yw dull yn ddibynadwy, pan fydd rhywun arall yn ei ailadrodd, bydd yn rhoi'r un canlyniad cyson.

Cryfder Mae ystadegau troseddu a gofnodwyd gan yr heddlu fel arfer yn cael eu hystyried yn ddibynadwy – byddai disgwyl i swyddogion gwahanol a heddluoedd gwahanol ddefnyddio yr un gweithdrefnau a'r un diffiniadau o droseddau wrth ddosbarthu digwyddiadau.

Cyfyngiadau Fodd bynnag, mae'n bosibl o hyd i swyddogion gwahanol ddosbarthu yr un digwyddiad mewn ffyrdd gwahanol. Er enghraifft, os yw dioddefwr wedi cael rhai mân grafiadau yn unig mewn ymosodiad, gallai un swyddog ystyried hyn yn achos o ymosod heb achosi anaf, ond gallai swyddog arall benderfynu bod hwn yn achos o ymosod ac achosi anaf.

Yn yr un modd, gall heddluoedd gwahanol ddiffinio trosedd mewn ffyrdd gwahanol. Er enghraifft, er nad yw un heddlu yn cofnodi achosion o ddwyn eiddo gwerth llai na £10, bydd gan heddlu arall drothwy o £20. Felly, wrth gymharu ystadegau'r ddau heddlu am ddwyn, dydyn ni ddim yn cymharu tebyg wrth debyg.

Dilysrwydd

Ystyr dilysrwydd yw p'un a yw'r ystadegau'n rhoi darlun cywir i ni o nifer y troseddau sy'n digwydd. Mae'n bosibl nad yw ystadegau troseddu a gofnodwyd gan yr heddlu yn gwneud hynny. Er enghraifft, cofnododd yr heddlu dros 55,000 o achosion o dreisio yn 2019–2020. Fodd bynnag, mae hyn yn llai na'r nifer go iawn oherwydd dydy llawer o ddioddefwyr ddim yn reportio'r drosedd a dydy'r heddlu ddim o reidrwydd yn cofnodi pob achos.

Dydy ffigurau troseddu a gofnodwyd ddim yn cynnwys:

- Troseddau sydd heb eu reportio i'r heddlu: yn ôl ATCLl, dim ond 40% o'r troseddau maen nhw wedi eu dioddef mae pobl yn eu reportio.
- Digwyddiadau mae'r heddlu yn penderfynu peidio â'u cofnodi fel troseddau. Dim ond tua 60% o'r troseddau mae pobl yn eu reportio sy'n cael eu cofnodi.

Rhesymau dros danreportio troseddau

Er mwyn reportio trosedd, rhaid i ddioddefwr neu dyst gredu yn y lle cyntaf fod trosedd wedi digwydd. Er enghraifft, efallai nad yw'r unigolyn wedi sylwi bod eitem ar goll, neu'n cymryd ei fod wedi colli'r eitem yn hytrach na bod rhywun arall wedi'i dwyn.

Pam mai dim ond 1 o bob 4 achos o dreisio neu ymgais i dreisio sy'n cael ei reportio i'r heddlu?

Hyd yn oed os ydych chi'n credu bod trosedd wedi digwydd, mae llawer o resymau a allai eich atal rhag ei reportio:

- Mae'r eitem gafodd ei dwyn o werth isel neu heb ei hyswirio: e.e. mae ceir yn aml o werth uchel ac mae'r rhan fwyaf wedi'u hyswirio, felly mae pobl fel arfer yn reportio achosion o ddwyn ceir.
- Does dim ffydd gennych chi yn yr heddlu: rydych chi'n meddwl eu bod nhw'n ddi-glem neu'n methu eich helpu.
- Rydych chi'n teimlo embaras neu gywilydd: e.e. oherwydd eich bod chi wedi methu â chymryd camau i osgoi bod yn ddioddefwr.
- Rydych chi'n ofni y bydd y troseddwr yn dial arnoch chi.
- Byddai'n well gennych chi ddelio â'r mater eich hun: e.e. os yw perthynas yn dwyn oddi arnoch, efallai na fyddwch chi eisiau i'r unigolyn fynd i drafferth gyda'r heddlu.
- Rydych chi'n ofni y byddwch chi mewn trafferth eich hun: e.e. os ydych chi wedi cael eich masnachu'n anghyfreithlon, efallai na fyddwch chi eisiau reportio eich bod chi wedi cael eich cam-drin.

GWEITHGAREDD / Trafodaeth

Rhesymau dros danreportio troseddau   Ewch i Hwb: www.hwb.gov.wales/

Rhesymau dros dangofnodi troseddau

Ar ôl i rywun reportio trosedd, rhaid i'r heddlu benderfynu a ddylen nhw gofnodi'r drosedd ai peidio. Mae gan yr heddlu rywfaint o ddisgresiwn wrth benderfynu, ac mae'n bosibl y byddan nhw'n dewis peidio â chofnodi'r drosedd am sawl rheswm:

- Dydyn nhw ddim yn credu stori'r dioddefwr.
- Does dim digon o dystiolaeth ganddyn nhw i sicrhau euogfarn.
- Mae'r dioddefwr yn gwrthod dwyn cyhuddiad (*press charges*).

- Maen nhw'n ystyried y drosedd yn un ddibwys neu'n wastraff amser ac adnoddau'r heddlu.
- Dydy'r drosedd dan sylw ddim yn flaenoriaeth iddyn nhw.
- Dydyn nhw ddim eisiau cofnodi trosedd maen nhw'n gwybod na allan nhw ei datrys. Bydd hyn yn gwella eu cyfradd datrys troseddau. (Yr enw ar hyn yn Saesneg yw 'cuffing' – mae'r drosedd yn cael ei reportio ond yn 'diflannu' i lawes y swyddog a gafodd wybod amdani yn hytrach na chael ei hychwanegu at yr ystadegau ar gyfer troseddau heb eu datrys.)

Mae tanreportio a thangofnodi troseddau yn golygu bod ystadegau'r Swyddfa Gartref, sy'n seiliedig ar droseddau a gofnodwyd gan yr heddlu, yn llai dilys – hynny yw, nid yw'n ddarlun hollol gywir o nifer y troseddau sy'n digwydd mewn gwirionedd.

GWEITHGAREDD / **Trafodaeth**

Rhesymau dros dangofnodi troseddau   Ewch i Hwb: www.hwb.gov.wales/

Problemau cynrychioldeb Mae rhai mathau o droseddau yn llai tebygol o gael eu reportio a'u cofnodi nag eraill, ac mae hyn yn creu darlun mwy camarweiniol eto. Er enghraifft, os mai nifer bach iawn o achosion o dreisio sy'n cael eu reportio i'r heddlu ond mae bron pob achos o fwrgleriaeth yn cael eu reportio, ni fydd yr ystadegau yn rhoi darlun gwirioneddol gynrychiadol o amlder cymharol y troseddau hyn.

Problemau polisi Felly, pe bai'r llywodraeth a'r system cyfiawnder troseddol yn dibynnu ar ystadegau'r Swyddfa Gartref i gael darlun clir o droseddu (fel roedden nhw'n ei wneud yn y gorffennol), efallai bydden nhw'n llunio polisïau i fynd i'r afael â'r mathau o droseddau sy'n ymddangos yn bwysig ar sail yr ystadegau, gan esgeuluso troseddau eraill, mwy difrifol sydd wedi'u tanreportio.

Ffigur tywyll trosedd

Ffigur tywyll trosedd yw'r enw ar gyfanswm y troseddau sydd heb eu reportio, ynghyd â'r holl droseddau sydd wedi'u reportio ond heb eu cofnodi gan yr heddlu.

Ffordd arall o ddisgrifio'r sefyllfa yw defnyddio cymhariaeth y mynydd iâ. Pan fydd mynydd iâ yn arnofio yn y cefnfor, dim ond rhan ohono sydd yn y golwg; dyma'r troseddau a gofnodwyd yn ystadegau'r heddlu. Mae gweddill y mynydd iâ yn anweledig, o dan yr arwyneb. Dyma'r holl droseddau eraill – e.e. troseddau heb dystion, troseddau â thystion ond heb eu reportio i'r heddlu, a throseddau wedi'u reportio i'r heddlu ond heb eu cofnodi ganddyn nhw.

Ffigur tywyll trosedd yw'r anfantais fwyaf difrifol o ddefnyddio ystadegau'r heddlu. Dyma'r prif ffactor sy'n tanseilio eu dilysrwydd, a'r rheswm pam penderfynodd y Swyddfa Ystadegau Gwladol yn 2014 nad yw ystadegau troseddu a gofnodwyd gan yr heddlu yn bodloni'r gofynion ar gyfer ystadegau swyddogol yn y DU (gweler Blwch 4).

Blwch 4 | **Yr heddlu yn 'addasu a gostwng yr ystadegau'**

Ym mis Ionawr 2014, cyhoeddodd Awdurdod Ystadegau'r DU – sy'n goruchwylio'r gwaith o gyhoeddi data swyddogol – na fyddai bellach yn gallu cymeradwyo ffigurau troseddu yn seiliedig ar wybodaeth wedi'i chofnodi gan heddluoedd Cymru a Lloegr gan nad oedden nhw wedi bod yn cofnodi pob achos o drosedd.

Er bod ystadegwyr o'r farn bod camgymeriadau dynol yn gyfrifol am rywfaint o'r cam-gyfrif, maen nhw'n awgrymu bod camgymeriadau eraill yn digwydd oherwydd diffyg hyfforddiant ac amharodrwydd i gofnodi troseddau sy'n cael eu trin mewn ffordd anffurfiol yn lleol.

Un awgrym mwy difrifol yw bod y ffigurau wedi cael eu haddasu a'u gostwng er mwyn cyrraedd targedau perfformiad lleol. Er enghraifft, gallai trosedd wedi'i reportio gael ei diffinio fel 'dim trosedd' neu 'ddigwyddiad yn ymwneud â throsedd', ac ni fyddai'r rhain yn cael eu cynnwys yn yr ystadegau cenedlaethol.

Addaswyd o Dominic Casciani, *'Crime stats: The truth is out there'*,
BBC, 21 Ionawr 2014

Moeseg ymchwil

Mae moeseg yn ymwneud â moesoldeb, a'r hyn sy'n gywir neu'n anghywir. O safbwynt gwaith ymchwil ar drosedd, un o'r ystyriaethau yw sicrhau bod hawl y troseddwr neu'r dioddefwr i breifatrwydd a'r hawl i reportio yn ddienw yn cael eu diogelu. Gan nad yw'n bosibl adnabod troseddwyr a dioddefwyr unigol o ystadegau'r Swyddfa Gartref – sy'n rhoi cyfanswm troseddau yn unig – nid oes problem foesegol yn ymwneud â phreifatrwydd unigolyn. Er enghraifft, nid yw'n bosibl adnabod unigolion sydd wedi dioddef achos o dreisio o'r ystadegau, dim ond cyfanswm yr achosion o dreisio a gafodd eu cofnodi gan yr heddlu.

Diben gwaith ymchwil

Os mai diben ystadegau'r heddlu yw rhoi darlun dilys a dibynadwy o gyfanswm troseddau, yna maen nhw'n methu â chyflawni'r nod. Yn yr un modd, gan fod yr ystadegau yn ymwneud â throseddau yn unig, dydyn nhw ddim o unrhyw gymorth i ddeall materion eraill, fel ofn trosedd – er enghraifft, a yw ofn trosedd ar gynnydd, a phwy sydd fwyaf tebygol o fod yn byw mewn ofn.

Fodd bynnag, gall ystadegau'r heddlu fod yn ddefnyddiol mewn ffyrdd eraill. Er enghraifft:

- **Rhoi argraff o weithgarwch yr heddlu** Mae'r ystadegau yn dweud rhywbeth wrthon ni am weithgarwch a blaenoriaethau'r heddlu. Er enghraifft, mae sefydlu uned arbennig i dargedu troseddau cyllell neu drais â chymhelliad hiliol yn debygol o arwain at arestio rhagor o bobl am y troseddau hyn. Fodd bynnag, nid yw'r cynnydd mewn troseddau sy'n cael eu cofnodi oherwydd hyn yn golygu o reidrwydd fod mwy o droseddau'n digwydd go iawn – yn hytrach, mae'n dangos bod yr heddlu wedi canolbwyntio ar ganfod y drosedd dan sylw.
- **Rhoi argraff o dueddiadau troseddu** Os yw nifer y troseddau cyllell yn codi o un flwyddyn i'r llall, gall hyn ddangos bod newid go iawn yn digwydd 'allan yno'. Wrth gwrs, os yw'r heddlu wedi gwneud mwy o ymdrech i ddal mwy o'r troseddwyr hyn yn y cyfamser, fydd yr ystadegau ddim yn gallu cadarnhau a yw hyn yn wir ai peidio.
- **Rhoi argraff o droseddau sy'n cael eu reportio a'u cofnodi'n aml** Mae ystadegau'r heddlu yn ddefnyddiol yn achos troseddau lle gallwn ddweud yn hyderus fod y rhan fwyaf o achosion yn cael eu reportio a'u cofnodi, fel lladdiadau. Yn yr un modd, mae'r rhan fwyaf o achosion o ddwyn ceir yn cael eu reportio gan fod yswiriant gan y rhan fwyaf o fodurwyr, ac er mwyn hawlio yswiriant rhaid iddyn nhw reportio'r digwyddiad i'r heddlu.

Cryfderau a chyfyngiadau eraill

Mae angen ystyried sawl mater arall wrth werthuso defnyddioldeb ystadegau'r Swyddfa Gartref yn seiliedig ar droseddau a gofnodwyd gan yr heddlu.

Y rheolau cyfrif Mae problemau'n gallu codi wrth benderfynu faint o droseddau i'w cyfrif a'u cofnodi mewn achosion sy'n gysylltiedig â'i gilydd. Er enghraifft, mae lleidr yn mynd i mewn i ystafell newid ac yn dwyn waled o 20 pâr o drowsus. Mae lleidr arall yn dwyn un cerdyn banc ond mae'n ei ddefnyddio 20 gwaith i wneud taliadau digyffwrdd. A ddylai'r ddau achos hwn gael eu cofnodi fel 20 trosedd? Mae gan y Swyddfa Gartref reolau manwl ar gyfer cyfrif troseddau, a'r rheol bresennol yw y dylai'r ystadegau adlewyrchu nifer y dioddefwyr yn hytrach na nifer y gweithredoedd troseddol – felly, mae'r enghraifft gyntaf yn 20 trosedd, ond un drosedd yn unig yw'r ail enghraifft.

Y pwynt pwysig yw nad oes un ateb 'cywir', ac mae'r ffaith bod y rheolau cyfrif wedi newid dros amser yn dangos hyn. Mae'r system cyfiawnder troseddol wedi symud yn raddol i roi mwy o bwyslais ar ddioddefwyr, a chafodd y rheolau cyfrif eu newid yn 1998 i adlewyrchu hyn.

> ### Cwestiwn
> Yn eich barn chi, pa un yw'r dull gorau o gyfrif troseddau: nifer y troseddau neu nifer y dioddefwyr? Rhowch eich rhesymau.

Newidiadau yn y gyfraith Mae problem debyg yn codi yn sgil newidiadau yn y gyfraith. Pan fydd hen ddeddfau yn cael eu diddymu, mae gweithredoedd a oedd yn droseddau o'r blaen yn dod yn gyfreithlon. Er enghraifft, roedd rhyw rhwng dau ddyn yn anghyfreithlon nes i'r ddeddf gael ei newid yn 1967. Yn yr un modd, gall gweithred a oedd yn gyfreithlon yn y gorffennol ddod yn anghyfreithlon heddiw drwy basio deddf newydd yn ei herbyn.

Pa droseddau i'w cynnwys? Mae problem arall yn codi o ran y rheolau ynglŷn â pha droseddau dylai'r heddlu gasglu ystadegau amdanyn nhw. Mae'r troseddau hyn wedi'u nodi yn y Rhestr Troseddau Hysbysadwy (troseddau mae'n rhaid i'r heddlu roi gwybod i'r Swyddfa Gartref amdanyn nhw). Ar hyn o bryd, mae tua 100 o droseddau hysbysadwy, ond mae hyn yn newid dros amser. Er enghraifft, cyn 1972, doedd fandaliaeth i eiddo gwerth llai na £100 ddim yn drosedd hysbysadwy. Pan gafodd hyn ei ostwng i £20, saethodd nifer y troseddau wedi'u cofnodi o 42,000 i 140,000. Mae'n annhebygol iawn bod bron 100,000 yn fwy o droseddau wedi digwydd dros nos!

Mae newidiadau yn y gyfraith, newidiadau i'r rheolau cyfrif a newidiadau i'r Rhestr Troseddau Hysbysadwy i gyd yn golygu bod ystadegau troseddu'r Swyddfa Gartref yn llai dibynadwy gan nad ydyn ni'n cymharu tebyg wrth debyg dros amser.

Asiantaethau eraill Yn olaf, mae rhai ystadegau troseddu yn cael eu cofnodi a'u cyhoeddi gan asiantaethau eraill heblaw yr heddlu, fel Cyllid a Thollau Ei Mawrhydi. Dydy'r ystadegau hyn ddim yn cael eu cynnwys yn ystadegau'r Swyddfa Gartref.

GWEITHGAREDD / Clip fideo

Ystadegau a gofnodwyd gan yr heddlu   Ewch i Hwb: www.hwb.gov.wales/

Arolwg Troseddu Cymru a Lloegr

Mae Arolwg Troseddu Cymru a Lloegr (ATCLl) yn cynnig dewis arall i ystadegau'r Swyddfa Gartref o droseddau a gofnodwyd gan yr heddlu. Mae ATCLl yn arolwg dioddefwyr sy'n gofyn i sampl o bobl bob blwyddyn am y mathau o droseddau maen nhw wedi eu dioddef yn y 12 mis blaenorol.

ATCLl yw un o'r arolygon cymdeithasol mwyaf yn y DU, ac mae tua 50,000 o bobl yn cael eu cyfweld bob blwyddyn. Mae'n gofyn i breswylwyr aelwydydd am eu profiadau o drosedd mewn cyfweliadau wyneb yn wyneb.

Dibynadwyedd

Cryfder Gan fod cyfwelwyr hyfforddedig yn gofyn yr un set o gwestiynau, mae canlyniadau ATCLl yn debygol o fod yn ddibynadwy iawn. Mae unigolyn yn debygol o roi'r un atebion i bwy bynnag sy'n cynnal yr arolwg, felly mae'r canlyniadau yn tueddu i fod yn gyson.

Cyfyngiadau Fodd bynnag, mae posibilrwydd y gallai cyfwelwyr gwahanol gael atebion gwahanol i'r un cwestiwn. Er enghraifft, gallai dyn a menyw sy'n cyfweld ofyn yr un cwestiwn i fenyw ynglŷn ag ymosodiad rhywiol a chael atebion eithaf gwahanol, felly mae'n bosibl nad yw'r canlyniadau yn gwbl ddibynadwy.

> **Cwestiwn**
> Heblaw am rywedd, pa rai o nodweddion eraill y cyfwelydd fyddai'n gallu effeithio ar y ffordd mae'r person sy'n cael ei gyfweld yn ymateb i'r cwestiynau?

Dilysrwydd

Cryfder Un o fanteision mawr ATCLl yw ei fod yn datgelu llawer o droseddau sydd heb eu reportio i'r heddlu. Felly, mae'n ffordd werthfawr o gael gwybodaeth am ffigur tywyll troseddau heb eu reportio ac yn arwain at gynhyrchu ystadegau mwy dilys. Er enghraifft, mae'r arolwg yn dangos nad yw pobl yn reportio tua 40% o'r troseddau maen nhw'n eu dioddef, felly does dim gobaith i'r troseddau hyn gael eu cynnwys yn ystadegau'r heddlu.

Cyfyngiadau Gan fod ATCLl yn seiliedig ar atebion pobl i gwestiynau penodol, mae'n dibynnu ar gof, gonestrwydd a pharodrwydd y dioddefwr i roi gwybodaeth. Fodd bynnag, weithiau dydy'r dioddefwr:

• **ddim yn fodlon reportio rhai troseddau** oherwydd embaras neu resymau'n ymwneud â phreifatrwydd.

• **ddim yn gallu cofio rhai troseddau**, neu'n gwneud camgymeriad wrth gofio, yn enwedig os oedd y drosedd yn brofiad trawmatig.

- **ddim yn ymwybodol bod digwyddiad yn drosedd** – efallai nad yw pobl yn diffinio troseddau yn yr un ffordd â'r arolwg.
- **ddim yn ymwybodol ei fod yn ddioddefwr.**

Weithiau bydd dioddefwyr yn 'telesgopio' digwyddiadau, sef reportio trosedd sydd wedi digwydd cyn cyfnod 12 mis yr arolwg. Mae'r holl bethau hyn yn effeithio ar ddilysrwydd y canlyniadau.

> **Cwestiwn**
>
> Rhowch enghreifftiau o'r mathau o droseddau y byddai dioddefwr yn amharod neu ddim yn gallu eu reportio, a throseddau lle nad oedd yr unigolyn yn ymwybodol ei fod yn ddioddefwr.

Dwy broblem arall yn ymwneud â dilysrwydd

1. **Dydy pob dioddefwr ddim yn cael ei gynnwys.** Dydy ATCLl ddim yn cynnwys pobl sy'n byw mewn sefydliadau, fel carchardai, a chartrefi plant a'r henoed, lle mae achosion o gam-drin yn gyffredin. Dydy pobl ddigartref, sy'n wynebu lefelau uwch o gam-drin, ddim wedi'u cynnwys chwaith. Yn y gorffennol, doedd yr arolwg ddim yn cynnwys plant sy'n byw adref, ond erbyn hyn mae arolwg ar wahân ar gyfer plant 10–15 oed.
2. **Dydy pob trosedd ddim yn cael ei chynnwys.** Gan fod ATCLl yn arolwg dioddefwyr, nid yw'n cofnodi troseddau lle nad oes dioddefwr unigol penodol i'w gyfweld – felly nid yw'n cynnwys:
   - Troseddau yn erbyn y llywodraeth, fel twyll trethi neu dwyll budd-daliadau
   - Troseddau yn erbyn busnesau neu sefydliadau eraill
   - Lladdiadau – wrth reswm, dydy'r dioddefwr ei hun ddim yn gallu reportio'r drosedd
   - Troseddau lle mae'r 'dioddefwr' yn droseddwr hefyd, fel defnyddiwr cyffuriau.

Mae'r holl ddioddefwyr a'r troseddau hyn yn parhau yn rhan o ffigur tywyll trosedd, felly nid yw'r canlyniadau'n rhoi darlun cwbl ddilys o droseddu.

Moeseg ymchwil

Does dim llawer o broblemau moesegol yn gysylltiedig ag ATCLl.

- **Does dim rheidrwydd i ymateb** – gall unigolion wrthod cymryd rhan neu ateb cwestiynau penodol os ydyn nhw'n teimlo'n anghyfforddus.
- **Mae'r cyfweliadau'n ddienw ac yn gyfrinachol**, felly nid yw'n bosibl adnabod unigolion yng nghanlyniadau'r arolwg. Mae'r wybodaeth sydd wedi'i rhoi yn cael ei dinistrio ar ôl i'r ystadegau gael eu llunio, ac nid yw'n cael ei rhannu â sefydliadau eraill.

Fodd bynnag, mae dioddef trosedd yn aml yn brofiad trawmatig, ac weithiau bydd trafod y digwyddiad mewn cyfweliad â dieithryn yn achosi gofid.

Diben gwaith ymchwil

Un o gryfderau mawr ATCLl yw mai'r diben yw canolbwyntio ar brofiadau dioddefwyr:

- Mae'n casglu gwybodaeth am y mathau o droseddau mae pobl yn poeni fwyaf amdanyn nhw, fel trais a throseddau eiddo.
- Mae'n helpu i roi darlun o brofiadau pobl o drosedd o ddydd i ddydd, a'r effaith ar eu bywydau.
- Gan ei fod yn rhoi 'safbwynt y dioddefwr', mae'n cynnig darlun mwy dilys o effaith trosedd o'i gymharu ag ystadegau'r heddlu.
- Mae'n bosibl defnyddio'r canfyddiadau mewn rhaglenni lleihau troseddu drwy adnabod y grwpiau a'r ardaloedd sydd fwyaf tebygol o ddioddef trosedd.

Cryfderau a chyfyngiadau eraill

Cynrychioldeb Mae cyfradd ymateb ATCLl yn uchel iawn, ac mae tua tri chwarter y bobl yn cytuno i gymryd rhan, felly mae'r canlyniadau yn eithaf cynrychiadol o'r boblogaeth gyffredinol. Fodd bynnag, efallai fod y rhai sy'n gwrthod cymryd rhan yn wahanol mewn rhyw ffordd i'r rhai sy'n cytuno.

Er enghraifft, mae'n bosibl eu bod nhw wedi cael profiad mwy trawmatig o drosedd. Os felly, mae'n bosibl nad yw'r canlyniadau terfynol yn gwbl gynrychiadol o'r boblogaeth. Yn ogystal â hyn, er bod y sampl yn fawr, mae'n bosibl nad yw'n ddigon mawr i roi darlun cynrychiadol o droseddau sy'n digwydd yn llai aml ond sy'n fwy difrifol.

GWEITHGAREDD / Trafodaeth

Arolygon troseddu

Ewch i Hwb: www.hwb.gov.wales/

Gwahaniaethau rhwng lefelau trosedd yn ôl ffynonellau gwahanol

Mae ATCLI yn cofnodi mwy o droseddau nag ystadegau'r heddlu yn gyson, ac weithiau mae'r ddau ddull yn cynnig darlun gwahanol o ran a yw troseddau'n cynyddu neu'n lleihau. Y gwahaniaeth mwyaf rhwng y ddau yw'r dulliau gwahanol o reportio – gall ATCLI nodi achosion o droseddu sydd heb eu reportio i'r heddlu.

Pa ddull o fesur yw'r un mwyaf defnyddiol?

Er gwaethaf ei ddiffygion, fel peidio â chynnwys troseddau a dioddefwyr penodol, ATCLI yw'r mwyaf defnyddiol o'r ddau ddull o fesur troseddau. Penderfynodd y Swyddfa Ystadegau Gwladol (*ONS: Office for National Statistics*) nad yw ystadegau troseddu a gofnodwyd gan yr heddlu yn bodloni'r gofynion ar gyfer ystadegau llywodraeth y DU. Yn ôl John Flatley o'r ONS, ATCLI 'yw un o'r ffyrdd gorau o hyd er mwyn canfod tueddiadau troseddu tymor hir sy'n effeithio ar y boblogaeth gyffredinol'.

Blwch 5 | Ffynonellau eraill o ystadegau troseddu

Heblaw am ystadegau ATCLI a'r Swyddfa Gartref, mae ffynonellau eraill o ystadegau troseddu ar gael.

Ystadegau am droseddwyr a gafwyd yn euog Un broblem â'r ystadegau hyn yw eu bod nhw'n ymwneud â phobl a gafwyd yn euog yn unig – mewn geiriau eraill, y rhai a gafodd eu dal. Nid yw'r ystadegau hyn yn cynrychioli'r troseddwyr na chafodd eu dal.

Astudiaethau hunanadrodd Mae'r astudiaethau hyn yn gofyn i bobl pa droseddau maen nhw wedi'u cyflawni. Mae gofyn i gyfranwyr gwblhau holiaduron neu gyfweliadau cyfrinachol a dienw, felly does dim problemau moesegol mawr. Mae'r ffaith eu bod nhw'n ddienw hefyd yn helpu i sicrhau bod pobl yn dweud y gwir wrth ateb. Maen nhw'n ddefnyddiol wrth ddod o hyd i droseddau 'heb ddioddefwyr' fel defnyddio cyffuriau, a'r rhai sy'n annhebygol o gael eu canfod, fel twyll.

Un o ganfyddiadau astudiaethau hunanadrodd yw nad oes llawer o wahaniaeth rhwng dosbarthiadau cymdeithasol neu grwpiau ethnig o ran lefelau troseddu. Felly, efallai fod dosbarthiadau cymdeithasol is a phobl ddu (sy'n fwy amlwg yn yr ystadegau swyddogol) yn fwy tebygol o dderbyn *euogfarn*, ond dydyn nhw ddim yn fwy tebygol o *droseddu*. Un rheswm posibl dros hyn yw'r labelu gan y system cyfiawnder troseddol (gweler Testun 1.5).

Fodd bynnag, efallai nad yw'r ymatebwyr yn dweud y gwir bob amser. Bydd rhai yn ofni mynd i drafferth eu hunain, a bydd eraill (dynion ifanc, o bosibl) yn brolio am droseddau nad ydyn nhw wedi'u cyflawni mewn gwirionedd. Fodd bynnag, mae'r dystiolaeth yn awgrymu bod tua 80% o ymatebwyr yn dweud y gwir. Problem arall yw nad yw astudiaethau hunanadrodd fel arfer yn holi am droseddau mwy difrifol. Pe baen nhw'n gwneud hynny, efallai byddai'r atebion yn llai gonest.

Troseddau yn erbyn busnesau Mae'r Arolwg Erledigaeth Fasnachol yn edrych ar droseddau yn erbyn busnesau fel troseddau ar-lein, bwrgleriaeth, fandaliaeth, dwyn, lladrata ac ymosodiadau ar staff. Mae'r arolwg yn llenwi bwlch yn y data gan fod ATCLI yn ymdrin â throseddau yn erbyn preswylwyr aelwydydd yn unig.

PARATOI AR GYFER YR ASESIAD DAN REOLAETH

Beth mae'n rhaid i chi ei wneud

Gan ddefnyddio eich nodiadau ar gyfer Testun 1.6 *Gwerthuso dulliau o gasglu ystadegau am drosedd*, gwerthuswch ystadegau'r Swyddfa Gartref ac Arolwg Troseddu Cymru a Lloegr fel ffynonellau gwybodaeth am droseddu.

Defnyddiwch y meini prawf canlynol yn eich gwerthusiad:

- dibynadwyedd
- dilysrwydd
- moeseg ymchwil
- cryfderau a chyfyngiadau
- diben gwaith ymchwil.

Sut bydd yn cael ei farcio

4–6 marc: Gwerthusiad clir a manwl o ddau ddull/dwy ffynhonnell gwybodaeth a ddefnyddir i gasglu gwybodaeth am droseddu gyda thystiolaeth glir o resymeg. Cyfeiriadau manwl a pherthnasol at ffynonellau penodol.

1–3 marc: Gwerthusiad cyfyngedig (gan restru dulliau/ffynonellau gwybodaeth yn unig, o bosibl) o ddulliau o gasglu gwybodaeth am droseddu.

Cymharu ymgyrchoedd dros newid

Man cychwyn

Gan weithio mewn grŵp bach:

1. Gwnewch restr o unrhyw ymgyrchoedd dros newid rydych chi'n gwybod amdanyn nhw. Gall yr ymgyrchoedd fod ar unrhyw destun a does dim rhaid iddyn nhw ganolbwyntio ar droseddu.

2. Beth yw pwrpas yr ymgyrch? Beth mae'r ymgyrch eisiau ei newid a pham?

3. Pa wybodaeth mae'r ymgyrch yn ei rhoi i chi?

4. Sut gwnaethoch chi glywed am yr ymgyrch?

5. Cymharwch eich atebion ag atebion gweddill y dosbarth. A oes unrhyw debygrwydd rhwng yr ymgyrchoedd?

Ymgyrchoedd dros newid

Yn aml, bydd aelodau'r gymdeithas eisiau cyflwyno newid o ryw fath. Gallan nhw wneud hyn drwy gael pobl eraill i gytuno â'r hyn maen nhw eisiau ei gyflawni. Un ffordd o wneud hyn yw drwy ymgyrchu ar fater. Yn y testun hwn, byddwn ni'n edrych ar ddibenion ymgyrchoedd dros newid.

Blwch 6	Polisïau a deddfau

Mae ymgyrchoedd dros newid yn aml yn ceisio newid deddfau a/neu bolisïau.

Polisïau Cynlluniau a gweithredoedd adrannau ac asiantaethau'r llywodraeth fel yr heddlu a'r llysoedd, ysgolion a cholegau, y system les, y GIG, gwasanaethau cymdeithasol, awdurdodau lleol a chyrff cyhoeddus eraill.

Deddfau Mae polisïau fel arfer yn seiliedig ar ddeddfau wedi'u cyflwyno gan y llywodraeth a'u pasio gan y senedd. Mae deddfau'n rhoi fframwaith sy'n dylanwadu ar sut mae asiantaethau'r llywodraeth yn gweithredu. Maen nhw'n gosod y safonau, y gweithdrefnau a'r egwyddorion mae'n rhaid i asiantaethau'r llywodraeth eu dilyn i weithredu polisïau'r llywodraeth. Er enghraifft, deddfau sy'n nodi dan ba amgylchiadau gall yr heddlu weithredu polisi stopio a chwilio yn gyfreithiol.

Ymgyrchoedd i newid polisi

Mae rhai ymgyrchoedd dros newid yn canolbwyntio ar newid polisïau. Bydd yr ymgyrchoedd hyn yn aml wedi'u hanelu at bleidiau gwleidyddol a'r llywodraeth, ond hefyd at sefydliadau eraill. Drwy ddylanwadu ar safbwyntiau pleidiau gwleidyddol, bydd ymgyrchwyr yn gobeithio y gallan nhw sicrhau newid yn gynt.

Enghraifft: Unlock

Un enghraifft o sefydliad sy'n ymgyrchu dros newid polisi yw Unlock. Cafodd Unlock ei sefydlu i helpu pobl sydd ag euogfarn droseddol. Mae Unlock yn elusen sy'n rhoi llais a chymorth i bobl ag euogfarn droseddol ac sy'n wynebu rhwystrau oherwydd eu cofnod troseddol. Mae gan Unlock ddau nod:

- Helpu cyn-droseddwyr i symud ymlaen â'u bywydau drwy roi gwybodaeth, cyngor a chymorth iddyn nhw er mwyn goresgyn stigma yr euogfarn flaenorol.
- Hybu cymdeithas fwy teg a chynhwysol drwy herio arferion gwahaniaethol yn erbyn pobl ag euogfarn, a hybu arferion eraill sy'n fwy teg yn gymdeithasol.

Un o ddulliau allweddol Unlock yw 'cadw clust ar lawr gwlad, codi llais oddi uchod'. Ystyr hyn yw eu bod yn gwrando ar y bobl sy'n galw am newid, ac yn gweithio gyda'r rheini sy'n gallu gwireddu'r newid hwnnw.

Un o brif amcanion Unlock yw newid polisïau sy'n cyfyngu ar gyfleoedd pobl â chofnod troseddol, er enghraifft ym maes cyflogaeth. Er bod deddfau yn atal pobl â mathau penodol o euogfarn rhag cael swyddi penodol, fel gweithio gyda phlant, nid yw hyn yn wir am y rhan fwyaf o swyddi. Fel arfer, gall y cyflogwr ddewis a yw eisiau cyflogi rhywun ag euogfarn droseddol ai peidio, ond mae llawer yn gwrthod cyflogi cyn-droseddwyr. Mae Unlock yn ymgyrchu i berswadio cyflogwyr i newid eu polisïau a chyflogi unigolion ag euogfarn.

Dulliau ymgyrchu

Mae Unlock yn defnyddio amrywiaeth o ddulliau ymgyrchu, gan gynnwys y canlynol:
- Mae gan yr elusen wefan a blog sydd ar gael i'r cyhoedd lle gall pobl gofrestru i dderbyn cylchlythyr rheolaidd.
- Mae aelodau'r elusen yn ymddangos ar y cyfryngau i hyrwyddo ei hymgyrchoedd.
- Maen nhw'n cynnal ac yn cyhoeddi ymchwil ar faterion sy'n destun pryder i bobl ag euogfarn droseddol.

Ymgyrchoedd llwyddiannus Unlock

Mae Unlock wedi llwyddo sawl gwaith i newid polisïau sy'n ymwneud â throseddwyr. Yn 2005, sylwodd Unlock fod rhai pobl a oedd yn gadael y carchar yn dod o hyd i swyddi, ond yna'n colli'r cyfleoedd hyn gan nad oedd ganddyn nhw gyfrif banc er mwyn derbyn y gyflog. Ymgyrchodd Unlock am 9 mlynedd, gan weithio gyda charchardai a banciau.

Erbyn 2014, roedd bron 6,000 o gyfrifon banc wedi cael eu hagor ar gyfer pobl yn y carchar, yn barod i'w defnyddio ar ôl iddyn nhw gael eu rhyddhau. Erbyn hyn, mae gan 114 o garchardai gysylltiad â banc stryd fawr. Erbyn diwedd y project, roedd pob carchar a oedd eisiau rhaglen agor cyfrif banc wedi llwyddo i sefydlu un.

Ymgyrchoedd i newid y gyfraith

Nod rhai ymgyrchoedd yw newid deddf bresennol gan fod ymgyrchwyr yn credu bod rhywbeth o'i le arni. Mae ymgyrchoedd eraill yn ceisio cyflwyno deddf newydd mewn maes sy'n destun pryder i'r cyhoedd.

Enghraifft: Deddf Sarah

Un enghraifft o ymgyrch i newid y gyfraith oedd yr ymgyrch lwyddiannus dros sefydlu 'Deddf Sarah'. O dan Ddeddf Sarah, gall unrhyw un ofyn i'r heddlu a yw person sy'n agos at blentyn penodol wedi derbyn euogfarn am drosedd rhyw yn erbyn plant. Pasiwyd y ddeddf newydd yn rhannol o ganlyniad i ymgyrch lwyddiannus gan fam Sarah, Sara Payne.

Y cefndir

Cafodd yr ymgyrch i gyflwyno Deddf Sarah ei sefydlu yn dilyn llofruddiaeth Sarah Payne, merch wyth oed, yn 2000. Roedd llofrudd Sarah yn ddyn lleol a oedd wedi'i gael yn euog o fod yn baedoffilydd yn y gorffennol. Dechreuodd mam Sarah yr ymgyrch er mwyn codi ymwybyddiaeth o'r ffaith y gallai pobl ag euogfarn am drosedd yn erbyn plant fod yn byw mewn ardal, yn ddiarwybod i rieni. Roedd ei hymgyrch yn canolbwyntio ar newid y gyfraith fel bod rhieni'n gallu cael mynediad at fanylion unrhyw un yn yr ardal a oedd ag euogfarn am droseddau yn erbyn plant.

Roedd ymgyrch Deddf Sarah yn seiliedig ar ymgyrch lwyddiannus debyg yn America yn yr 1990au i gyflwyno Deddf Megan, lle roedd hawl gan y cyhoedd i gael gwybodaeth am droseddwyr rhyw ag euogfarn a oedd yn byw yn eu hardal.

Cefnogaeth yn y cyfryngau

Roedd cefnogaeth papur poblogaidd *News of the World* yn allweddol i ymgyrch Sara. Ym mis Gorffennaf 2000, cyhoeddodd y papur enwau a lluniau 50 o bobl, gan honni eu bod wedi cyflawni troseddau rhyw yn erbyn plant. Dywedodd y papur y byddai'n parhau i wneud hynny nes ei fod wedi 'enwi a chodi cywilydd' ar bob paedoffilydd ym Mhrydain.

Roedd y sylw i'r ymgyrch yn *News of the World* a'r gweithredoedd yn sgil yr ymgyrch i 'enwi a chodi cywilydd' wedi codi proffil ymgyrch Sara.

Llwyddiant

Un ffordd o fesur llwyddiant yr ymgyrch yw'r ffaith bod Cynllun Datgelu Troseddwyr Rhyw yn erbyn Plant (neu Ddeddf Sarah) wedi cael ei roi ar waith yng Nghymru a Lloegr; mae cynllun tebyg yn bodoli yn yr Alban. Mae Deddf Sarah yn golygu y gall unrhyw un ofyn i'r heddlu a oes gan unigolyn sydd mewn cysylltiad â phlentyn hanes o droseddau rhyw yn erbyn plant. Mae heddluoedd yn prosesu'r cais, ond does dim gwarantu y bydd y wybodaeth yn cael ei datgelu. Does dim angen amau unigolyn i wneud cais i wirio ei fanylion. Gall unrhyw un â diddordeb ddefnyddio'r cynllun, ond rhieni a gwarcheidwaid sy'n ei ddefnyddio amlaf.

Dyma rai **ymgyrchoedd eraill** i newid y gyfraith:

- **Dignity in Dying** Ymgyrch sy'n galw am gyfreithloni cymorth i farw yn achos oedolion sydd ag afiechyd marwol ac sy'n gymwys yn feddyliol. Ar hyn o bryd, mae cynorthwyo rhywun i ladd ei hun yn drosedd, a'r gosb yw hyd at 14 blynedd yn y carchar.

- **Ysmygu mewn ceir** Roedd Sefydliad Ysgyfaint Prydain wedi cynnal ymgyrch i wahardd ysmygu mewn ceir pan fydd plant ynddyn nhw. Roedd y sefydliad yn amcangyfrif bod 430,000 o blant yr wythnos yn dod i gysylltiad â mwg sigaréts mewn ceir. O ganlyniad i'r ymgyrch, cafodd y gyfraith ei newid yn 2015. Os yw person yn ysmygu mewn car pan fydd plant ynddo, gall yr ysmygwr a'r gyrrwr gael dirwy o £50.

Sara Payne yn siarad yng Nghynhadledd Ffederasiwn yr Heddlu. Gan ddefnyddio'r cyfryngau, llwyddodd i ddenu cefnogaeth eang i'w hymgyrch.

Ymgyrchoedd i newid blaenoriaethau asiantaethau

Asiantaeth yw sefydliad llywodraethol neu breifat sy'n darparu gwasanaeth. Y prif asiantaethau yng nghyd-destun trosedd a chyfiawnder yw yr heddlu, y llysoedd, y gwasanaeth prawf neu gymorth i ddioddefwyr. Fodd bynnag, mae asiantaethau eraill fel ysgolion a cholegau o bosibl yn gallu dylanwadu ar bobl sy'n debygol o droseddu.

Enghraifft: No Knives, Better Lives

Gall blaenoriaethau asiantaethau newid o ganlyniad i bwysau gan ymgyrchoedd penodol. Un ymgyrch sy'n ceisio newid blaenoriaethau yw 'No Knives, Better Lives' (NKBL), ymgyrch genedlaethol i atal troseddau cyllell ymhlith pobl ifanc yn yr Alban. YouthLink Scotland a Llywodraeth yr Alban sy'n rhedeg yr ymgyrch. Mae NKBL yn gweithio gyda sefydliadau lleol i ddarparu gwybodaeth a chymorth er mwyn ceisio codi ymwybyddiaeth o ganlyniadau cario cyllell.

Asiantaethau addysgol Mae ymgyrch NKBL yn canolbwyntio ar ysgolion a cholegau, gan geisio newid eu blaenoriaethau a'u hannog i ystyried bod helpu i leihau troseddau cyllell yn rhan o'u rôl. Y nod yw troi sefydliadau addysgol yn asiantaethau sy'n gallu gweithio gydag unigolion sydd mewn perygl o ddod i gysylltiad â throseddau cyllell.

Dyma rai o'r ffyrdd mae NKBL yn ceisio cyflawni'r nod hwn:

- Maen nhw wedi llunio deunyddiau addysgol ar gyfer ysgolion er mwyn addysgu plant am droseddau cyllell a'u heffaith.
- Mae pob math o astudiaethau achos ar eu gwefan sy'n tynnu sylw at effaith troseddau cyllell.
- Maen nhw wedi creu cyfres o fideos er mwyn helpu i addysgu pobl ifanc am droseddau cyllell.
- Maen nhw wedi creu blogiau y gall myfyrwyr ac athrawon eu dilyn sy'n rhoi gwybodaeth am droseddau cyllell a gwaith NKBL.
- Maen nhw'n recriwtio ac yn hyfforddi addysgwyr sy'n gyfoedion – pobl ifanc sy'n gweithio i godi ymwybyddiaeth o risgiau a chanlyniadau cario cyllell.

Mae NKBL wedi llwyddo i newid blaenoriaethau ysgolion a cholegau gan eu bod bellach yn ystyried bod ganddyn nhw gyfrifoldeb i helpu i leihau troseddau cyllell yn yr Alban.

Ymgyrchoedd i sicrhau newid o ran trefniadau cyllido

Diben rhai ymgyrchoedd yw sicrhau bod digon o gyllid ar gael ar gyfer achos penodol. Weithiau bydd angen meddwl am ffyrdd o godi rhagor o arian, er enghraifft drwy apelio ar y cyhoedd i gyfrannu.

Ar adegau, bydd angen meddwl hefyd am ffyrdd o sicrhau cyllid sefydlog yn y tymor hir. Er enghraifft, weithiau bydd ymgyrch yn penderfynu bod angen newid ffynhonnell ei harian, ac yn hytrach na dibynnu ar gyfraniadau'r cyhoedd, efallai bydd yn ceisio perswadio llywodraeth leol neu genedlaethol i ariannu ei gweithgareddau.

Enghraifft: #WeWontWait

Enghraifft dda o ymgyrch i sicrhau newid o ran trefniadau cyllido yw #WeWontWait gan Parkinson's UK. Nod yr ymgyrch yw perswadio'r llywodraeth a'r GIG i roi mwy o arian i ymchwil ar glefyd Parkinson, yn hytrach na bod y rhan fwyaf o'r gwaith ymchwil hwn wedi'i ariannu gan gyfraniadau'r cyhoedd. Ar yr un pryd, fodd bynnag, mae Parkinson's UK hefyd yn ymgyrchu i gael rhagor o gymorth ariannol gan aelodau'r cyhoedd.

Cefnogaeth hollbleidiol Mae'r Grŵp Hollbleidiol Seneddol ar glefyd Parkinson yn San Steffan yn cefnogi Parkinson's UK, ac mae'r elusen yn lobïo'r llywodraeth drwy'r grŵp hwn. Grŵp o Aelodau Seneddol ac aelodau Tŷ'r Arglwyddi yw'r grŵp hollbleidiol sy'n gweithio i gadw'r clefyd ar yr agenda wleidyddol ac yn gwthio am gyllid i dalu am driniaethau newydd a gofal.

Mae'r ymgyrch yn cynhyrchu fideos i dynnu sylw at natur clefyd Parkinson ac yn trefnu Wythnos Ymwybyddiaeth Clefyd Parkinson. Mae pobl sydd â'r clefyd yn cael eu hannog i greu eu fideos eu hunain i ddangos profiadau personol o'r clefyd ac i godi ymwybyddiaeth y cyhoedd. Mae'r ymgyrch hefyd yn defnyddio'r hashnod #WeWontWait ar Twitter i godi ymwybyddiaeth o'r angen am gyllid.

Ymgyrchoedd i sicrhau newid mewn ymwybyddiaeth

Nod y rhan fwyaf o ymgyrchoedd yw newid ymwybyddiaeth y cyhoedd o fater neu drosedd. Felly, bydd ymgyrchoedd yn aml yn ceisio helpu'r cyhoedd i ddeall mwy am fathau penodol o droseddau. Nod ymgyrchoedd sy'n codi ymwybyddiaeth yw:

- annog y cyhoedd i helpu i leihau troseddu
- annog dioddefwyr troseddau i ddatgelu'r troseddau hynny.

Enghraifft: #MeToo

Cafodd yr ymadrodd 'me too' ei ddefnyddio gan Tarana Burke, ymgyrchydd cymdeithasol, yn 2006. Roedd yn rhan o ymgyrch yn America ar safle cymdeithasol Myspace i geisio 'grymuso drwy empathi' – hynny yw, helpu menywod i fod yn fwy cryf drwy rannu a deall teimladau ei gilydd. Yn wreiddiol, roedd yr ymgyrch wedi'i hanelu at fenywod du a thlawd a oedd wedi dioddef cam-drin rhywiol. Roedd Burke wedi cwrdd â merch a oedd wedi cael ei cham-drin, ac roedd hi wedi difaru peidio ag ymateb drwy ddweud 'me too', sef y rheswm dros ddefnyddio'r ymadrodd.

Yn 2017, lansiwyd ymgyrch #MeToo yn erbyn aflonyddu rhywiol ac ymosodiadau rhywiol. Roedd yn deillio o achos amlwg iawn yn ymwneud â'r cynhyrchydd ffilmiau Harvey Weinstein a'r amrywiol honiadau o gam-drin a chamymddwyn rhywiol yn ei erbyn. Mae'r ymgyrch hon yn defnyddio'r slogan gwreiddiol a ddefnyddiwyd yn 2006, ac yn gofyn i fenywod sydd wedi dioddef aflonyddu neu gam-drin rhywiol i drydar gan ddefnyddio'r hashnod #MeToo.

Nod yr ymgyrch yw ceisio grymuso menywod a merched i ddatgelu eu bod wedi dioddef aflonyddu, cam-drin neu gamymddygiad rhywiol, er enghraifft yn y gweithle. Y syniad yw dangos pa mor gyffredin yw'r cam-drin mae menywod yn ei wynebu.

Mae mudiad #MeToo wedi newid ymwybyddiaeth o ymosodiadau ac aflonyddu rhywiol.

Llwyddiant

Mae'r ymgyrch wedi llwyddo i godi ymwybyddiaeth y cyhoedd o faint y broblem a'r angen i weithredu er mwyn mynd i'r afael â'r mater. Mae'r ffaith bod cynifer o fenywod wedi trydar gan ddefnyddio'r hashnod yn dystiolaeth o hyn. Ar Facebook, cafodd #MeToo ei ddefnyddio gan dros 4.7 miliwn o bobl yn y 24 awr gyntaf.

Er bod #MeToo wedi dechrau fel ymgyrch i fenywod er mwyn tynnu sylw at eu profiadau o gam-drin rhywiol, roedd dynion hefyd yn trydar ac yn defnyddio'r hashnod i gefnogi'r menywod a hefyd i sôn am eu profiadau personol o gael eu cam-drin.

Ymgyrchoedd i newid agweddau

Newid agweddau yw prif ddiben rhai ymgyrchoedd. Mewn rhai achosion, y bwriad yw helpu'r cyhoedd i dderbyn a deall y problemau mae mathau penodol o droseddau yn eu hachosi.

Enghraifft: Stop Hate UK

Mae Stop Hate UK yn sefydliad cenedlaethol sy'n ymgyrchu i atal troseddau casineb fel ymosodiadau hiliol a homoffobig, ac sy'n annog dioddefwyr i reportio achosion. Mae'n cynnig cyngor a chymorth i ddioddefwyr a thystion, a hyfforddiant i oresgyn troseddau casineb. Mae Stop Hate UK yn gweithio gyda Gwasanaeth Erlyn y Goron i annog pobl i reportio troseddau casineb.

Nod allweddol yr ymgyrch yw newid agweddau dioddefwyr a thystion troseddau casineb tuag at reportio'r troseddau. Mae'r ymgyrch yn annog pobl i reportio pob math o droseddau casineb, ac yn cynnig arweiniad o ran pa weithredoedd dylai pobl eu reportio a'r dulliau o wneud hynny. Mae'r ymgyrch yn canolbwyntio ar wneud pobl yn fwy parod i weld troseddau casineb fel problem ac i gydnabod y canlyniadau i'r dioddefwyr.

Mae Stop Hate UK yn defnyddio Facebook a Twitter, ac yn trydar newyddion perthnasol yn rheolaidd ym maes troseddau casineb. Maen nhw hefyd yn trefnu digwyddiadau lleol i hyrwyddo eu gwaith a chodi ymwybyddiaeth y cyhoedd o droseddau casineb a'u heffaith.

Llwyddiant

Un o lwyddiannau mwyaf ymgyrch Stop Hate UK yw datblygu ap er mwyn reportio troseddau casineb. Drwy'r ap, gall defnyddwyr yng Ngorllewin Swydd Efrog reportio troseddau yn y fan a'r lle, boed nhw'n ddioddefwr neu'n dyst. Mae hefyd yn galluogi defnyddwyr i gynnwys fideos neu ffotograffau fel tystiolaeth wrth reportio, ac mae GPS yn dangos lleoliad y drosedd.

Mae'r ap yn galluogi pobl i reportio troseddau casineb yn y fan a'r lle.

GWEITHGAREDD / Ymchwil

Cymharu ymgyrchoedd

Ewch i Hwb: www.hwb.gov.wales/

PARATOI AR GYFER YR ASESIAD DAN REOLAETH

Beth mae'n rhaid i chi ei wneud

Gan ddefnyddio eich nodiadau a'ch gwaith ymchwil ar gyfer Testun 2.1 *Cymharu ymgyrchoedd dros newid*, gwnewch gymariaethau clir a manwl o amrywiaeth o ymgyrchoedd perthnasol dros newid. Gwnewch gysylltiadau amlwg ag ymgyrchoedd arfaethedig, gan gyfeirio at ffynonellau penodol a phriodol i ategu'r casgliadau.

Gallwch ddewis o'r meini prawf canlynol wrth gymharu:

- newid polisi
- newid y gyfraith
- newid blaenoriaethau asiantaethau
- newid o ran trefniadau cyllido
- newid mewn ymwybyddiaeth
- newid agweddau.

Dylech chi:

- ystyried y gwahanol ddibenion sydd gan ymgyrchoedd dros newid
- cymharu enghreifftiau o ymgyrchoedd dros newid ac ystyried eu heffeithiolrwydd wrth gyflawni eu hamcanion.

Sut bydd yn cael ei farcio

8–10 marc: Caiff amrywiaeth o ymgyrchoedd perthnasol dros newid eu cymharu mewn ffordd glir a manwl. Cysylltiadau amlwg ag ymgyrch arfaethedig, gan gyfeirio at ffynonellau penodol a phriodol i ategu'r casgliadau.

4–7 marc: Caiff amrywiaeth o ymgyrchoedd dros newid eu cymharu. Ceir rhai cysylltiadau ag ymgyrchoedd arfaethedig er mwyn ategu'r penderfyniadau a wneir.

1–3 marc: Ymwybyddiaeth gyfyngedig o ymgyrchoedd dros newid. Mae'r dystiolaeth yn ddisgrifiadol ar y cyfan.

Gwerthuso effeithiolrwydd y cyfryngau a ddefnyddir fel rhan o ymgyrchoedd dros newid

Man cychwyn

Gan weithio gyda phartner, atebwch y canlynol.

1. O'r holl ymgyrchoedd dros newid rydych chi wedi'u hastudio yn y testun blaenorol, pa un yw'r ymgyrch orau yn eich barn chi? Rhowch resymau dros eich ateb.

2. Beth yw'r ffyrdd mwyaf effeithiol o ledaenu neges ymgyrch ac ennill cefnogaeth, yn eich barn chi? Rhowch resymau dros eich ateb.

Sut mae ymgyrchoedd yn defnyddio'r cyfryngau i greu newid

Fel mae'r testun blaenorol wedi'i ddangos, mae ymgyrchoedd yn defnyddio pob math o ddulliau gwahanol i hyrwyddo eu neges. Yn y testun hwn, byddwn ni'n edrych ar yr amrywiaeth o gyfryngau mae ymgyrchoedd yn eu defnyddio i greu newid, ac yn gwerthuso eu heffeithiolrwydd.

Blogiau

Mae blogiau fel arfer yn cynnwys gwybodaeth neu drafodaethau am bob math o bynciau. Mae busnesau, grwpiau'r cyfryngau ac ymgyrchoedd, ac unigolion yn cyhoeddi blogiau.

Manteision Mae'n hawdd creu blogiau, ac maen nhw'n aml am ddim neu'n rhad iawn i'w creu. Maen nhw'n cynnig ffordd effeithiol o gyflwyno newyddion, safbwyntiau a gwybodaeth fanwl am ymgyrch. Mae blogiau'n aml yn cynnwys cyswllt i gyfrifon cymdeithasol, gwefannau, fideos a dogfennau eraill sy'n cynnig rhagor o wybodaeth berthnasol i gefnogwyr yr ymgyrch.

Enghraifft: Unlock

Mae Unlock, y sefydliad sy'n ymgyrchu i helpu pobl ag euogfarn droseddol (gweler Testun 2.1), yn defnyddio blog i hyrwyddo ei waith. Mae'r blog ar ffurf dyddiadur, ac mae'n rhoi diweddariadau manwl a rheolaidd ar gynnydd ymgyrchoedd presennol. Mae hyn yn ddefnyddiol iawn i bobl sy'n gwybod am Unlock yn barod ac sydd eisiau clywed am y datblygiadau diweddaraf.

Gall cyfarwyddwyr ymgyrchoedd roi gwybodaeth yn uniongyrchol i unrhyw un sy'n mynd i'r wefan drwy flog Unlock. Mae'r blog hefyd yn cynnwys sawl cyswllt i ffynonellau gwybodaeth sy'n berthnasol i waith yr ymgyrch, ac sydd o werth i unrhyw un sy'n ymchwilio i'r ffordd mae troseddwyr ag euogfarn yn cael eu trin.

Anfanteision Mae pobl yn annhebygol o edrych ar y blog os nad ydyn nhw'n gwybod am yr ymgyrch yn barod neu os nad oes diddordeb ganddyn nhw. Felly, mae'r blog yn annhebygol o gynyddu'r gefnogaeth i'r ymgyrch. Gan fod blog yn gyfrwng manwl iawn, mae'n llai hygyrch i bobl sydd eisiau gwybodaeth sylfaenol am ymgyrch. Yn ogystal â hyn, dydy pobl sydd heb gysylltiad â'r we a phobl sy'n llai hyderus gyda thechnoleg ddim yn gallu gweld blogiau. Mae angen diweddaru blogiau yn rheolaidd a gall hyn gymryd llawer o amser.

GWEITHGAREDD / **Ymchwil**

Defnyddio blogiau mewn ymgyrchoedd   Ewch i Hwb: www.hwb.gov.wales/

Negeseua firol

Ystyr negeseua firol yw rhannu negeseuon o un person i'r llall drwy'r cyfryngau cymdeithasol. Gall un person anfon neges at lawer o bobl eraill sydd, yn eu tro, yn ei hanfon ymlaen at ragor o bobl, ac yn y blaen.

Manteision Mae negeseua firol yn ffordd effeithiol a rhad o ledaenu neges ymgyrch yn eang. Os bydd neges yn mynd yn 'firol', gall gyrraedd miloedd neu hyd yn oed filiynau o bobl yn eithriadol o gyflym – er enghraifft, pan fydd pobl yn aildrydar negeseuon ar Twitter.

Anfanteision Does dim sicrwydd y bydd pobl yn anfon y neges ymlaen mewn gwirionedd. Er mwyn i neges fynd yn firol, rhaid ei bod yn sôn am rywbeth mae'r derbynwyr yn uniaethu ag ef ac sy'n eu cymell i'w rhannu ag eraill – felly fydd y dull ddim yn gweithio os nad yw'r neges yn bwerus.

Un ffordd o gynyddu'r tebygrwydd y bydd neges yn mynd yn firol yw drwy adnabod unigolion sydd â 'photensial rhwydweithio cymdeithasol uchel'. Ystyr hyn yw maint rhwydwaith cyfryngau cymdeithasol yr unigolyn a'i allu i ddylanwadu ar eraill. Mae potensial uchel yn golygu bod y deunyddiau sydd wedi'u hanfon at y derbynnydd gwreiddiol yn fwy tebygol o gyrraedd pobl eraill. Fodd bynnag, nid yw bob amser yn hawdd adnabod pobl â photensial uchel.

Bydd cwblhau'r gweithgaredd isod yn eich helpu chi i werthuso cryfderau a chyfyngiadau defnyddio negeseua firol mewn ymgyrch.

GWEITHGAREDD / **Defnyddio negeseua firol mewn ymgyrchoedd**

Anfonwch neges ar y cyfryngau cymdeithasol at grŵp o ffrindiau. Yn y neges, mae angen i chi annog eich ffrindiau i anfon y neges ymlaen at ffrindiau eraill. Rhaid i'ch ffrindiau ddweud faint o ffrindiau gwnaethon nhw anfon y neges ymlaen atyn nhw.

Sylwch pa mor gyflym mae eich neges yn lledaenu.

Cymharwch ganlyniadau'r dosbarth. Beth mae hyn yn ei ddweud wrthoch chi am ddefnyddioldeb y cyfryngau cymdeithasol wrth ledaenu negeseuon?

Rhwydweithio cymdeithasol

Yn 2020, roedd 3.81 biliwn o bobl ar draws y byd wedi defnyddio'r cyfryngau cymdeithasol. Mae gan y rhan fwyaf o bobl a sefydliadau bresenoldeb rhwydweithio cymdeithasol, er enghraifft ar Facebook a Twitter. Mae llawer o bobl hefyd yn defnyddio safleoedd sy'n canolbwyntio ar gyfleoedd swyddi, fel LinkedIn. Mae'r rhan fwyaf o'r ymgyrchoedd dan sylw yn Nhestun 2.1 wedi sefydlu rhyw fath o bresenoldeb rhwydweithio cymdeithasol.

Manteision Gan mai diben safleoedd rhwydweithio cymdeithasol yw cysylltu pobl drwy sain, fideo a thestun, gallan nhw fod yn ddulliau ymgyrchu defnyddiol iawn. Mae cael cyfrif Facebook neu Twitter yn rhoi cyfle i'r ymgyrch gyrraedd cynulleidfa eang. Bydd negeseuon yn cyrraedd dilynwyr yn awtomatig, ac mae rhannu neu aildrydar yn golygu y gall y neges gael ei hanfon yn gyflym at bobl eraill a fydd, o bosibl, yn dewis dilyn yr ymgyrch.

Er enghraifft, mae #MeToo, yr ymgyrch rhwydweithio cymdeithasol yn erbyn ymosodiadau ac aflonyddu rhywiol, yn defnyddio hashnod Twitter i ddangos cefnogaeth. Cafodd yr hashnod ei ddefnyddio gan dros 4.7 miliwn o bobl yn ystod 24 awr gyntaf yr ymgyrch. Mae hyn yn dangos bod rhwydweithio cymdeithasol yn ffordd effeithiol, cyflym a rhad iawn o hyrwyddo ymgyrch ymhlith nifer mawr o bobl.

Anfanteision Er bod pobl sy'n dilyn ymgyrch yn gallu gweld neges a hyd yn oed ymateb iddi, dydy hynny ddim o reidrwydd yn golygu eu bod yn cefnogi'r ymgyrch mewn ffordd weithredol. Er enghraifft, yn achos Stop Hate UK sy'n ymgyrchu yn erbyn troseddau casineb, gall dilynwr ddangos cefnogaeth i'r ymgyrch ar y cyfryngau cymdeithasol ond efallai na fydd yn reportio achosion o droseddau casineb, boed hynny fel dioddefwr neu dyst. Oherwydd hyn, mae rhwydweithio cymdeithasol yn ddefnyddiol er mwyn codi ymwybyddiaeth ond nid o reidrwydd fel dull sy'n arwain at weithredu.

Hefyd, mae rhwydweithiau cymdeithasol yn dibynnu ar dechnoleg, felly gallai tudalennau ymgyrch gael eu hacio, a gallai gwrthwynebwyr ddechrau trolio cefnogwyr mewn ffordd ymosodol.

Hysbysebu

Mae llawer o ymgyrchoedd yn talu am hysbysebion i gyfleu eu neges. Gall yr hysbysebion fod yn bosteri ar gyfer ymgyrchoedd lleol neu'n ymgyrchoedd hysbysebu mawr, cenedlaethol mewn papurau newydd a chylchgronau, ar y radio a'r teledu ac yn y sinema.

Dyma rai ffyrdd eraill o hysbysebu: bilfyrddau, dosbarthu taflenni â llaw drwy'r drws, rhoi taflenni i bobl ar y stryd, gofyn i siopau lleol arddangos eich posteri, hysbysebu ar fysiau a threnau, a hysbysebu ar y cyfryngau cymdeithasol fel Facebook.

Manteision Gall hysbysebu alluogi ymgyrch i gyrraedd ei chynulleidfa. Yn wahanol i lawer o ddulliau eraill, drwy hysbysebu, gall yr ymgyrch gyrraedd aelodau'r cyhoedd sydd heb ddangos diddordeb o'r blaen. Er enghraifft, bydd hysbysebion teledu a radio yn darlledu i holl wylwyr neu wrandawyr sianel neu orsaf. Ar gyfer ymgyrchoedd llai, byddai taflenni neu arddangosfeydd mewn siopau yn tynnu sylw llawer o breswylwyr yr ardal at yr ymgyrch. Gall hysbysebu fod yn eithaf rhad weithiau, er enghraifft mewn papur newydd lleol.

Anfanteision Er y gall hysbyseb gyrraedd cynulleidfa eang, does dim sicrwydd y bydd y cyhoedd yn talu sylw – mae'n bosibl y bydd pobl yn ei hanwybyddu neu'n anghofio amdani yn fuan iawn. Weithiau bydd gwylwyr teledu yn mynd i wneud paned o de yn ystod yr hysbysebion. Bydd pobl hefyd yn taflu taflenni heb eu darllen.

Mae hysbysebu'n gallu bod yn ddrud, ac mae'r math o hysbysebu a faint gall ymgyrch ei wneud yn dibynnu'n rhannol ar y cyllid sydd ar gael. Er enghraifft, mae hysbyseb 30 eiliad ar sianel deledu genedlaethol yn ystod yr oriau brig yn gallu costio £40,000. Mae hyn yn ychwanegol at gost cynhyrchu'r hysbyseb yn y lle cyntaf, a all fod hyd yn oed yn fwy drud.

Cwblhewch y gweithgaredd isod er mwyn eich helpu chi i asesu cost hysbysebu a gwerthuso a yw hwn yn ddull defnyddiol ar gyfer ymgyrch.

Gan weithio gyda phartner:

1. Cysylltwch â phapur newydd lleol a gofynnwch faint mae'n ei godi am hysbyseb hanner tudalen.

2. Cysylltwch â gorsaf radio leol a gofynnwch faint mae'n ei godi am hysbyseb 30 eiliad.

Baneri gwe

Un ffordd gall ymgyrch ddefnyddio hysbysebu yw drwy gynhyrchu baner gwe. Mae hwn yn fath o hysbysebu sy'n gofyn i gefnogwyr â thudalen gwe ddangos eu cefnogaeth i ymgyrch drwy roi'r faner ar eu tudalen. Er enghraifft, mae Stop Hate UK yn gwahodd cefnogwyr i ddefnyddio ei faner gwe i hyrwyddo Wythnos Ymwybyddiaeth Troseddau Casineb.

Manteision Mae baneri gwe yn gallu cyrraedd cynulleidfaoedd mawr os byddan nhw'n cael eu harddangos ar safleoedd poblogaidd. Hefyd, yn wahanol i'r rhan fwyaf o ddulliau hysbysebu eraill, maen nhw am ddim.

Anfanteision Mae defnyddio baneri gwe yn dibynnu ar barodrwydd cefnogwyr yr ymgyrch i ddangos yr hysbyseb am ddim. Efallai mai dim ond cefnogwyr brwd fyddai'n fodlon caniatáu i ymgyrch arddangos baner ar eu tudalen gwe.

Nwyddau

Un ffordd arall o hysbysebu yw drwy werthu nwyddau sy'n gysylltiedig â'r ymgyrch. Mae'n bosibl gwerthu pob math o nwyddau, fel bathodynnau, crysau T, bandiau arddwrn a mygiau.

Manteision Mae gwerthu nwyddau yn codi arian i'r ymgyrch a hefyd yn lledaenu ei neges ar yr un pryd. Mae'n bosibl y bydd aelodau'r cyhoedd yn fwy parod i roi arian i ymgyrch os byddan nhw'n cael rhywbeth yn ôl. Os yw logo neu neges yr ymgyrch ar eitem, bydd yr unigolyn sy'n defnyddio neu'n gwisgo'r eitem honno yn rhoi cyhoeddusrwydd am ddim i'r ymgyrch.

Anfanteision Rhaid i gefnogwyr roi arian i'r ymgyrch er mwyn prynu'r nwyddau. Hefyd, bydd angen i'r ymgyrch wario arian i gynhyrchu'r nwyddau yn y lle cyntaf, ac efallai na fydd yn cael yr arian i gyd yn ôl os nad yw'n bosibl eu gwerthu.

Radio

Mae ymgyrchoedd yn aml yn defnyddio'r radio i hyrwyddo eu neges a denu sylw cynulleidfa ehangach. Mae sawl posibilrwydd o ran cael cyhoeddusrwydd ar y radio. Er enghraifft:

- Mae gorsafoedd radio yn aml yn barod i gyfweld cynrychiolwyr ymgyrch ar yr awyr, neu eu gwahodd i gyfrannu at ddadl neu drafodaeth â gwrandawyr sy'n cyfrannu dros y ffôn.
- Yn yr un modd, weithiau byddan nhw'n gwahodd aelodau o grwpiau ymgyrchu i siarad fel arbenigwyr yn eu maes a rhoi eu barn ar raglenni cylchgrawn a newyddion.

Mae gorsafoedd lleol yn fwy tebygol o fod â diddordeb mewn ymgyrchoedd lleol, ond mae gorsafoedd radio cenedlaethol yn fwy tebygol o drafod ymgyrchoedd ag apêl fwy eang.

Manteision Mae cyfweliadau radio yn rhoi cyhoeddusrwydd am ddim, heb y gost o hysbysebu. Bydd siarad fel arbenigwr ar raglen radio yn tynnu sylw at ymgyrch ac at bwysigrwydd cefnogi ei hamcanion.

Anfanteision Os nad yw'r cyflwynydd yn cytuno ag amcanion yr ymgyrch, efallai bydd yn portreadu'r ymgyrch mewn ffordd negyddol neu'n gofyn cwestiynau anodd i'r ymgyrchydd. Efallai bydd cynhyrchydd y rhaglen yn gwahodd gwrthwynebwyr yr ymgyrch i gymryd rhan, neu weithiau bydd gwrthwynebwyr yn ffonio'r rhaglen. Mae'n bosibl na fydd digon o wybodaeth na sgiliau cyfryngol gan yr ymgyrchydd i ddelio â hyn yn llwyddiannus.

Teledu

Mae ymgyrchoedd weithiau'n defnyddio'r teledu i hyrwyddo eu hachos. Yn debyg i'r radio, gall ymgyrch leol geisio ymddangos ar fwletin newyddion lleol i gael sylw am ddim. Gall ymgyrchoedd â phroffil uwch geisio cael sylw ar y newyddion cenedlaethol.

Manteision Os yw ymgyrchydd yn ymddangos ar raglen deledu boblogaidd, gall yr ymgyrch gyrraedd cynulleidfa eang, ac mae'n ffordd o gyfleu neges yr ymgyrch heb gost. Yn yr un modd, mae'n bosibl defnyddio hysbysebion teledu i gyfleu'r neges gan ddefnyddio delweddau, cerddoriaeth, troslais neu apêl gan gefnogwyr adnabyddus. Mae'n bosibl targedu grwpiau penodol, fel pobl ifanc yn eu harddegau, mamau neu fodurwyr, drwy roi hysbysebion yn ystod rhaglenni sy'n denu'r grwpiau hyn. Fel arall, mae'n bosibl cyrraedd carfan ehangach o'r boblogaeth drwy hysbysebu yn ystod rhaglenni oriau brig, fel operâu sebon, pan fydd miliynau o bobl yn gwylio.

Anfanteision Yn debyg i'r radio, weithiau bydd cyflwynydd rhaglen deledu neu'r gwesteion eraill yn anghytuno â'r ymgyrchydd, a gallai hyn danseilio'r neges neu bortreadu'r ymgyrch mewn ffordd negyddol. Hefyd, gall hysbyseb ar y teledu fod yn ddrud iawn o ran cynhyrchu'r hysbyseb a phrynu amser darlledu, yn enwedig yn ystod yr oriau brig. Weithiau bydd gwylwyr yn newid y sianel yn hytrach na gwylio'r hysbysebion.

GWEITHGAREDD / **Ymchwil**

1. Gwyliwch fwletin newyddion lleol neu genedlaethol bob dydd am ddau neu dri diwrnod. Gwnewch gofnod o unrhyw aelodau o grwpiau ymgyrchu sy'n ymddangos ar y newyddion. Gwnewch gofnod o'r mater dan sylw, yr ymgyrch, ac a oedd yn lleol neu'n genedlaethol.

2. Wrth wylio'r teledu, gwnewch gofnod o unrhyw hysbysebion ar gyfer ymgyrchoedd.

3. Lluniwch grynodeb o'ch canfyddiadau ar sut mae ymgyrchoedd dros newid yn defnyddio'r teledu. Yn eich barn chi, a oedd ymddangos ar y newyddion yn fuddiol i'r ymgyrchoedd gwnaethoch chi eu gweld? Rhowch resymau dros eich ateb.

Ffilm

Mae'n bosibl defnyddio ffilmiau i hyrwyddo neges ymgyrch – boed hynny ar sgrin sinema, ar y teledu, neu ar-lein (e.e. ar YouTube neu wefan yr ymgyrch). Gall ymgyrchoedd gynhyrchu ffilmiau a fideos gwybodaeth, er enghraifft yn dangos astudiaethau achos o bynciau ymgyrchu. Gweler hefyd rhaglenni dogfen isod.

Manteision Gall ffilmiau gyflwyno ymgyrch mewn ffordd gadarnhaol iawn. Maen nhw'n dangos delweddau gweledol sy'n gallu annog pobl i gefnogi ymgyrch, er enghraifft drwy ddangos yr anawsterau mae pobl yn eu hwynebu.

Enghraifft

Mae ymgyrch Parkinson's UK yn defnyddio ffilmiau fel dull ymgyrchu. Mae gan y mudiad ei sianel YouTube ei hun, ac mae'n annog pobl i greu ffilmiau ynglŷn â byw gyda chlefyd Parkinson er mwyn eu llwytho i'r sianel.

Mae'r dull hwn yn cynorthwyo dealltwriaeth unrhyw un sy'n ystyried cefnogi Parkinson's UK. Mae rhannu straeon personol hefyd yn ychwanegu elfen ddynol i'r salwch a gall annog y llywodraeth a'r cyhoedd i gyfrannu'n ariannol.

Anfanteision Yn dibynnu ar natur yr ymgyrch, gall y delweddau fod yn rhy boenus i rai gwylwyr. Mae cynhyrchu ffilm hefyd yn ddrud, ac yn debyg i hysbysebu, does dim sicrwydd y bydd pobl yn ei gwylio.

GWEITHGAREDD / **Clip fideo**

Ffilmiau ymgyrchu   Ewch i Hwb: www.hwb.gov.wales/

Rhaglenni dogfen

Mae ymgyrchoedd yn aml yn defnyddio rhaglenni dogfen ar y teledu a'r radio neu yn y sinema i hyrwyddo eu hachos. Mae rhaglenni dogfen yn defnyddio delweddau, sain, gwybodaeth ffeithiol, dadleuon a deunyddiau eraill i gyflwyno adroddiad neu ymchwiliad ar fater. Mae 'dramâu dogfen', sy'n gymysgedd o adroddiadau ffeithiol a ffilmiau 'ailgreu' gydag actorion, hefyd yn cael eu defnyddio os nad oes tystiolaeth ffilm o ddigwyddiad go iawn ar gael.

Manteision Mae cyflwyno ffeithiau a dadleuon ar ffurf weledol neu gyda sain yn gallu bod yn ffordd bwerus o hyrwyddo ymgyrch. Byddai'n bosibl creu rhaglen ddogfen i ddangos gwaith ymgyrch, ei llwyddiannau a'i nodau.

Anfanteision Mae rhaglenni dogfen a dramâu dogfen yn aml yn ddrud i'w cynhyrchu. Yn debyg i ffilm, un cyfyngiad arall yw dod o hyd i gynulleidfa a fydd yn gwylio'r cynhyrchiad. Yn aml bydd y bobl hyn wedi ymrwymo i'r ymgyrch yn barod.

GWEITHGAREDD / **Clip fideo**

Troseddau cyllell   Ewch i Hwb: www.hwb.gov.wales/

Ar lafar

Gall negeseuon ymgyrch gael eu lledaenu ar lafar. Yn gyntaf, bydd ymgyrchwyr yn 'gwthio'r cwch i'r dŵr' drwy ddweud wrth eu teulu a'u ffrindiau am yr ymgyrch. Er mwyn lledaenu'r neges, mae'n bosibl y bydd ymgyrchwyr yn cysylltu ag arweinwyr barn *(opinion leaders)* ac unigolion dylanwadol y mae cynulleidfa darged yr ymgyrch yn ymddiried ynddyn nhw.

Manteision Prif fantais y dull hwn yw'r ffaith nad yw'n costio dim, heblaw am amser. Mae cefnogwyr hefyd yn debygol o fod yn awyddus i ddweud wrth bobl eraill am yr ymgyrch. Gall arweinwyr barn ac unigolion dylanwadol gynyddu'r gefnogaeth i'r ymgyrch drwy annog pobl eraill i ymuno.

Anfanteision Mae dibynnu ar bobl i ledaenu neges ar lafar yn gallu bod yn broses araf gan eich bod yn dweud wrth un person ar y tro. Hefyd, mae perygl y bydd neges yr ymgyrch yn newid neu'n addasu wrth gael ei phasio o un person i'r llall.

Cwestiynau

1. Gwnewch restr o nodweddion y math o berson byddech chi'n ei ddychmygu fel arweinydd barn.

2. Pwy fyddech chi'n ei ddewis i weithredu fel arweinydd barn ar gyfer ymgyrch am droseddau casineb? Rhowch resymau dros eich ateb.

Digwyddiadau

Mae'n bosibl cynnal pob math o ddigwyddiadau; er enghraifft, diwrnod hwyl i'r teulu i ddenu pobl o bob oedran, neu ddigwyddiad chwaraeon fel gêm bêl-droed. Un syniad posibl yw gwahodd rhywun enwog fel seren chwaraeon neu actor opera sebon, neu aelod blaenllaw o'r gymuned leol, i agor y digwyddiad.

Manteision Mae digwyddiad yn gallu bod yn ffordd effeithiol o lansio ymgyrch a denu sylw a chefnogaeth. Mae digwyddiadau'n gyfle da i ennill cefnogwyr a gwerthu nwyddau. Mae digwyddiadau noddedig fel ras hwyliog a digwyddiadau mawr ar y teledu yn ffyrdd posibl o godi arian i'r ymgyrch. Byddai gwahodd rhywun enwog neu unigolyn blaenllaw o'r gymuned leol o bosibl yn denu mwy o bobl i'r digwyddiad ac yn helpu i godi proffil yr ymgyrch, er enghraifft drwy gael sylw yn y papur lleol, ac ar y newyddion teledu neu radio.

Anfanteision Gall digwyddiadau fod yn ddrud a gall gymryd amser i'w trefnu a'u hyrwyddo. Mae'n bosibl na fydd llawer o bobl yn dod os nad yw'r hysbysebion neu'r gweithgareddau yn atyniadol, neu os yw'r tywydd yn wael (yn achos digwyddiadau awyr agored). Bydd y digwyddiadau'n cystadlu â'r holl bethau eraill mae pobl eisiau neu'n gorfod eu gwneud ar yr adeg honno.

Cwestiynau

1. Dychmygwch eich bod chi'n trefnu digwyddiad i hyrwyddo ymgyrch. Pa fath o ddigwyddiad byddech chi'n ei ddewis?

2. Ble fyddech chi'n cynnal y digwyddiad? Rhowch resymau i gefnogi eich ateb.

Cyfryngau print

Mae cyfryngau print yn cynnwys papurau newydd a chylchgronau lleol a chenedlaethol. Mae dwy brif ffordd o gael sylw i ymgyrch mewn papurau newydd a chylchgronau:

- **talu am hysbysebion**
- **datganiadau i'r wasg** – datganiadau ysgrifenedig sy'n cael eu hanfon at olygyddion a newyddiadurwyr yn sôn am rywbeth sy'n haeddu bod yn y newyddion yn y gobaith y bydd y papur newydd yn rhoi sylw iddo.

Manteision Mae anfon datganiad i'r wasg i bapurau newydd lleol neu genedlaethol yn gallu bod yn ffordd o gael cyhoeddusrwydd am ddim i'r ymgyrch. Er enghraifft, efallai bydd ymgyrch eisiau hyrwyddo'r digwyddiad nesaf, rhoi cyhoeddusrwydd i lwyddiant diweddar, neu dynnu sylw at ryw agwedd ar ei hymgyrch drwy ddefnyddio stori bersonol. Mae'r wasg yn hoffi derbyn datganiadau sydd wedi'u hysgrifennu'n dda gan eu bod yn cynnig erthyglau newyddion parod.

Enghraifft Mae sylw mewn papur newydd yn gallu golygu bod mwy o bobl yn dod i wybod am ymgyrch gan fod llawer o bobl yn prynu papur yn rheolaidd. Er enghraifft, roedd gan *News of the World* – a oedd yn cefnogi'r ymgyrch i gyflwyno Deddf Sarah – dros bedair miliwn o ddarllenwyr ar y pryd. Roedd hyn yn golygu bod neges yr ymgyrch yn cyrraedd llawer iawn o bobl. Roedd natur emosiynol y testun – llofruddiaeth plentyn – a'r iaith roedd y papur yn ei defnyddio wedi cymell llawer o bobl i gefnogi'r ymgyrch.

Taflenni Dyma ffordd arall o ddefnyddio'r cyfryngau print i ledaenu neges ymgyrch. Gall ymgyrchwyr ddosbarthu taflenni yn weddol hawdd a chyflym. Os yw'r daflen yn ddeniadol, mae'n bosibl y gallai ennill mwy o gefnogaeth i'r ymgyrch.

Anfanteision Mae argraffu taflenni neu hysbysebu mewn papurau newydd yn costio arian i'r ymgyrch, ac nid yw pob ymgyrchydd yn gallu ysgrifennu datganiadau i'r wasg yn effeithiol. Hefyd, mewn oes ddigidol, gall y cyfryngau print fod yn llai atyniadol – mae gwerthiant papurau newydd wedi bod yn gostwng ers nifer o flynyddoedd. Mae pobl ifanc yn benodol yn llai tebygol o ddarllen papurau newydd ac yn aml byddai'n well ganddyn nhw gael gwybodaeth ar-lein.

Cwblhewch y gweithgaredd isod i werthuso sut mae ymgyrch yn defnyddio papurau newydd lleol.

GWEITHGAREDD / Ymchwil

Dewch o hyd i enghraifft o ymgyrch leol dros newid yn eich ardal sydd wedi bod yn y papur newydd lleol. (Does dim rhaid i'r ymgyrch ymwneud â throseddu.)

1. Beth oedd yn adroddiad y papur newydd ynglŷn â'r ymgyrch?
2. Beth gwnaeth y stori ei gyflawni ar ran yr ymgyrch, yn eich barn chi? A wnaeth y stori godi ymwybyddiaeth o'r mater dan sylw? Os felly, ym mha ffordd (e.e. defnydd o achos go iawn)?
3. Pa ffeithiau a/neu ffigurau gafodd eu cynnwys yn y stori?
4. Ai nod y stori oedd helpu i godi arian ar gyfer yr ymgyrch?
5. Rhowch grynodeb o fanteision defnyddio papurau newydd lleol mewn ymgyrch dros newid.

Gwefannau

Mae gan y rhan fwyaf o ymgyrchoedd bresenoldeb ar-lein. Yn ogystal â defnyddio cyfrifon ar y cyfryngau cymdeithasol, weithiau bydd ymgyrchoedd yn datblygu eu gwefannau eu hunain. Yn aml, bydd tudalennau'r cyfryngau cymdeithasol yn cynnwys cyswllt i wefan yr ymgyrch.

Manteision Mae darpar gefnogwyr yn gallu pori drwy'r wefan yn hawdd gan ddefnyddio amrywiaeth o ddyfeisiau gwahanol. Mae gwefannau yn rhoi cyfle i ymgyrchoedd ddewis y fformat er mwyn cyflwyno gwybodaeth. Er enghraifft, mae gan wefan No Knives, Better Lives dudalennau penodol ar gyfer rhieni, pobl ifanc, ac ymarferwyr fel athrawon. Mantais hyn yw bod grwpiau gwahanol yn gallu dod o hyd i'r wybodaeth sy'n berthnasol i'w hanghenion neu eu diddordebau eu hunain.

Anfanteision Er mwyn bod yn effeithiol, mae angen i aelodau'r cyhoedd ymweld â gwefan ymgyrch, ond heb wybod am yr ymgyrch ymlaen llaw, dydy hyn ddim yn debygol o ddigwydd. Mae angen hyrwyddo'r wefan, er enghraifft drwy ddefnyddio baner gwe ar safleoedd eraill. Hefyd, mae angen dylunio, creu a chynnal y wefan, ac mae hyn yn ychwanegu at y costau.

PARATOI AR GYFER YR ASESIAD DAN REOLAETH

Beth mae'n rhaid i chi ei wneud

Gan ddefnyddio eich nodiadau a'ch gwaith ymchwil ar gyfer Testun 2.2 *Gwerthuso effeithiolrwydd y cyfryngau a ddefnyddir fel rhan o ymgyrchoedd dros newid*, gwerthuswch effeithiolrwydd y cyfryngau canlynol a ddefnyddir fel rhan o ymgyrchoedd dros newid:

- blogiau
- negeseua firol
- rhwydweithio cymdeithasol
- hysbysebu
- radio
- teledu
- ffilm
- rhaglenni dogfen
- ar lafar
- digwyddiadau
- cyfryngau print.

Dylech chi roi gwybodaeth am y cyfryngau a'r deunyddiau penodol a ddefnyddir fel rhan o ymgyrchoedd, a gallu gwerthuso eu heffeithiolrwydd wrth hyrwyddo ymgyrch dros newid.

Sut bydd yn cael ei farcio

11–15 marc: Gwerthusiad clir a manwl o effeithiolrwydd amrywiaeth o gyfryngau a ddefnyddir fel rhan o ymgyrchoedd perthnasol dros newid. Tystiolaeth glir o farn resymegol i ategu casgliadau.

6–10 marc: Rhywfaint o werthusiad o effeithiolrwydd amrywiaeth o gyfryngau a ddefnyddir fel rhan o ymgyrchoedd perthnasol dros newid. Mae'r ymateb yn ddisgrifiadol ar y cyfan ond yn llunio barn briodol i ryw raddau.

1–5 marc: Gwerthusiad cyfyngedig o effeithiolrwydd y cyfryngau a ddefnyddir fel rhan o ymgyrchoedd dros newid. Mae'r dystiolaeth yn ddisgrifiadol ar y cyfan a cheir ystod gyfyngedig.

Cynllunio ymgyrch dros newid sy'n ymwneud â throseddu

Man cychwyn

Gan weithio ar eich pen eich hun:

1. Gwnewch restr o 5 math o drosedd a danreportiwyd y gallai ymgyrch ganolbwyntio arnyn nhw.

2. O'r rhestr hon o droseddau, dewiswch yr un rydych chi eisiau ei defnyddio ar gyfer eich ymgyrch dros newid. Rhowch resymau dros eich dewis.

Cyngor pwysig

Fel rhan o'r asesiad dan reolaeth, rhaid i chi gynllunio eich ymgyrch eich hun. Yn y testun hwn, mae cyfres o weithgareddau sy'n rhoi cyfle i chi ymarfer cynllunio ymgyrch. Mae'n hanfodol eich bod chi'n cwblhau'r holl weithgareddau hyn er mwyn sicrhau eich bod chi'n barod ar gyfer yr asesiad dan reolaeth.

Cynllunio eich ymgyrch ymarfer

Mae'r testun hwn yn edrych ar sut i gynllunio eich ymgyrch ymarfer dros newid sy'n ymwneud â throseddu. Felly, bydd angen i chi ddewis math penodol o drosedd i ganolbwyntio arno.

Pa fath o drosedd?

Dylech chi greu ymgyrch ymarfer ar gyfer trosedd a danreportiwyd neu drosedd gudd. Gallech chi ddewis un o'r troseddau sy'n cael sylw yn Nhestun 1.1 sef troseddau coler wen, troseddau moesol, troseddau gwladol, troseddau technolegol a throseddau unigol (gan gynnwys troseddau casineb, troseddau 'ar sail anrhydedd' a cham-drin domestig).

Pa agweddau mae angen i chi eu trafod?

Beth bynnag yw'r math o drosedd rydych chi'n ei ddewis, bydd angen i chi benderfynu ar y canlynol:

- Eich nodau
- Eich amcanion
- Cyfiawnhau eich dewis o ymgyrch ymarfer
- Eich cynulleidfa darged
- Eich dulliau a'ch deunyddiau
- Trefniadau cyllido
- Terfynau amser
- Adnoddau eraill sydd eu hangen arnoch.

Yn y testun hwn, byddwn ni'n ystyried pob un o'r elfennau hyn yn eu tro ac yn trafod sut i fynd i'r afael â nhw. Ar ôl i chi gwblhau'r gweithgareddau sy'n gysylltiedig â'r materion hyn, byddwch chi wedi llunio cynllun eich ymgyrch ymarfer.

Eich nodau

Nod eich ymgyrch ymarfer yw'r hyn rydych chi'n gobeithio y bydd yn ei gyflawni. Efallai bydd mwy nag un nod gan eich ymgyrch, ond peidiwch â dewis gormod neu gallech chi golli golwg ar eich prif nod.

Dylai eich nodau ganolbwyntio ar un neu ragor o ddibenion yr ymgyrchoedd gwnaethoch chi eu hastudio yn y testun blaenorol. Rydyn ni'n gwybod y gall ymgyrchoedd geisio newid deddf neu bolisi, neu flaenoriaethau asiantaeth. Yn yr un modd, gallan nhw geisio sicrhau newid o ran trefniadau cyllido, neu newid ymwybyddiaeth pobl o fater neu eu hagweddau tuag ato. Er enghraifft, mae'n bosibl mai nod eich ymgyrch ymarfer fydd newid ymwybyddiaeth pobl ifanc o effeithiau troseddau cyllell.

Enw eich ymgyrch Dewiswch enw addas ar gyfer eich ymgyrch ymarfer sy'n adlewyrchu ei nodau.

GWEITHGAREDD / Ymchwil

Mathau o newid   Ewch i Hwb: www.hwb.gov.wales/

Dylai eich nodau fod:
- **yn benodol**, yn nodi pwy neu beth sydd angen newid
- **yn eglur o ran effaith**, yn nodi'n union pa newid bydd yr ymgyrch yn ei ysgogi
- **yn gryno ac wedi'u mynegi'n glir.**

Eich amcanion

Amcanion eich ymgyrch ymarfer yw sut rydych chi'n bwriadu cyflawni eich nodau. Amcanion yw'r camau byddwch chi'n eu dilyn i greu eich ymgyrch. Dylai eich amcanion fod yn rhai CAMPUS: cyraeddadwy, amseredig, mesuradwy, penodol, ac uchelgeisiol/synhwyrol. Isod mae enghraifft o un amcan byddai angen i chi ei gyflawni pe baech chi'n cynnal ymgyrch i godi ymwybyddiaeth pobl ifanc o beryglon cario cyllell.

CAMPUS	Esboniad	Enghraifft
Cyraeddadwy	Rhaid i'r amcanion fod yn bethau gallwch chi eu cyflawni.	Rwyf wedi cael caniatâd penaethiaid ysgolion i ddosbarthu taflenni.
Amseredig	Rhaid i chi ystyried pa mor hir bydd yn ei gymryd i gyflawni pob amcan, a rhaid cadw at yr amserlen honno.	Byddaf yn dosbarthu 200 o daflenni bob dydd am 5 diwrnod.
Mesuradwy	Gallwch chi ddilyn y cynnydd a gweld yn hawdd pan fyddwch chi wedi cyflawni pob amcan.	Byddaf yn rhoi 1,000 o daflenni i fyfyrwyr ysgol.
Penodol	Clir a phendant, ddim yn amwys a chyffredinol.	Byddaf yn cynhyrchu ac yn dosbarthu deunyddiau sy'n tynnu sylw at beryglon cario cyllell.
Uchelgeisiol/ **S**ynhwyrol	Dylai eich amcanion fod â chysylltiad agos â'ch nodau. Dylech chi allu esbonio sut mae pob un yn dod â chi'n agosach at gyflawni nodau eich ymgyrch. Peidiwch â gosod amcanion heb unrhyw gysylltiad â'r hyn rydych chi'n ceisio ei gyflawni.	Bydd hyn yn cyrraedd fy nghynulleidfa darged sef pobl ifanc a allai fod mewn perygl o gario cyllell neu sy'n gwybod am bobl eraill sy'n gwneud hynny.

Tabl 1 Amcanion CAMPUS

Sefydlu cysylltiad rhwng eich nodau a'ch amcanion

Rhaid bod cysylltiad clir rhwng y nodau (*beth* mae'r ymgyrch yn bwriadu ei gyflawni) a'r amcanion (*sut* rydych chi'n bwriadu cyflawni'r nodau hyn). Fodd bynnag, ni ddylai'r amcanion ailadrodd y nodau yn unig; dylen nhw fod yn gamau clir i gyflawni'r nodau.

GWEITHGAREDD / Sefydlu cysylltiad rhwng eich nodau a'ch amcanion

1. Rhestrwch nod(au) eich ymgyrch ymarfer. Cofiwch gynnwys y math o drosedd a'r gynulleidfa darged, yn ogystal â diben eich ymgyrch.
2. Rhannwch eich nod(au) yn gyfres o amcanion CAMPUS.

Cyfiawnhau'r ymgyrch

Yn ogystal â nodi beth rydych chi'n bwriadu ei wneud a sut rydych chi'n bwriadu gwneud hynny, mae angen i chi gyfiawnhau eich rhesymau dros ddewis eich ymgyrch ymarfer. Bydd y gweithgaredd isod yn eich galluogi chi i gyfiawnhau'r ymgyrch rydych chi wedi'i dewis.

GWEITHGAREDD / Cyfiawnhau'r ymgyrch

1. Ar gyfer y math o drosedd rydych chi wedi'i ddewis, rhestrwch yr holl resymau pam na fyddai pobl yn reportio'r drosedd hon o bosibl. Er enghraifft, efallai fod rhesymau personol a/neu gymdeithasol/diwylliannol dros beidio â reportio'r drosedd.

2. Beth yw canlyniadau peidio â reportio'r drosedd hon? Er enghraifft, a yw'n effeithio ar flaenoriaethau'r heddlu, neu'n golygu bod y drosedd yn cael ei tangofnodi? Nodwch bob canlyniad perthnasol.

3. Nodwch sut mae trosedd o'r fath yn cael ei phortreadu yn y cyfryngau. Er enghraifft, a yw'n cael ei phortreadu mewn ffordd ymfflamychol neu ddeniadol? Sut gallai adroddiadau yn y cyfryngau effeithio ar ganfyddiadau'r cyhoedd o'r drosedd hon? Er enghraifft, a yw'r adroddiadau wedi creu panig moesol ynglŷn â'r drosedd?

4. Chwiliwch am ystadegau troseddu a gofnodwyd gan yr heddlu ac ystadegau o Arolwg Troseddu Cymru a Lloegr ar gyfer y drosedd rydych chi wedi'i dewis yn eich ymgyrch ymarfer. A yw'r ystadegau hyn yn tynnu sylw at faterion sy'n cyfiawnhau eich ymgyrch? Er enghraifft, a yw'r drosedd wedi'i thangofnodi yn ystadegau'r heddlu?

5. Edrychwch eto ar Destunau 2.1 a 2.2 a nodwch unrhyw nodweddion o ymgyrchoedd blaenorol dros newid y byddech chi'n hoffi eu cynnwys yn eich ymgyrch ymarfer.

6. Nodwch unrhyw enghreifftiau 'go iawn' o'r drosedd. Gallai'r troseddau hyn fod yn rhai lleol, yn rhai sydd wedi bod yn y newyddion yn ddiweddar, neu'n rhai sy'n gysylltiedig ag ymgyrchoedd rydych chi wedi'u hastudio.

Eich cynulleidfa darged

Bydd eich ymgyrch ymarfer wedi'i hanelu at grŵp (neu grwpiau) penodol o bobl; dyma yw eich cynulleidfa darged. Dylai eich nodau bennu pwy yw eich cynulleidfa darged, a dylai eich amcanion gyfeirio at y gynulleidfa lle bo'n briodol.

Mae angen i chi allu esbonio pam mae eich cynulleidfa yn berthnasol i'r ymgyrch rydych chi wedi'i dewis. Er enghraifft, mae anelu ymgyrch am droseddau cyllell at bobl ifanc yn gwneud synnwyr gan eu bod nhw'n fwy tebygol o gyflawni a dioddef y troseddau hyn.

GWEITHGAREDD / Pwy yw eich cynulleidfa darged?

1. Nodwch y gynulleidfa darged ar gyfer eich ymgyrch ymarfer.

2. A yw eich nodau a'ch amcanion yn cyfeirio at y grŵp hwn? Os nad ydyn nhw, ychwanegwch y gynulleidfa darged atyn nhw.

3. Esboniwch pam mae eich cynulleidfa darged yn berthnasol. Beth yw cysylltiad y gynulleidfa hon â'r math o drosedd rydych chi wedi'i ddewis? Er enghraifft, a yw'r gynulleidfa darged yn ddioddefwyr posibl? Yn droseddwyr? Yn dystion? Yn bobl a allai atal y drosedd?

4. A oes unrhyw nodweddion allweddol yn perthyn i'ch cynulleidfa darged y mae angen eu hystyried wrth ddylunio eich ymgyrch ymarfer – er enghraifft, oedran, rhywedd neu ethnigrwydd?

Dulliau a deunyddiau

Bydd eich amcanion yn cynnwys manylion eich dulliau a'ch deunyddiau. Cyfeiriwch at Destunau 2.1 a 2.2 i'ch helpu chi i ddewis y dulliau fyddai'n gweithio orau ar gyfer eich nodau a'ch amcanion.

Dulliau Wrth ddewis eich dulliau, mae angen i chi sicrhau y byddan nhw'n addas i'ch cynulleidfa darged. Os yw eich ymgyrch yn ymwneud â phobl ifanc a throseddau cyllell, gallech chi ddewis defnyddio'r cyfryngau cymdeithasol gan fod pobl ifanc yn eu defnyddio'n aml.

Deunyddiau Yn yr un modd, mae angen i'ch dewis o ddeunyddiau ystyried eich cynulleidfa darged. Esboniwch sut byddwch chi'n defnyddio eich deunyddiau a pham byddan nhw'n berthnasol i'ch cynulleidfa. Er enghraifft, efallai na fyddai cynhyrchu mygiau yn ffordd dda o ddenu cefnogaeth pobl ifanc.

GWEITHGAREDD / Denu eich cynulleidfa darged

1. Pa ddeunyddiau byddwch chi'n eu defnyddio (e.e. taflenni, posteri, nwyddau, gwefan etc.)?

2. Sut bydd nodweddion eich cynulleidfa darged yn effeithio ar y dulliau byddwch chi'n eu defnyddio ar gyfer eich ymgyrch ymarfer?

3. Esboniwch sut bydd eich deunyddiau a'r ffordd rydych chi'n mynd i'w defnyddio yn eich galluogi chi i gyrraedd a denu eich cynulleidfa darged.

THE MORE VISIBLE THE SECURITY, THE LESS VISIBLE YOUR SCOOTER IS TO THIEVES

Adding extra security makes it harder for them to steal

METROPOLITAN POLICE   BE SAFE   www.met.police.uk/scootersecurity

Mae poster â delwedd drawiadol yn ffordd effeithiol iawn o gyfleu neges gwrth-droseddu.

Trefniadau cyllido

Eich costau Mae trefniadau cyllido yn rhan hanfodol o unrhyw ymgyrch. Mae angen i'ch cynllun ystyried faint bydd eich ymgyrch yn ei gostio. Bydd hyn yn dibynnu ar eich dulliau a'ch deunyddiau, sy'n gysylltiedig â denu sylw eich cynulleidfa darged.

Bydd angen i chi lunio amcangyfrif realistig o'r costau hyn. Er enghraifft, os ydych chi'n bwriadu rhoi nwyddau am ddim, mae angen i chi ymchwilio'n fanwl i gostau'r nwyddau hynny. Os yw'r nwyddau'n ddrud, efallai byddwch chi'n dewis eu gwerthu ar-lein neu yn ystod digwyddiadau er mwyn helpu i adennill eich costau.

Codi arian Mae angen i chi ystyried sut byddwch chi'n codi digon o arian i redeg eich ymgyrch ymarfer. Felly, bydd angen i chi gynnwys codi arian fel rhan o gynllun eich ymgyrch. Mae'n rhaid i'r hyn rydych chi'n bwriadu ei wario fod yn llai na'r swm rydych chi'n debygol o'i godi yn y gweithgareddau codi arian, felly mae'n rhaid bod yn realistig wrth amcangyfrif y swm gallwch chi ei godi. Peidiwch â bod yn or-optimistaidd.

GWEITHGAREDD / Trefniadau cyllido

Lluniwch gynllun cyllido ar gyfer eich ymgyrch.

1. Cyfrifwch gost unrhyw ddeunyddiau ymgyrchu rydych chi'n bwriadu eu defnyddio. Er enghraifft, os ydych chi'n bwriadu argraffu crysau T, faint byddan nhw'n ei gostio? Faint o grysau T byddwch chi'n eu cynhyrchu?

2. Sut byddwch chi'n codi arian? Rhowch rai enghreifftiau o sut gallech chi godi arian a faint byddech chi'n disgwyl ei godi o'r ffynonellau hyn.

Terfynau amser

Mae hyn yn gysylltiedig ag elfen amseredig eich amcanion CAMPUS. Er mwyn i'r ymgyrch lwyddo, mae angen i chi sicrhau bod popeth yn cael ei gyflawni'n brydlon. Dylech chi ystyried faint o amser bydd ei angen arnoch chi ar gyfer pob un o'r camau canlynol:

- **Cynllunio ac ymchwilio** Mae hyn yn cynnwys casglu gwybodaeth am y mater a llunio eich nodau a'ch amcanion.

- **Dylunio** Bydd angen i chi sicrhau amser ar gyfer dewis neu greu delweddau a geiriau i'w defnyddio yn eich ymgyrch.
- **Deunyddiau** Bydd angen i chi sicrhau amser i greu neu gael gafael ar ddeunyddiau'r ymgyrch.
- **Gweithredu** Ystyriwch pryd byddwch chi'n lansio eich ymgyrch ymarfer a faint o amser y bydd yn ei gymryd i'r neges gyrraedd eich cynulleidfa darged.

GWEITHGAREDD / **Terfynau amser**

Gan ddefnyddio'r pwyntiau bwled uchod, nodwch derfyn amser ar gyfer pob cam yn eich ymgyrch ymarfer.

Adnoddau eraill bydd eu hangen arnoch

Yn olaf, dylech chi ystyried unrhyw adnoddau eraill bydd o bosibl eu hangen arnoch ar gyfer eich ymgyrch, yn ogystal â'r deunyddiau rydych chi wedi'u nodi yn barod. Er enghraifft, efallai bydd angen yr adnoddau canlynol:

- **Gwirfoddolwyr** Efallai bydd angen i chi recriwtio tîm i'ch helpu, er enghraifft i gynnal digwyddiadau, dosbarthu taflenni, gosod posteri, a chasglu rhoddion neu lofnodion ar gyfer deisebau.
- **Hyfforddiant** Efallai bydd angen hyfforddiant ar y bobl sy'n eich helpu chi. Er enghraifft, os ydych chi'n cynnal digwyddiad i godi ymwybyddiaeth o droseddau cyllell, efallai bydd angen i'r gwirfoddolwyr gael hyfforddiant ar sut i gyfathrebu â phobl ifanc, yn ogystal â derbyn gwybodaeth am y materion dan sylw.

GWEITHGAREDD / **Ymchwil**

Cynllunio eich ymgyrch ymarfer   Ewch i Hwb: www.hwb.gov.wales/

PARATOI AR GYFER YR ASESIAD DAN REOLAETH

Yn yr asesiad dan reolaeth, bydd angen i chi gynhyrchu deunyddiau ymgyrchu. Gallwch chi ymarfer hyn drwy gynhyrchu deunyddiau ar gyfer yr ymgyrch y gwnaethoch chi ei chynllunio yn Nhestun 3.1. Fodd bynnag, er y gallwch chi fynd â'ch nodiadau ar gyfer y gwaith hwn i'r asesiad dan reolaeth, ni allwch chi fynd â deunyddiau rydych chi wedi'u dylunio'n barod.

Beth mae'n rhaid i chi ei wneud

Gan ddefnyddio eich nodiadau a'ch gwaith ymchwil ar gyfer Testun 3.1 *Cynllunio ymgyrch dros newid sy'n ymwneud â throseddu*, dewiswch ymgyrch briodol dros newid. Dylech chi lunio cynllun manwl a chynhwysfawr ar gyfer eich ymgyrch, gan gynnwys camau gweithredu wedi'u disgrifio'n glir mewn trefn briodol o ran amser.

Dylai eich cynllun gynnwys:

- nodau ac amcanion
- cyfiawnhad dros yr ymgyrch a ddewiswyd
- cynulleidfa darged
- dulliau i'w defnyddio
- deunyddiau i'w defnyddio
- trefniadau cyllido
- terfynau amser
- adnoddau sydd eu hangen.

Sut bydd yn cael ei farcio

8–10 marc: Cynllun manwl a phriodol ar gyfer ymgyrch, sy'n berthnasol i'r briff aseiniad penodol, yn cynnwys camau gweithredu wedi'u disgrifio'n glir mewn trefn briodol o ran amser.

4–7 marc: Mae cynllun yr ymgyrch, sy'n berthnasol i'r briff aseiniad penodol, yn cynnwys tystiolaeth o rai camau gweithredu priodol a nodir mewn trefn briodol o ran amser ac yn gymharol fanwl.

1–3 marc: Mae'r cynllun ar gyfer yr ymgyrch, sy'n berthnasol i'r briff aseiniad penodol, yn cynnwys manylion cyfyngedig. Caiff camau gweithredu, dilyniannau a therfynau amser priodol eu hamlinellu'n gryno.

Dylunio deunyddiau i'w defnyddio wrth ymgyrchu dros newid

Man cychwyn

1. Gan weithio mewn grŵp bach, cyn i chi ystyried y dyluniad ar gyfer eich ymgyrch ymarfer eich hun, edrychwch ar ymgyrchoedd eraill i gael syniadau. Casglwch amrywiaeth o ddeunyddiau hyrwyddo, fel taflenni neu dudalennau gwe, ar gyfer ymgyrchoedd atal troseddu. Efallai bydd y deunyddiau hyn ar gael ar-lein neu gan yr heddlu, llyfrgelloedd, canolfannau cymunedol, etc. Dylech chi edrych ar amrywiaeth o ymgyrchoedd er mwyn cael cynifer o syniadau â phosibl.

2. Gan weithio ar eich pen eich hun, chwiliwch am unrhyw bosteri ac arddangosfeydd cyhoeddus eraill (e.e. ar fysiau) sy'n gysylltiedig ag ymgyrchoedd atal troseddu neu ymgyrchoedd dros newid. Tynnwch luniau er mwyn bod gennych chi gopi i gyfeirio atyn nhw.

3. Fel dosbarth, archwiliwch a thrafodwch yr holl ddeunyddiau rydych chi wedi'u casglu i benderfynu pa rai sydd â dyluniadau effeithiol a pham maen nhw'n effeithiol.

Cyngor pwysig

Fel rhan o'r asesiad dan reolaeth, rhaid i chi ddyfeisio deunyddiau ar gyfer eich ymgyrch eich hun. Yn y testun hwn, mae cyfres o weithgareddau sy'n rhoi cyfle i chi ymarfer dylunio deunyddiau. Mae'n hanfodol eich bod chi'n cwblhau'r holl weithgareddau hyn er mwyn sicrhau eich bod chi'n barod ar gyfer yr asesiad dan reolaeth.

Dylunio eich deunyddiau

Mae'r testun hwn yn edrych ar sut i ddylunio'r deunyddiau byddwch chi'n eu creu ar gyfer yr ymgyrch ymarfer gwnaethoch chi ei chynllunio yn y testun blaenorol. Nawr mae angen i chi ddylunio'r deunyddiau i hyrwyddo nodau eich ymgyrch ymarfer.

Mae deunyddiau sydd wedi'u dylunio'n dda yn bwysig i gyfleu neges ymgyrch. Mae angen i chi ystyried pa fath o ddeunyddiau rydych chi'n mynd i'w creu, fel posteri, taflenni, hysbysebion papurau newydd, etc. Mae angen i'ch deunyddiau fod yn atyniadol i ddarpar gefnogwyr a'u denu i ddarganfod mwy. Mae angen i'r testun a'r lluniau fod yn briodol ac yn ddeniadol, gan adlewyrchu diben yr ymgyrch ar yr un pryd.

Mae angen i chi ystyried pwysigrwydd y pwyntiau canlynol wrth ddylunio a chreu deunyddiau ar gyfer ymgyrch effeithiol:

- **Strwythuro eich gwybodaeth**
- **Defnyddio delweddau a ffyrdd eraill o ddal sylw**
- **Defnyddio iaith berswadiol**
- **Hyrwyddo camau gweithredu**
- **Ystyried eich cynulleidfa darged**
- **Sicrhau cysondeb rhwng eich deunyddiau a'ch ymgyrch**

Strwythuro eich gwybodaeth

Cyn i chi ddechrau dylunio eich deunyddiau, mae angen i chi sicrhau bod gan eich neges strwythur synhwyrol a rhesymegol. Er enghraifft, a yw'r syniadau yn y drefn gywir? A ydych chi'n ailadrodd eich hun yn ddiangen? Cofiwch brawfddarllen y testun i gael gwared ar wallau sillafu, atalnodi a gramadeg.

GWEITHGAREDD / **Clip fideo**

Gosodiadau   Ewch i Hwb: www.hwb.gov.wales/

Gosodiad Mae strwythur eich gwybodaeth hefyd yn effeithio ar osodiad eich deunyddiau. Mae hyn yn bwysig wrth greu deunyddiau o unrhyw fath – posteri, taflenni, crysau T, matiau diodydd etc.

Mae angen i chi hefyd ystyried faint o wybodaeth i'w gynnwys er mwyn sicrhau nad oes gormod o destun ar eich deunyddiau. Yn amlwg, bydd y wybodaeth mae'n bosibl ei chynnwys yn dibynnu ar y math o ddeunydd rydych chi'n ei ddefnyddio. Er enghraifft, gallwch chi roi llawer mwy o wybodaeth ar daflen nag ar ochr mwg.

GWEITHGAREDD / **Strwythuro eich gwybodaeth**

Edrychwch eto ar wefannau'r ymgyrchoedd gwnaethoch chi eu cymharu yn Nhestunau 2.1 a 2.2, ac edrychwch ar y deunyddiau maen nhw wedi'u cynhyrchu.

1. Gwnewch nodiadau ar osodiadau gwahanol y posteri. Er enghraifft, mae gan ymgyrch Stop Hate UK bob math o bosteri ar ei gwefan.

2. Sut mae'r wybodaeth yn y taflenni yn wahanol i'r wybodaeth yn y posteri? A oes unrhyw debygrwydd rhwng y ddau?

3. Edrychwch ar y nwyddau mae'r ymgyrchoedd wedi'u cynhyrchu, fel crysau T a mygiau. Sut mae'r negeseuon wedi'u harddangos ar y nwyddau hyn?

4. Ar gyfer eich ymgyrch ymarfer, dyluniwch rai gosodiadau ar gyfer y deunyddiau rydych chi'n mynd i'w cynhyrchu. Er enghraifft, os ydych chi'n bwriadu defnyddio poster, ble gallech chi roi delwedd, y brif neges, a manylion cyswllt ar gyfer yr ymgyrch?

Defnyddio delweddau a ffyrdd eraill o ddal sylw

Mae'n bwysig bod eich deunyddiau yn dal sylw pobl ac yn eich galluogi i gyfleu eich neges. Mae sawl ffordd o wneud hyn.

Delweddau

Delweddau yw'r ffordd fwyaf amlwg o ddenu sylw pobl, a gall delwedd dda gael effaith drawiadol. Mae angen i chi sicrhau bod y delweddau yn cyfleu eich neges yn glir. Ystyr delweddau yw eitemau fel ffotograffau, lluniadau, cartwnau, diagramau a symbolau. Gallwch chi ddefnyddio Google Images a pheiriannau chwilio eraill i chwilio am ddelweddau perthnasol, neu greu un gwreiddiol.

Er enghraifft, mae'r poster 'llwy' yn rhan o ymgyrch Karma Nirvana yn erbyn priodasau dan orfod, ac mae wedi'i hanelu at fenywod ifanc sy'n cael eu cymryd o'r wlad i briodi yn erbyn eu hewyllys. Mae'n dweud wrthyn nhw i guddio llwy fetel yn eu dillad isaf – bydd hyn yn gwneud i'r larwm diogelwch ganu yn y maes awyr ac yna gallan nhw gael cymorth.

Mae rhai ymgyrchoedd yn delio â phynciau anodd iawn ac weithiau bydd angen i'r delweddau gyfleu hyn, ond heb fod yn rhy ysgytwol gan y gallai hyn droi darpar gefnogwyr i ffwrdd. Ar gyfer ymgyrchoedd eraill, bydd delweddau cadarnhaol yn fwy addas, fel y manteision a allai ddod yn sgil yr ymgyrch.

Gall delweddau syml gyfleu negeseuon pwysig.

Testun

Mae'n debyg y bydd angen testun yn eich deunyddiau. Mae angen i chi ystyried ffont a maint y testun byddwch chi'n ei ddefnyddio. Efallai byddai'n well defnyddio un ffont yn unig, ac amrywio'r maint a'r defnydd o deip trwm. Gall cymysgedd o ffontiau edrych yn flêr, yn ogystal â drysu'r darllenydd a thynnu sylw oddi wrth y neges.

Peidiwch â cheisio gwasgu gormod o destun i ofod bach; bydd eich neges yn fwy anodd ei darllen. Rhaid bod yn gryno, yn enwedig ar daflenni a phosteri.

Lliw Mae lliw yn bwysig. Dylai testun ar bosteri a thaflenni fod mewn lliwiau tywyllach i'w wneud yn haws ei ddarllen. Weithiau bydd penawdau, logos neu destun ar nwyddau yn defnyddio testun gwrthdro (lliw golau ar gefndir tywyll).

Logos Gall logo fod yn werthfawr iawn i ymgyrch. Bydd defnyddio'r logo ar eich deunyddiau yn rhoi hunaniaeth glir i'ch ymgyrch ymarfer, ac yn rhoi cysondeb i'ch neges a fydd yn helpu pobl i adnabod gwaith yr ymgyrch. Gall eich logo gynnwys delwedd a thestun. Dylech chi hefyd ystyried y defnydd o liwiau a ffontiau yn ogystal â'r ddelwedd rydych chi'n ei defnyddio ar gyfer eich logo.

Hysbysebion radio a theledu

Efallai byddwch chi eisiau creu ymgyrch hysbysebu ar gyfer y radio neu'r teledu. Os felly, bydd angen i chi ysgrifennu sgript, gyda senario a fydd yn denu ac yn dal sylw'r gynulleidfa. Meddyliwch sut bydd yr iaith rydych chi'n ei defnyddio yn gwneud hyn (ac ar gyfer y teledu, meddyliwch am y delweddau hefyd). Gallwch gael syniadau drwy arsylwi hysbysebion ar y radio a'r teledu.

Logo Stop Hate UK. Sylwch sut mae delwedd y 'llaw' yn uno â'r testun.

GWEITHGAREDD / **Defnyddio delweddau**

Edrychwch ar y delweddau ar wefannau'r ymgyrchoedd gwnaethoch chi eu hastudio yn Nhestunau 2.1 a 2.2.

1. Pa ddelweddau sy'n dal eich sylw?
2. Beth maen nhw'n ei ddweud wrthoch chi am yr ymgyrch?
3. Yn eich barn chi, pam gwnaeth yr ymgyrch ddewis y delweddau penodol hynny?

Defnyddio iaith berswadiol

Mae angen i'ch iaith berswadio pobl i gymryd rhan a chefnogi eich ymgyrch ymarfer. Mae iaith berswadiol yn defnyddio pob math o dechnegau i gyfleu neges. Dyma rai o'r technegau hyn:

- **Ailadrodd** – defnyddio gair dro ar ôl tro, e.e. 'mae cario cyllell yn gallu lladd, lladd, lladd'.
- **Rheol tri** – defnyddio tri syniad i gefnogi eich achos, fel 'annerbyniol, arswydus ac afiach'. Mae'r enghraifft hon hefyd yn defnyddio cyflythrennu, sy'n gallu bod yn ddyfais effeithiol.
- **Gormodiaith** – e.e. 'Gyda'n gilydd, gallwn ni newid unrhyw beth'.
- **Iaith emosiynol** – gwneud i'ch cynulleidfa deimlo pethau penodol drwy ddefnyddio geiriau fel 'drwg' neu 'marwol', neu iaith gadarnhaol fel 'cariad'. Er enghraifft, mae Stop Hate UK yn defnyddio'r ymadrodd 'Spread love, not hate'.
- **Cwestiynau rhethregol** – lle mae'r ateb yn cael ei awgrymu yn y cwestiwn, e.e. 'Ydych chi eisiau byw mewn ofn drwy'r amser?' (Ateb: Na.)
- **Siarad yn uniongyrchol â'r darllenydd** a'i gyfarch yn eich ymgyrch gan ddefnyddio 'ti/chi' a 'ni'.
- **Hanesion a straeon o ddiddordeb i bobl** – profiadau personol sy'n gysylltiedig â'r mater.

Fodd bynnag, peidiwch â mynd 'dros ben llestri' wrth geisio perswadio. Ar ôl i chi ysgrifennu eich testun, darllenwch y cyfan eto a gofynnwch i chi eich hun, a fyddech chi'n ei gredu?

Iaith berswadiol   Ewch i Hwb: www.hwb.gov.wales/

Hyrwyddo camau gweithredu

Bydd ymgyrchoedd dros newid fel arfer yn ceisio annog pobl i weithredu. Gallai gweithredu olygu llofnodi deiseb ar-lein, cymryd rhan mewn gwrthdystiad, gwirfoddoli i helpu gyda'r ymgyrch neu lobïo cynghorydd lleol neu Aelod Seneddol.

Mae angen i chi sicrhau bod eich deunyddiau'n esbonio'r math o gamau gweithredu rydych chi eisiau i'ch cefnogwyr eu cymryd, ac yn annog gweithredu o'r fath. Er enghraifft, os ydych chi eisiau i bobl gymryd rhan mewn gwrthdystiad, bydd angen rhoi manylion y lleoliad a'r amser yn glir ar eich poster neu daflen. Os ydych chi eisiau i bobl lofnodi deiseb ar-lein, rhaid i wefan y ddeiseb fod yn glir ac yn hawdd ei defnyddio.

GWEITHGAREDD / Hyrwyddo camau gweithredu

1. Edrychwch yn ôl ar yr ymgyrchoedd yn Nhestunau 2.1 a 2.2, a rhestrwch rai o'r ffyrdd mae eu deunyddiau yn annog cefnogwyr i weithredu.
2. Ar gyfer eich ymgyrch ymarfer, sut bydd dyluniad eich deunyddiau'n denu cefnogwyr ac yn eu hannog i weithredu?

Ystyried eich cynulleidfa darged

Mae bod â chynulleidfa darged yn golygu eich bod eisiau denu sylw pobl benodol. Fel mae Testun 3.1 wedi'i ddangos, un rhan o gynllunio ymgyrch yw adnabod eich cynulleidfa darged.

Rhaid i'r deunyddiau rydych chi'n eu dylunio ddenu eich cynulleidfa darged. Er mwyn gwneud hyn, rhaid dewis y math cywir o ddeunyddiau, a dylai'r wybodaeth sydd wedi'i chynnwys ar y deunyddiau ddenu sylw'r gynulleidfa honno. Er enghraifft, mae gwybodaeth gryno a slogan bachog yn fwy tebygol o ddenu pobl ifanc fel arfer. Mae'n bosibl hefyd y byddan nhw'n fwy tebygol na phobl hŷn o wisgo band arddwrn neu grys T sy'n gysylltiedig ag ymgyrch, yn enwedig os yw'r dyluniad yn dda.

GWEITHGAREDD / Eich cynulleidfa darged

Ar gyfer eich ymgyrch ymarfer:
1. Pwy yw eich cynulleidfa darged? A oes mwy nag un grŵp o bobl?
2. Esboniwch sut bydd dyluniad eich deunyddiau'n denu sylw eich cynulleidfa darged.

Sicrhau cysondeb rhwng eich deunyddiau a'ch ymgyrch

Wrth ddylunio eich deunyddiau, mae angen i chi sicrhau bod cysylltiad amlwg rhyngddyn nhw. Dylai'r holl ddeunyddiau gyflwyno yr un neges sylfaenol. Gallai hyn fod ar ffurf slogan – ymadrodd byr sy'n crynhoi eich ymgyrch i'w ddefnyddio ar unrhyw ddeunyddiau rydych chi'n eu cynhyrchu.

Un enghraifft o slogan yw 'Stop hate. Start here' sy'n cael ei ddefnyddio gan Stop Hate UK. Os byddwch chi'n penderfynu defnyddio slogan, dewiswch yr iaith yn ofalus, a chyfeiriwch at yr adran ar iaith berswadiol wrth i chi ei ysgrifennu.

Eich deunyddiau   Ewch i Hwb: www.hwb.gov.wales/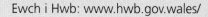

Amrywiaeth yn eich deunyddiau

Er y dylai yr un neges sylfaenol fod yn eich holl ddeunyddiau, gallwch chi gyflwyno rhywfaint o amrywiaeth. Er enghraifft, os mai eich nod yw annog pobl ifanc i beidio â chario cyllyll, gallai'r neges graidd 'Paid â chario cyllell' fod ar frig pob poster, ond byddai'n bosibl rhoi'r geiriau 'Gallet ti fynd i'r carchar' o dan y pennawd ar un poster, neu 'Gallet ti siomi dy rieni' ar boster arall, ac yn y blaen. Mae hyn yn eich galluogi i gyfleu agweddau gwahanol ar eich neges.

Yn yr un modd, gallech chi bersonoli neges ar grys T i roi'r argraff mai'r gwisgwr ei hun sy'n cyfleu'r neges, er enghraifft 'Rwy'n cefnogi...'

Efallai byddwch chi eisiau defnyddio deunyddiau gwahanol ar gyfer camau gwahanol o'ch ymgyrch ymarfer. Er enghraifft, os ydych chi'n cynllunio digwyddiad, efallai bydd angen un set o ddeunyddiau i hyrwyddo'r digwyddiad ymlaen llaw a deunyddiau gwahanol i'w dosbarthu yn y digwyddiad ei hun. Er bod neges yr ymgyrch yr un peth, gall y deunyddiau fod yn wahanol.

Er enghraifft, mae angen i bosteri ddenu ymwelwyr i'r digwyddiad yn y lle cyntaf, ond unwaith bydd pobl yno, gallwch chi roi gwybodaeth fwy manwl iddyn nhw am yr ymgyrch a'u hannog i lofnodi deisebau neu gymryd rhan weithredol yn yr ymgyrch. Yn ogystal â thaflenni gwybodaeth, gallech chi ystyried cynhyrchu balwnau ar gyfer plant neu fandiau arddwrn ar gyfer pobl ifanc – pob un yn dangos eich neges allweddol.

Defnyddio logo Dyma ffordd dda o gadw elfen o gysondeb ar draws eich holl ddeunyddiau, ac mae hefyd yn golygu y bydd cefnogwyr bob amser yn adnabod yr ymgyrch. (Sylwch ar y ffordd mae busnes yn defnyddio yr un logo – fel 'tic' Nike, er enghraifft – ar bopeth mae'n ei werthu, fel bod pobl yn adnabod y cynnyrch yn syth.)

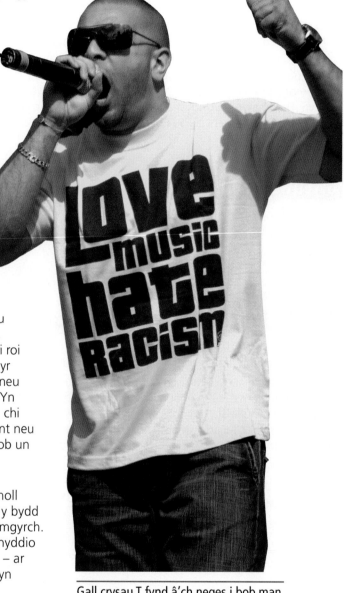

Gall crysau T fynd â'ch neges i bob man.

GWEITHGAREDD / **Logos a sloganau**

1. Edrychwch yn ôl ar yr ymgyrchoedd yn Nhestunau 2.1 a 2.2. Sylwch ar logos yr ymgyrchoedd hyn a lle maen nhw'n ymddangos ar unrhyw ddeunyddiau ymgyrchu. A oes slogan ganddyn nhw hefyd?

2. Dyluniwch logo a slogan i'w defnyddio yn eich ymgyrch. Cofiwch y pwyntiau yn yr adran uchod, *Defnyddio delweddau a ffyrdd eraill o ddal sylw.*

PARATOI AR GYFER YR ASESIAD DAN REOLAETH

Yn yr asesiad dan reolaeth, bydd angen i chi gynhyrchu deunyddiau ymgyrchu. Gallwch chi ymarfer hyn drwy gynhyrchu deunyddiau ar gyfer yr ymgyrch y gwnaethoch chi ei chynllunio yn Nhestun 3.1. Fodd bynnag, er y gallwch chi fynd â'ch nodiadau ar gyfer y gwaith hwn i'r asesiad dan reolaeth, ni allwch chi fynd â deunyddiau rydych chi wedi'u dylunio'n barod.

Beth mae'n rhaid i chi ei wneud

Gan ddefnyddio eich nodiadau a'ch gwaith ymchwil ar gyfer Testun 3.2 *Dylunio deunyddiau i'w defnyddio wrth ymgyrchu dros newid*, cynhyrchwch ddeunyddiau deniadol, wedi'u dylunio'n dda ar gyfer eich ymgyrch dros newid. Rhaid i'r cynnwys fod yn briodol o ran newid ymddygiad. Dylai'r deunyddiau fod yn ysgogol yn weledol ac o ran geiriau, ac yn dechnegol gywir.

Dylech chi ystyried y canlynol wrth ddylunio eich deunyddiau:

- strwythuro eich gwybodaeth
- defnyddio delweddau a ffyrdd eraill o ddal sylw
- defnyddio iaith berswadiol
- hyrwyddo camau gweithredu
- ystyried eich cynulleidfa darged
- sicrhau cysondeb rhwng eich deunyddiau a'ch ymgyrch.

Dylech chi ystyried dyluniad deunyddiau fel:

- taflenni
- hysbysebion
- posteri
- blogiau
- tudalennau rhwydweithiau cymdeithasol.

Sut bydd yn cael ei farcio

16–20 marc: Cyflwynir deunyddiau deniadol wedi'u dylunio'n dda. Mae'r cynnwys yn briodol o ran newid ymddygiad. Mae'r deunyddiau yn ysgogol yn weledol ac o ran geiriau, ac yn dechnegol gywir.

11–15 marc: Caiff deunyddiau deniadol eu dylunio gan ddefnyddio cynnwys perthnasol sy'n ennyn diddordeb. Tystiolaeth o iaith berswadiol ac eglurder diben. Rhywfaint o dystiolaeth o sgiliau technegol.

6–10 marc: Rhywfaint o dystiolaeth o ddeunyddiau a ddyluniwyd gan ddefnyddio cynnwys perthnasol ac sy'n ennyn rhywfaint o ddiddordeb. Rhywfaint o dystiolaeth o iaith berswadiol ac eglurder diben.

1–5 marc: Mae'r deunyddiau yn sylfaenol/syml o ran eu dyluniad. Eglurder diben cyfyngedig ar gyfer y deunyddiau.

Cyfiawnhau ymgyrch dros newid

Man cychwyn

Gan weithio gyda phartner:

1. Dywedwch wrth eich partner beth yw teitl eich ymgyrch ymarfer.
2. Esboniwch eich rhesymau dros ddewis eich ymgyrch ymarfer.
3. Esboniwch brif nod eich ymgyrch ymarfer.

Dylai'r gwrandawr wneud nodiadau. Ar ôl i'r ddau ohonoch chi amlinellu eich ymgyrchoedd ymarfer i'ch gilydd, dylech chi gyflwyno ymgyrch eich partner i weddill y dosbarth a gofyn am gwestiynau.

Dylech chi fod wedi cynllunio eich ymgyrch ymarfer a dylunio'r deunyddiau rydych chi'n mynd i'w defnyddio yn barod. Nawr mae angen i chi gyfiawnhau eich dewisiadau. Mae hyn yn golygu gwneud tri pheth: cyflwyno eich achos dros weithredu, defnyddio tystiolaeth i ategu eich achos, a chyfiawnhau eich defnydd o iaith berswadiol.

Cyflwyno eich achos dros weithredu

Wrth gyfiawnhau eich ymgyrch ymarfer, mae angen i chi gyflwyno eich achos, gan esbonio'n glir pam mae angen gweithredu. Bydd hyn yn cyfeirio nôl at lawer o'r testunau blaenorol yn y bennod hon:

- Nodwch yn glir y math o drosedd a danreportiwyd rydych chi wedi'i ddewis ar gyfer eich ymgyrch.
- Rhowch resymau i esbonio pam mae'r drosedd rydych chi wedi'i dewis ar gyfer eich ymgyrch wedi'i thanreportio (Testun 1.2) a beth yw canlyniadau hyn (Testun 1.3).
- Gallech chi ddefnyddio ystadegau perthnasol i ddangos pa mor gyffredin yw'r drosedd. (Gweler Testun 1.6.) Gallech chi hefyd ddefnyddio enghreifftiau neu astudiaethau achos i ddangos effaith y drosedd.

GWEITHGAREDD / Cyflwyno eich achos dros weithredu

Gan weithio ar eich pen eich hun, a gan ddefnyddio'r wybodaeth uchod a'ch cynllun ar gyfer Testun 3.1, ysgrifennwch gyfiawnhad llawn o'r angen am weithredu ar y testun rydych chi wedi'i ddewis ar gyfer eich ymgyrch ymarfer dros newid. Dylech chi ysgrifennu o leiaf dwy frawddeg ar gyfer pob un o'r pwyntiau bwled uchod.

Defnyddio tystiolaeth i ategu eich achos

Mae angen i chi gyfiawnhau'r elfennau canlynol o'ch ymgyrch ymarfer:

1. Pam gwnaethoch chi ddewis yr enw neu'r slogan.
2. Eich dulliau, gan gynnwys pam bydden nhw'n briodol ac yn effeithiol wrth gyflawni eich nod.
3. Eich cynulleidfa darged: pwy yw'r bobl hyn a pham bydden nhw'n ymateb.

4. Eich dyluniadau, delweddau, testun a gosodiad: beth yw'r rhain a pham bydden nhw'n effeithiol.
5. Trefniadau cyllido: esboniwch pam byddai eich ymgyrch ymarfer yn bosibl yn ariannol.
6. Esboniwch pam mae eich terfynau amser yn realistig.
7. Unrhyw bwyntiau eraill rydych chi eisiau eu gwneud, fel unrhyw syniadau diddorol a ddaeth o ymgyrchoedd llwyddiannus y gwnaethoch chi ymchwilio iddyn nhw.

GWEITHGAREDD / **Defnyddio tystiolaeth i ategu eich achos**

Gan weithio ar eich pen eich hun a defnyddio pwyntiau 1–7 uchod, ysgrifennwch gyfiawnhad llawn ar gyfer eich ymgyrch ymarfer. Ar gyfer pob pwynt, rhaid i chi ddangos y dystiolaeth sy'n ategu eich achos.

Eich defnydd o iaith berswadiol

Yn olaf, mae angen i chi gyfiawnhau eich defnydd o iaith berswadiol. Gallwch chi wneud hyn drwy gwblhau'r gweithgaredd isod.

GWEITHGAREDD / **Eich defnydd o iaith berswadiol**

Gan weithio ar eich pen eich hun a defnyddio'r rhestr o'r mathau o iaith berswadiol yn Nhestun 3.2, nodwch enghreifftiau o ble rydych chi wedi defnyddio'r math hwn o iaith.

Esboniwch pam mae'r enghreifftiau hyn yn debygol o fod yn effeithiol wrth eich helpu chi i gyflawni eich nodau.

PARATOI AR GYFER YR ASESIAD DAN REOLAETH

Beth mae'n rhaid i chi ei wneud

Gan ddefnyddio eich nodiadau a'ch gwaith ymchwil ar gyfer Testun 3.3 *Cyfiawnhau ymgyrch dros newid*, rhowch gyfiawnhad clir a manwl, sy'n rhesymegol ar gyfer eich ymgyrch ymarfer. Dylech chi gynnwys casgliadau wedi'u hategu gan farn berthnasol, gan gynnwys:

- cyflwyno eich achos dros weithredu
- defnyddio tystiolaeth i ategu eich achos
- eich defnydd o iaith berswadiol.

Dylech chi gyfiawnhau eich dull gweithredu a'r angen am ymgyrch dros newid.

Sut bydd yn cael ei farcio

11–15 marc: Cyfiawnhad clir a manwl sy'n rhesymegol. Caiff casgliadau eu hategu gan farn berthnasol, sy'n cynnwys y defnydd o iaith berswadiol.

6–10 marc: Mae rhywfaint o'r cyfiawnhad yn rhesymegol. Mae'r ymateb yn ddisgrifiadol ar y cyfan ond yn llunio barn briodol i ryw raddau. Defnyddir iaith berswadiol.

1–5 marc: Cyfiawnhad cyfyngedig o ymgyrch dros newid. Mae'r dystiolaeth yn ddisgrifiadol ar y cyfan, a phrin yw'r farn a gyflwynir.

Paratoi ar gyfer asesiad dan reolaeth Uned 1

Ar ôl i chi gwblhau Uned 1, byddwch chi'n gwneud yr asesiad dan reolaeth. Mae'r adran hon yn rhoi rhywfaint o arweiniad i chi ar sut i baratoi ar gyfer yr asesiad.

Beth fydd trefn yr asesiad?

Mae'r asesiad dan reolaeth mewn dwy ran. Mae'r tasgau'n ymdrin ag 11 Maen Prawf Asesu (MPA) Uned 1, a rhaid i chi roi sylw iddyn nhw i gyd yn eich atebion i'r tasgau. (Mae'r 11 testun yn y llyfr hwn yn trafod y meini prawf hyn.)

Rhan Un Mae'r rhan hon yn ymdrin â'r deunydd rydych chi wedi'i astudio yn Nhestunau 1.1 i 1.6.

Defnyddio'r briff Yn Rhan Un byddwch chi'n cael briff, sef senario sy'n disgrifio rhai troseddau. Meddyliwch am hwn fel sbardun i'ch atgoffa am rai o'r MPA mae angen i chi roi sylw iddyn nhw yn eich ateb. Dylech chi ddefnyddio'r briff os yw'r dasg yn dweud wrthoch chi am wneud hynny.

Rhan Dau Yn y rhan hon, rhaid i chi wneud y canlynol:

- Cymharu ymgyrchoedd dros newid gwnaethoch chi eu hastudio yn Nhestun 2.1.
- Gwerthuso'r mathau gwahanol o gyfryngau a ddefnyddiwyd yn yr ymgyrchoedd gwnaethoch chi eu hastudio yn Nhestun 2.2.
- Cynllunio, dylunio a chyfiawnhau ymgyrch sy'n gysylltiedig â throsedd a danreportiwyd (Testunau 3.1, 3.2 a 3.3).

Paratoi eich ffeil ymlaen llaw

Cyn i chi wneud yr asesiad, mae'n hanfodol eich bod chi wedi paratoi eich nodiadau'n fanwl ar gyfer pob un o'r MPA, oherwydd bydd angen i chi fynd â'r nodiadau gyda chi i'r asesiad.

Ar y dudalen nesaf mae rhestr wirio sy'n nodi'r hyn mae angen i chi ei wneud ar gyfer pob MPA. Defnyddiwch y rhestr hon i sicrhau eich bod wedi ysgrifennu nodiadau ar bob un ohonyn nhw ac wedi paratoi'n llawn *cyn* i chi wneud yr asesiad. I gael help i wneud nodiadau ar gyfer pob MPA, cyfeiriwch yn ôl at y testun â'r un rhif.

Ar ddiwrnod yr asesiad

Ar ddiwrnod yr asesiad dan reolaeth, gwnewch yn siŵr eich bod chi'n dod â'ch holl ddeunyddiau Uned 1 gyda chi a gwiriwch fod eich ffeil yn drefnus.

Ar gyfer Rhan Un gallwch chi fynd â'ch ffeil i mewn gyda chi, ond ni allwch chi fynd ag unrhyw ddogfennau neu ddyfeisiau electronig, na defnyddio'r rhyngrwyd. Rhaid i bopeth sydd ei angen arnoch fod ar bapur, felly os oes gennych chi unrhyw nodiadau electronig, mae'n rhaid i chi eu hargraffu os ydych chi eisiau mynd â nhw i mewn i'r asesiad.

Ar gyfer Rhan Dau gallwch chi ddefnyddio'r rhyngrwyd ond dim ffeiliau electronig personol. Ni allwch chi fynd â deunyddiau ymgyrchu a ddyluniwyd yn barod ar gyfer Deilliant Dysgu 3.

MPA	Beth mae angen i chi ei wneud	Marc uchaf
Rhan Un (3 awr)		
1.1	Dadansoddi dau fath o drosedd sydd i'w gweld ym mriff yr aseiniad. Mae hyn yn golygu bod angen i chi nodi eu nodweddion. Ar gyfer pob math o drosedd, dylech chi gynnwys dioddefwyr, troseddwyr, lefel ymwybyddiaeth y cyhoedd, ac a yw'n wyrdroëdig, troseddol neu'r ddau. Rhowch enghreifftiau penodol.	4
1.2	Rhoi esboniad clir a manwl o'r rhesymau pam na chafodd y ddwy drosedd yn y briff eu reportio, fel ofn, natur gymhleth a diffyg pryder cyhoeddus. Dylech chi gynnwys enghreifftiau ar gyfer pob rheswm, e.e. bod dioddefwyr trais domestig o bosibl ddim yn reportio troseddau oherwydd ofn.	4
1.3	Esbonio canlyniadau troseddau sydd ddim yn cael eu reportio, fel dad-droseddoli, newid diwylliannol a blaenoriaethau'r heddlu. Dylech chi gynnwys enghreifftiau perthnasol, e.e. diffyg blaenoriaeth yr heddlu i droseddau a danreportiwyd fel defnyddio canabis.	4
1.4	Disgrifio cynrychioliad y cyfryngau o drosedd, fel papurau newydd, teledu a gemau electronig. Rhowch nodweddion penodol y cynrychioliad, fel papurau newydd yn canolbwyntio ar droseddau treisgar. Dylech chi gynnwys enghreifftiau perthnasol, e.e. gemau fel Grand Theft Auto.	6
1.5	Esbonio effaith amrywiaeth o gynrychioliadau'r cyfryngau ar ganfyddiad y cyhoedd o drosedd, fel panig moesol, stereotepio troseddwyr, a phryderon ac agweddau'r cyhoedd yn newid. Dylech chi gynnwys enghreifftiau perthnasol, e.e. y panig moesol am y mods a'r rocers.	6
1.6	Gwerthuso ystadegau troseddu gan gynnwys ystadegau'r Swyddfa Gartref ac Arolwg Troseddu Cymru a Lloegr. Rhowch asesiad cyffredinol o gryfderau a chyfyngiadau pob un, gan gyfiawnhau eich asesiad. Dylech chi gyfeirio at ddibynadwyedd, dilysrwydd, moeseg a diben pob dull.	6
Rhan Dau (5 awr)		
2.1	Gwneud cymhariaeth glir a manwl o amrywiaeth o ymgyrchoedd perthnasol dros newid. Gwnewch gysylltiadau amlwg ag ymgyrchoedd arfaethedig, gan gyfeirio at ffynonellau penodol a phriodol i ategu'r casgliadau.	10
2.2	Gwerthusiad clir a manwl o effeithiolrwydd amrywiaeth o gyfryngau a ddefnyddir fel rhan o ymgyrchoedd perthnasol dros newid. Rhowch dystiolaeth glir o farn resymegol i ategu eich casgliadau.	15
3.1	Llunio cynllun manwl ar gyfer eich ymgyrch eich hun, gan gynnwys nodau ac amcanion, cyfiawnhad o'r angen am yr ymgyrch, eich cynulleidfa darged, dulliau a deunyddiau, trefniadau cyllido, terfynau amser ac adnoddau. Byddwch yn glir ac yn gywir ym mhob adran, a rhowch derfynau amser a chostau realistig ar gyfer eich ymgyrch.	10
3.2	Cyflwyno dyluniadau ar gyfer eich deunyddiau, gan gynnwys sgrinluniau o wefannau, taflenni a phosteri, dyluniadau nwyddau fel crysau T, mygiau, bandiau arddwrn etc. Dylech chi gyflwyno amrywiaeth o ddeunyddiau.	20
3.3	Cyfiawnhau eich ymgyrch. Esboniwch pam mae angen yr ymgyrch. Amlinellwch y dystiolaeth sy'n ategu eich achos. Esboniwch sut mae'r iaith rydych chi wedi'i defnyddio yn helpu i berswadio pobl i gefnogi eich ymgyrch.	15
CYFANSWM		**100**

DAMCANIAETHAU TROSEDDEGOL

Trosolwg

Beth yw ystyr trosedd, a sut rydyn ni'n gwahaniaethu rhwng trosedd a gwyredd? Rydyn ni'n dechrau'r uned hon drwy archwilio'r termau hyn, cyn edrych ar y ffordd mae trosedd yn cael ei llunio'n gymdeithasol. Gan ddefnyddio enghreifftiau o newidiadau yn y gyfraith, rydyn ni'n archwilio sut a pham mae'r hyn sy'n cael ei ystyried yn 'drosedd' yn newid yn dibynnu ar y cyfnod, y lle a'r diwylliant. Mae hyn yn cysylltu â'r hyn gwnaethoch chi ei ddysgu yn Uned 1, Testunau 1.5 a 2.1, am y ffordd mae'r cyfryngau ac ymgyrchoedd yn helpu i lunio ein canfyddiadau o droseddoldeb a throseddau a danreportiwyd.

Mae sawl ymdrech wedi bod i ddeall pam mae pobl yn troseddu. Er enghraifft, a yw rhai pobl 'wedi'u geni'n droseddwyr', neu ai eu magwraeth a'u hamgylchedd cymdeithasol sy'n gyfrifol am eu hymddygiad? Bydd yr uned hon yn disgrifio amrywiaeth o ddamcaniaethau troseddegol gwahanol sy'n ceisio esbonio troseddoldeb, ac yn defnyddio astudiaethau achos i archwilio sut gall y damcaniaethau hyn gael eu cymhwyso at droseddwyr gwahanol a mathau gwahanol o droseddau.

Pa mor effeithiol yw'r damcaniaethau hyn i ddeall achosion troseddoldeb? A ydyn nhw'n gallu esbonio'r holl fathau gwahanol o drosedd, neu a ydyn nhw'n gallu esbonio un math ond nid y llall? Rydyn ni'n gwerthuso defnyddioldeb y damcaniaethau gwahanol drwy archwilio cryfderau a chyfyngiadau pob un.

Mae llunwyr polisi wedi chwilio am atebion i broblem troseddu ac maen nhw wedi datblygu nifer o bolisïau gwahanol gyda'r nod o'i atal. Bydd yr uned hon yn archwilio nifer o'r polisïau hyn a sut mae damcaniaethau troseddegol wedi dylanwadu arnyn nhw. Yna byddwn ni'n edrych ar sut mae newidiadau cymdeithasol wedi effeithio ar bolisïau o ran materion fel hiliaeth a hawliau pobl lesbiaidd, hoyw, deurywiol a thrawsryweddol (LHDT). Roedd Uned 1 yn archwilio ymgyrchoedd i newid polisïau trosedd, a byddwn ni'n dychwelyd at y thema hon ar ddiwedd Uned 2 drwy edrych ar ymgyrchoedd i newid polisïau ar droseddau fel stelcio.

Cymharu ymddygiad troseddol a gwyredd

Man cychwyn

Gan weithio gyda phartner:

1. Dychmygwch eich bod chi'n aros am fws ac yna'n mynd arno. Pa reolau rydych chi'n eu dilyn?
2. Nawr trafodwch sut byddech chi'n teimlo a beth byddech chi'n ei wneud pe bai rhywun ddim yn dilyn y rheolau hynny.
3. Rhannwch eich teimladau â'ch dosbarth.

Normau, gwerthoedd a chodau moesol

Mae'r testun hwn yn ymdrin â throsedd a gwyredd, ystyr y syniadau hyn, a'r hyn sy'n debyg ac yn wahanol amdanyn nhw. Man cychwyn da yw dweud bod trosedd a gwyredd yn herio neu'n bygwth gwerthoedd a normau ymddygiad derbyniol. Felly, mae angen i ni ddechrau drwy edrych ar y ddau derm hyn.

Normau a gwerthoedd

Gwerthoedd Yr egwyddorion cyffredinol neu'r canllawiau ar gyfer sut dylen ni fyw ein bywydau. Maen nhw'n dweud wrthon ni beth sy'n gywir ac yn anghywir, yn dda ac yn ddrwg.

Normau Er bod gwerthoedd yn gosod egwyddorion cyffredinol neu ganllawiau, mae normau yn rheolau penodol neu'n safonau sydd wedi'u derbyn gan gymdeithas ac sy'n rheoli ymddygiad pobl mewn sefyllfaoedd penodol.

Un o'r gwerthoedd sydd i'w weld ym mhob cymdeithas yw parch tuag at fywyd dynol. Gall gwerthoedd eraill fod yn benodol i gymdeithasau unigol. Er enghraifft, mae cymdeithasau fel y DU ac UDA yn rhoi llawer o werth ar unigolion sy'n casglu cyfoeth personol, ac mae hyn yn cael ei ystyried yn nod teilwng mewn bywyd.

Ar y llaw arall, mae llawer o gymdeithasau traddodiadol, fel Brodorion America, yn rhoi gwerth mawr ar ddyletswydd unigolion i rannu eu cyfoeth â'r grŵp. Mae cymdeithasau o'r fath hefyd yn tueddu i roi mwy o werth ar barchu pobl hŷn.

Mae normau cymdeithas benodol yn gysylltiedig â'i gwerthoedd. Er enghraifft, fel arfer bydd diwylliannau sy'n rhoi gwerth mawr ar barchu pobl hŷn yn dilyn rheolau penodol (normau) yn ymwneud â sut dylid cyfarch pobl hŷn. Efallai y bydd pobl wedi'u gwahardd rhag y canlynol: edrych yn uniongyrchol ar bobl hŷn wrth siarad â nhw, torri ar eu traws, bod yn anufudd iddyn nhw neu anghytuno'n agored â nhw. Gallwn weld yn yr enghraifft hon sut gall un gwerth neu egwyddor gyffredinol (parch at bobl hŷn) fod yn sail i nifer o reolau neu normau ymddygiad penodol.

GWEITHGAREDD	**Ymchwil**
Normau	Ewch i Hwb: www.hwb.gov.wales/

Codau moesol

Mae'r term 'cod moesol' (neu 'cod moesegol' neu 'cod moeseg') yn aml yn cael ei ddefnyddio i ddisgrifio set o reolau, gwerthoedd ac egwyddorion cyffredinol sydd gan unigolyn, grŵp, sefydliad neu gymdeithas gyfan.

Gall cod moesol neu god moeseg fod yn ysgrifenedig. Er enghraifft, mae Cod Moeseg yr Heddlu yn ganllaw ysgrifenedig sy'n amlinellu'r egwyddorion a'r safonau craidd mae disgwyl i swyddogion eu dilyn yn y gwaith.

Mae Cod yr Heddlu yn cynnwys naw egwyddor plismona: atebolrwydd, uniondeb, bod yn agored, tegwch, arweinyddiaeth, parch, gonestrwydd, gwrthrychedd ac anhunanoldeb. Er enghraifft, ystyr egwyddor tegwch yw bod rhaid i swyddogion wrthwynebu gwahaniaethu, a gwneud penderfyniadau heb ragfarn. Mae rhai heddluoedd bellach yn gofyn i swyddogion lofnodi'r Cod i ddangos eu hymrwymiad i'r egwyddorion.

GWEITHGAREDD / Codau moesol

Ysgrifennwch eich cod moesol personol. Beth yw'r egwyddorion, y credoau a'r gwerthoedd allweddol rydych chi'n credu y dylech chi eu dilyn yn eich bywyd?

Diffinio gwyredd

Ystyr gwyredd yw unrhyw ymddygiad sy'n wahanol i'r arfer. Hynny yw, mae'n ymddygiad sy'n anarferol neu'n anghyffredin mewn rhyw ffordd. Mae ymddygiad anarferol yn gallu digwydd mewn tair ffordd wahanol:

- **Ymddygiad sy'n anarferol ac yn *dda***, fel peryglu eich bywyd eich hun i achub rhywun arall.
- **Ymddygiad sy'n anarferol ac yn *ecsentrig neu'n rhyfedd***, fel siarad â'r coed yn y parc, neu gasglu llawer iawn o hen bapurau newydd.
- **Ymddygiad sy'n anarferol ac yn *ddrwg neu ddim yn cael ei gymeradwyo***, fel ymosod ar rywun yn gorfforol am ddim rheswm.

Er bod yr holl ddiffiniadau hyn o wyredd yn ddilys, yr olaf yw'r mwyaf perthnasol i droseddegwyr. Mae'r math hwn o wyredd yn golygu gwneud rhywbeth sydd wedi'i wahardd neu sy'n cael ei ystyried yn annerbyniol. Mewn geiriau eraill, mae'n golygu torri rheol neu norm o ryw fath.

Mae'r weithred o dorri rheolau yn arwain at ymateb beirniadol, gwrthwynebus neu anfodlon gan bobl eraill. Weithiau bydd y 'bobl eraill' hyn yn gymdeithas gyfan neu'n is-grŵp mewn cymdeithas, a gallan nhw ymateb drwy gosbi'r unigolyn gwyrdroëdig mewn rhyw ffordd.

GWEITHGAREDD / Clip fideo

Diffinio gwyredd   Ewch i Hwb: www.hwb.gov.wales/

Mathau o wyredd Mae gan gymdeithasau lawer o reolau gwahanol, ac felly gall gwyredd, sy'n golygu torri'r rheolau hyn, fod ar sawl ffurf wahanol. Gall gwyredd amrywio o weithredoedd hynod o ddifrifol fel treisio, llosgi bwriadol neu lofruddio i bethau dibwys iawn fel gwthio i flaen ciw.

Sancsiynau ffurfiol ac anffurfiol yn erbyn gwyredd

Dydy mathau o wyredd sy'n cael eu hystyried yn ganmoladwy neu'n rhyfedd ddim yn tueddu i arwain at gosb. Fodd bynnag, mae gwyredd nad yw'n cael ei gymeradwyo yn debygol o arwain at sancsiynau negyddol – hynny yw, gwahanol fathau o gosbau.
Gall sancsiynau fod yn ffurfiol neu'n anffurfiol:

- **Sancsiynau ffurfiol** Yn cael eu rhoi gan gyrff swyddogol fel yr heddlu, llysoedd, ysgolion a sefydliadau eraill. Cosbau yw'r rhain am dorri rheolau neu gyfreithiau ysgrifenedig ffurfiol. Er enghraifft, efallai bydd llys yn rhoi dirwy i droseddwr am ddwyn; gall ysgolion wahardd disgyblion am fwlio.
- **Sancsiynau anffurfiol** Yn cael eu defnyddio yn achos rheolau sydd ddim yn ysgrifenedig nac yn ffurfiol. Pan fydd rhywun yn torri'r rheolau hyn, bydd pobl eraill yn dangos eu hanfodlonrwydd mewn ffyrdd anffurfiol, fel gwrthod siarad â'r unigolyn, dweud y drefn ac ati.

> **Cwestiwn**
>
> Pa sancsiynau anffurfiol gallech chi eu defnyddio pe bai ffrind yn eich siomi chi mewn rhyw ffordd?

Sancsiynau cadarnhaol Gall sancsiynau hefyd fod yn gadarnhaol, fel gwobrau am ymddygiad mae cymdeithas yn ei gymeradwyo. Mae rhoi medalau am ddewrder neu gyflawniad ym maes chwaraeon, a chanmoliaeth gan riant neu athro, yn enghreifftiau posibl. Yn yr un modd â sancsiynau negyddol, gallan nhw fod yn ffurfiol neu'n anffurfiol.

Rheolaeth gymdeithasol Mae pob sancsiwn – yn ffurfiol neu'n anffurfiol, yn gadarnhaol neu'n negyddol – yn fath o reolaeth gymdeithasol. Hynny yw, drwy sancsiynau, gall cymdeithas geisio rheoli ein hymddygiad a sicrhau ein bod ni'n cydymffurfio â'i normau ac yn ymddwyn fel mae eraill yn disgwyl i ni ei wneud.

GWEITHGAREDD / **Trafodaeth**

Sancsiynau yn erbyn gwyredd

Ewch i Hwb: www.hwb.gov.wales/

Diffinio ymddygiad troseddol

Wrth ddiffinio ymddygiad troseddol, man cychwyn defnyddiol yw dweud ei fod yn fath o wyredd sy'n ymwneud â gweithredoedd difrifol, niweidiol yn erbyn cymdeithas. Gan fod y gweithredoedd hyn yn cael eu hystyried yn niweidiol iawn, mae'n rhaid i'r wladwriaeth ymyrryd ar ran cymdeithas i'w gwahardd a'u cosbi yn ôl y gyfraith. Felly mae angen edrych yn gyntaf ar y diffiniad cyfreithiol o ymddygiad troseddol.

Y diffiniad cyfreithiol o ymddygiad troseddol

Yn ôl y gyfraith, ymddygiad troseddol yw unrhyw weithred sydd wedi'i gwahardd gan gyfraith trosedd. Fel arfer, er mwyn i lys farnu bod gweithred diffynnydd yn drosedd, rhaid bod dwy elfen benodol gan y weithred:

- **actus reus,** term Lladin sy'n golygu 'gweithred euog'
- **mens rea,** term Lladin sy'n golygu 'meddwl euog'.

Mewn geiriau eraill, rhaid bod y diffynnydd wedi gwneud rhywbeth mae'r gyfraith yn ei wahardd a rhaid ei fod wedi bwriadu gwneud rhywbeth drwg. Fodd bynnag, mae dau eithriad pwysig i'r egwyddor hon:

Atebolrwydd caeth Mewn rhai achosion, does dim angen mens rea – mae'r weithred ddrwg ei hun yn ddigon i gael rhywun yn euog. Mae llawer o ddeddfau iechyd a diogelwch yn gweithredu ar y sail hon. Mae perchennog ffatri sy'n esgeulus ac sy'n methu â diogelu peiriannau peryglus yn atebol am anafiadau i'r gweithwyr o ganlyniad i hyn, hyd yn oed os nad oedd yn bwriadu anafu'r gweithwyr.

Mae'r rhan fwyaf o droseddau atebolrwydd caeth yn droseddau 'rheoleiddiol': eu nod yw rheoleiddio'r ffordd mae busnesau yn ymddwyn. Fodd bynnag, mae atebolrwydd caeth hefyd yn berthnasol i sefyllfaoedd eraill, fel goryrru neu wylio'r teledu heb drwydded. Mae'r rhain yn droseddau, hyd yn oed os nad oeddech chi'n bwriadu gwneud rhywbeth o'i le.

Hunanamddiffyniad Mae ymosod ar rywun (actus reus) gyda'r bwriad o'i anafu (mens rea) fel arfer yn weithred droseddol. Fodd bynnag, os yw'r unigolyn yn amddiffyn ei hun, nid yw'n drosedd – cyhyd â bod yr unigolyn wedi defnyddio grym rhesymol yn y sefyllfa.

Y diffiniad cymdeithasol o ymddygiad troseddol

Er bod llawer o weithredoedd niweidiol yn droseddau yn llygad y gyfraith, dydy pob gweithred niweidiol ddim yn drosedd. Er enghraifft, mae deddfau gwrth-lygredd yn aml yn nodi faint o lygrydd gall cwmni ei ollwng yn gyfreithiol, er y bydd hyn yn dal yn niweidiol i'r amgylchedd. A dydy pob trosedd ddim bob amser yn niweidiol iawn. Mae rhai mân weithredoedd neu rai heb ddioddefwyr yn dal i gael eu hystyried yn droseddau.

Felly, yn hytrach na dibynnu'n llwyr ar y diffiniad cyfreithiol, gallwn ni gael gwell dealltwriaeth o ymddygiad troseddol drwy ystyried sut mae'n cael ei ddiffinio yn gymdeithasol. Mae'r agweddau canlynol yn cyfrannu at hyn.

Safbwyntiau gwahanol

Yn aml, bydd safbwynt y cyhoedd am ba weithredoedd sy'n droseddau 'go iawn' yn wahanol i'r diffiniadau cyfreithiol o droseddau. Er enghraifft, mae'n bosibl na fydd y bobl ganlynol yn eu hystyried eu hunain yn droseddwyr: pobl sy'n osgoi talu am docynnau teithio; pobl sy'n gyrru ychydig yn gyflymach na'r terfyn cyflymder; defnyddwyr cyffuriau meddal; gweithwyr sy'n mynd â deunydd ysgrifennu o'r swyddfa.

Gorfodi'r gyfraith

Nid yw pob deddf droseddol yn cael ei gorfodi; mae rhai yn isel iawn ar restr flaenoriaethau'r heddlu. Er enghraifft, mae troseddau coler wen yn aml yn gymhleth, ac yn cymryd llawer o amser ac arian i ymchwilio iddyn nhw a'u herlyn. Weithiau, bydd yr heddlu'n barnu bod gorfodi'r gyfraith yn erbyn bod ym meddiant cyffuriau meddal yn amhoblogaidd ac yn wastraff amser.

Deddfu

Dydy pob un o'r gweithredoedd a ddylai gael eu hystyried yn droseddau ym marn y cyhoedd ddim wedi'u gwahardd drwy ddeddf. Yn aml, mae'r gweithredoedd sy'n cael eu gwneud yn anghyfreithlon yn swyddogol yn dibynnu ar bwy sydd â'r grym i ddylanwadu ar lunwyr deddfau, fel y cyfryngau, carfanau pwyso neu fusnesau mawr.

Weithiau, bydd deddfau'n cael eu newid i adlewyrchu newidiadau ym marn y cyhoedd – e.e. bydd llunwyr deddfau yn dad-droseddoli rhai gweithredoedd, ac yn diffinio gweithredoedd eraill, a oedd yn arfer bod yn gyfreithlon, fel troseddau. Er enghraifft, doedd stelcio ddim yn drosedd benodol nes i'r Ddeddf Diogelu Rhyddidau gael ei phasio yn 2012.

A yw'r ymdrechion i orfodi'r gyfraith yn erbyn goryrru yn ddigon?

Fodd bynnag, does dim perthynas glir ac uniongyrchol rhwng yr hyn a ddylai neu na ddylai fod yn drosedd ym marn y cyhoedd, a'r hyn mae'r gyfraith ei hun yn dweud sydd *yn* drosedd. Weithiau, bydd deddf amhoblogaidd yn parhau i fod mewn grym, neu bydd gweithred mae'r rhan fwyaf o bobl yn ei beirniadu'n gryf yn dal i fod yn gyfreithlon. Bydd Testun 1.2 yn edrych yn fwy manwl ar newidiadau yn y gyfraith.

Gweithredoedd sy'n droseddol

O ran y diffiniad cyfreithiol, gweithredoedd troseddol yw rhai sy'n torri'r gyfraith. Fodd bynnag, mae sawl math gwahanol o weithred drosedol, a gallwn ni eu grwpio yn ôl eu difrifoldeb neu destun y drosedd.

Difrifoldeb y drosedd

Yn y DU, mae'r gyfraith yn gwahaniaethu rhwng dau brif fath o drosedd:

- **Troseddau diannod** Mae'r troseddau hyn yn llai difrifol, fel mân droseddau gyrru. Maen nhw'n mynd gerbron ynadon.

- **Troseddau ditiadwy** Mae'r troseddau hyn yn fwy difrifol, fel treisio neu lofruddiaeth. Maen nhw'n mynd i Lys y Goron gerbron barnwr a rheithgor. Mae'r dedfrydau posibl yn fwy llym.

Yn y gorffennol, roedd cyfraith Cymru a Lloegr yn arfer gwahaniaethu rhwng camymddygiad (mân droseddau) a ffeloniaethau (troseddau difrifol). Mae cyfraith UDA yn dal i wahaniaethu yn y modd hwn.

Natur y drosedd

Gallwn ni hefyd grwpio troseddau yn ôl natur y weithred ei hun. Er enghraifft, a yw'n drosedd dreisgar neu'n drosedd anonest? Dyma rai o brif gategorïau troseddau ditiadwy.

- **Troseddau treisgar,** e.e. llofruddiaeth, dynladdiad ac ymosod.
- **Troseddau rhyw,** e.e. treisio, masnachu rhywiol, a pharatoi pobl i bwrpas rhywiol.
- **Troseddau yn erbyn eiddo,** e.e. bwrgleriaeth, dwyn a lladrata.
- **Twyll a ffugio,** e.e. achosion o dwyll gan gyfarwyddwyr cwmnïau.
- **Difrod troseddol,** e.e. llosgi bwriadol.
- **Troseddau cyffuriau,** e.e. cyflenwi neu fod ym meddiant heroin.
- **Troseddau yn erbyn y drefn gyhoeddus,** e.e. terfysg ac anhrefn treisgar.

Sancsiynau ffurfiol yn erbyn troseddwyr

Sancsiynau ffurfiol yw cosbau wedi'u gosod gan y gyfraith y gellir eu defnyddio yn erbyn pobl sydd wedi'u dedfrydu'n euog o drosedd. Mae'r sancsiynau hyn yn amrywio yn ôl difrifoldeb y drosedd. Weithiau bydd y llysoedd neu'r heddlu'n gorfodi'r sancsiynau, yn dibynnu ar y drosedd.

Sancsiynau yn y llys

Dedfrydau carcharol

Gall troseddau difrifol gael eu cosbi â dedfryd garcharol *(custodial sentence)*: mewn carchar neu mewn sefydliad i droseddwyr ifanc. Gall hyd y ddedfryd amrywio o rai dyddiau, hyd at garchar am oes yn achos llofruddiaeth.

Mae carcharorion sydd wedi'u dedfrydu i garchar am oes fel arfer yn gymwys i wneud cais am barôl ar ôl tua 15 mlynedd, ond gall llysoedd ymestyn y ddedfryd mewn achosion mwy difrifol.

Hyd nes 2012, roedd llysoedd hefyd yn gallu gosod dedfrydau penagored (rhai heb ddyddiad rhyddhau penodol) os oedd y troseddwr yn berygl i'r cyhoedd. Yn yr achosion hyn, y bwrdd parôl sy'n penderfynu a yw'r carcharor yn barod i gael ei ryddhau, a phryd.

Dedfrydau cymunedol

Mae'r dedfrydau hyn yn cael eu bwrw yn y gymuned yn hytrach nag yn y carchar. Dyma rai enghreifftiau: gorchmynion prawf, cyfyngiadau fel cyrffyw, mynychu cyrsiau rheoli dicter, profion cyffuriau gorfodol a gorchmynion triniaeth, a thalu'n ôl i'r gymuned (gwneud gwaith di-dâl yn y gymuned, e.e. glanhau graffiti).

Dirwyon Cosb ariannol yw dirwy. Mae maint y ddirwy yn dibynnu ar ddifrifoldeb y drosedd, a yw'r troseddwr wedi aildroseddu, ac a yw'n gallu talu'r ddirwy. Weithiau bydd y troseddwr yn cael yr hawl i dalu fesul tipyn.

Cerflun ar ben llys yr Old Bailey, Llundain, yn cynrychioli cyfiawnder. Mae hi'n gwisgo mwgwd dros ei llygaid ac yn gafael mewn cleddyf a chlorian. Beth yw ystyr hyn?

Rhyddhad Mae *rhyddhad amodol* yn golygu bod y troseddwr yn cytuno i beidio â throseddu eto yn ystod cyfnod penodol. Os bydd yn troseddu yn ystod y cyfnod hwn, gall y llys osod dedfryd ar gyfer y drosedd wreiddiol yn ogystal â'r un newydd.

Gall y llys ganiatáu *rhyddhad diamod* os yw'r diffynnydd yn euog yn dechnegol ond byddai ei gosbi yn amhriodol. Nid yw hyn yn cael ei ystyried yn euogfarn.

Sancsiynau'r heddlu

Yn achos rhai mân droseddau, gall yr heddlu gosbi troseddwyr heb fynd i'r llys, drwy roi rhybuddion neu hysbysiadau cosb.

Rhybuddion Gall yr heddlu neu Wasanaeth Erlyn y Goron roi rhybudd i unrhyw un 10 oed neu'n hŷn am fân droseddau fel graffiti. Maen nhw wedi'u hanelu at droseddau effaith isel, a phobl sy'n troseddu am y tro cyntaf. Mae'n rhaid i chi gyfaddef i'r drosedd a chytuno i dderbyn rhybudd.

Gallwch chi gael eich arestio a'ch cyhuddo os nad ydych chi'n derbyn y rhybudd. Er nad yw rhybudd yn euogfarn droseddol, mae'n bosibl ei ddefnyddio fel tystiolaeth yn eich erbyn os byddwch chi'n mynd i'r llys am drosedd arall.

Rhybuddion amodol Mae rhybudd amodol yn golygu bod rhaid cadw at rai rheolau a chyfyngiadau penodol, fel cael triniaeth ar gyfer camddefnyddio cyffuriau. Os byddwch chi'n torri'r amodau, gallech chi gael eich cyhuddo o drosedd.

Hysbysiadau cosb am anhrefn Y gosb am fân droseddau fel dwyn o siopau neu bod ym meddiant canabis. Ni fyddwch chi'n cael euogfarn os ydych chi'n talu'r ddirwy. Os ydych chi'n anghytuno â'r hysbysiad cosb, gallwch chi gael ei galw gerbron llys.

Goblygiadau eraill wrth gyflawni gweithred droseddol

Yn ogystal â'r gosb sy'n cael ei rhoi gan y llys, bydd y troseddwr hefyd yn derbyn cofnod troseddol. Yn dibynnu ar y drosedd a dedfryd y llys, mae goblygiadau eraill yn bosibl i'r troseddwr:

- Cael ei wahardd rhag cael swyddi penodol, e.e. gweithio gyda phobl ifanc.
- Cael ei roi ar y Gofrestr Troseddwyr Treisgar a Throseddwyr Rhyw.
- Cael ei wahardd rhag teithio i rai gwledydd heb fisa arbennig.
- Cyfyngiadau ar fabwysiadu, gwasanaeth rheithgor a sefyll am swydd etholedig. Efallai bydd y troseddwr yn gorfod datgan unrhyw euogfarn heb ei disbyddu *(unspent conviction)* wrth gael yswiriant.

GWEITHGAREDD / **Clip fideo**

Dedfrydu

Ewch i Hwb: www.hwb.gov.wales/

Gweithredoedd sy'n wyrdroëdig ac yn droseddol

Mae'r rhan fwyaf o weithredoedd sy'n droseddau yn cael eu hystyried yn wyrdroëdig – hynny yw, maen nhw'n waharddedig neu'n annerbyniol. Mae gweithredoedd fel llofruddiaeth yn cael eu hystyried yn ofnadwy ac yn annioddefol fwy neu lai ym mhob cyd-destun. Wrth gwrs, dyma un rheswm pam mae'r mathau hyn o wyredd yn droseddau yn y lle cyntaf – er mwyn mynegi anfodlonrwydd llwyr y gymdeithas drwy roi cosb swyddogol a difrifol.

Troseddol ond ddim yn wyrdroëdig?

Fodd bynnag, dydy pob gweithred sy'n drosedd ddim yn ddifrifol iawn, ac mae'n bosibl na fydd rhai o'r gweithredoedd hyn yn cael eu hystyried yn wyrdroëdig iawn, hyd yn oed. Er enghraifft, er bod meddu ar ganabis yn drosedd, dydy rhai pobl ddim yn ystyried hyn yn ymddygiad gwael.

I gymhlethu'r sefyllfa ymhellach, dydy pawb yn y gymdeithas ddim o reidrwydd yn cytuno wrth ystyried a yw trosedd benodol yn wyrdroëdig mewn gwirionedd. Er enghraifft, ym marn llawer o bobl eraill, mae bod ym meddiant canabis yn anghywir yn foesol ac felly'n wyrdroëdig.

Gwyrdroëdig ond ddim yn droseddol?

Ar y llaw arall, dydy gweithredoedd sy'n wyrdroëdig (ym marn rhai) ddim bob amser yn droseddau. Er enghraifft, mae gweithredoedd cyfunrywiol rhwng oedolion cydsyniol yn gyfreithlon yn y DU erbyn hyn, ond mae rhai pobl yn dal i ystyried eu bod yn anghywir yn foesol ac felly'n wyrdroëdig.

Mae'r math hwn o fater yn aml yn codi pan fydd agweddau cymdeithasol yn newid. Bydd agweddau'n dechrau newid tuag at ymddygiad a oedd yn anghyfreithlon o'r blaen ac a oedd yn cael ei ystyried yn wyrdroëdig gan bawb, fwy neu lai. Bydd rhai pobl yn dechrau ystyried yr ymddygiad yn dderbyniol, a gall hyn arwain at newid yn y gyfraith. Fodd bynnag, ar yr un pryd, bydd pobl eraill yn parhau i ystyried yr ymddygiad yn wyrdroëdig, er bod y gyfraith wedi newid. Mae agweddau tuag at gyfunrywioldeb ac erthyliad yn enghreifftiau o hyn.

PROFI EICH HUN

Cwestiwn ymarfer

Cymharwch droseddoldeb a gwyredd gan gyfeirio at enghreifftiau perthnasol.　　　　　(6 marc)

> *Ffynhonnell: arholiad CBAC Troseddeg Uned 2 2017*

Cyngor

Ar gyfer y cwestiwn hwn, mae angen edrych ar yr hyn sy'n wahanol *a'r* hyn sy'n debyg rhwng troseddoldeb a gwyredd. Dechreuwch drwy ddiffinio gwyredd fel rhywbeth sy'n mynd yn groes i normau cymdeithasol neu ymddygiad disgwyliedig, a rhowch rai enghreifftiau. Dylai o leiaf un o'ch enghreifftiau fod yn wyredd sy'n cael ei ystyried yn niweidiol, ond mae'n iawn cynnwys enghraifft o wyredd nad yw'n achosi niwed (e.e. ymddygiad rhyfedd fel byw gyda 50 o gathod) neu wyredd buddiol (e.e. peryglu eich bywyd eich hun i achub dieithryn) hefyd.

Nesaf, ddiffiniwch droseddoldeb fel rhywbeth sy'n torri cyfraith trosedd ffurfiol. Yna rhowch rai enghreifftiau o droseddau. Gallech chi hefyd gyfeirio at sancsiynau ffurfiol ac anffurfiol posibl ar gyfer yr enghreifftiau o drosedd rydych chi wedi'u cynnig.

Gallwch chi nodi bod rhai mathau o ymddygiad yn droseddol ac yn wyrdroëdig – gall y ddau orgyffwrdd – ond bod mathau eraill o ymddygiad yn droseddol ond ddim wedi'u hystyried yn wyrdroëdig ar y cyfan (e.e. bod ym meddiant canabis), neu wedi'u hystyried yn wyrdroëdig ond ddim yn droseddol (fel neidio i flaen y ciw). Hefyd, nodwch fod yr hyn mae pobl yn ei feddwl am weithred benodol (hynny yw, yn wyrdroëdig, yn droseddol neu'r ddau) yn gallu newid dros amser.

Esbonio'r lluniad cymdeithasol o droseddoldeb

Man cychwyn

Gan weithio gyda phartner:

1. Gwnewch restr o enghreifftiau o'r canlynol:

   a Gweithredoedd sy'n anghyfreithlon yn y DU ond sy'n gyfreithlon mewn gwledydd eraill

   b Gweithredoedd sy'n gyfreithlon yn y DU ond sy'n anghyfreithlon mewn gwledydd eraill

   c Gweithredoedd a oedd yn arfer bod yn anghyfreithlon yn y DU ond sydd bellach yn gyfreithlon

   ch Gweithredoedd a oedd yn arfer bod yn gyfreithlon yn y DU ond sydd bellach yn anghyfreithlon.

   Allwch chi feddwl am unrhyw resymau dros y gwahaniaethau?

2. Allwch chi feddwl am sefyllfaoedd lle gallai'r un weithred gael ei hystyried naill ai'n gyfreithlon *neu'n* anghyfreithlon?

3. Rhannwch eich syniadau â'r dosbarth. Pa gasgliadau gallwch chi eu llunio ynglŷn â sut a pham mae gweithredoedd yn cael eu diffinio fel rhai anghyfreithlon?

Beth yw'r lluniad cymdeithasol o droseddoldeb?

Mae'r term 'lluniad cymdeithasol' yn cyfeirio at rywbeth sydd wedi cael ei wneud neu ei ddiffinio ('ei lunio') gan gymdeithas, yn hytrach na digwydd yn naturiol. Mae natur troseddoldeb yn dibynnu ar y gweithredoedd mae cymdeithas yn eu *diffinio* fel troseddau. Ac wrth gwrs, gall un gymdeithas neu ddiwylliant benderfynu bod gweithred benodol yn drosedd a phasio deddf yn ei herbyn, ond gall diwylliant arall ystyried nad oes dim o'i le ar y weithred honno. Yn yr un modd, wrth i gymdeithas newid dros amser, mae ei syniadau ynglŷn â beth yw trosedd yn gallu newid hefyd.

GWEITHGAREDD / Clip fideo

Lluniad cymdeithasol

Ewch i Hwb: www.hwb.gov.wales/

Bydd y ddwy adran nesaf yn ystyried sut mae deddfau'n amrywio o un diwylliant i'r llall, sut mae deddfau cymdeithas yn newid dros amser, a'r syniad bod troseddoldeb yn lluniad cymdeithasol.

Sut mae deddfau'n newid o un diwylliant i'r llall

Mae llawer o enghreifftiau o sut mae deddfau – a'r hyn sy'n cael ei ystyried yn drosedd – yn newid neu'n amrywio o un diwylliant i'r llall.

Amlbriodas

Amlbriodas yw bod yn briod â mwy nag un gŵr neu wraig ar yr un pryd. Mae dau fath:

- **amlwreiciaeth**, sef dyn sydd â mwy nag un wraig
- **amlwriaeth**, sef menyw sydd â mwy nag un gŵr.

Ble mae hyn yn gyfreithlon? Mae amlwreiciaeth yn gyfreithlon mewn 58 gwlad, ond mae amlwriaeth wedi'i chyfyngu i lond llaw o gymdeithasau, yn bennaf ym mynyddoedd yr Himalaya. Mae'r rhan fwyaf o gymdeithasau lle mae amlbriodas yn gyfreithlon yn wledydd Mwslimaidd yn bennaf. Mewn 5 cymdeithas amlddiwylliannol â phoblogaeth Fwslimaidd fawr (India, Malaysia, y Pilipinas, Singapore a Sri Lanka), mae'r gyfraith yn caniatáu amlbriodas, ond ar gyfer Mwslimiaid yn unig.

Ble mae hyn yn drosedd? Mae amlbriodas yn erbyn y gyfraith yn y rhan fwyaf o wledydd. Mae llawer o wledydd Mwslimaidd yn gosod cyfyngiadau arno, ac mewn dwy wlad Fwslimaidd – Twrci a Tunisia – mae amlbriodas yn drosedd. Yn y DU, mae unrhyw un sy'n mynd drwy seremoni briodas er ei fod yn briod â rhywun arall yn euog o drosedd bigami. Y gosb i bobl sy'n euog o figami yw hyd at saith mlynedd yn y carchar, dirwy, neu'r ddau.

Rhesymau pam mae'r gyfraith yn wahanol o un diwylliant i'r llall

- **Crefydd** Mae'r Qur'an yn caniatáu i ddynion Mwslimaidd briodi hyd at bedair gwraig, ac mae hyn wedi'i adlewyrchu yng nghyfreithiau'r rhan fwyaf o wledydd â phoblogaeth Fwslimaidd yn bennaf. Yn UDA, roedd amlbriodas yn gyffredin yn yr Eglwys Formonaidd tan 1890, ac mae'r arfer anghyfreithlon hwn yn parhau ymhlith rhai grwpiau Mormonaidd ffwndamentalaidd.
- **Traddodiad** Roedd amlbriodas yn gyffredin mewn rhai cymdeithasau Affricanaidd, ond mae'r arfer wedi dod yn llawer llai cyffredin dros y degawdau diwethaf.

Godineb

Ystyr godineb yw gweithred rywiol rhwng dau unigolyn, ac mae'n rhaid i un neu'r ddau ohonyn nhw fod yn briod â rhywun arall. Fodd bynnag, gall yr hyn sy'n cael ei ystyried yn 'weithred rywiol' amrywio o un diwylliant neu wladwriaeth i'r llall.

Ble mae hyn yn drosedd? Mae'r rhan fwyaf o gymdeithasau sy'n ystyried godineb yn drosedd yn wledydd â phoblogaeth Mwslimaidd yn bennaf. Ond mae sawl gwlad â phoblogaeth

Yr amlwreiciwr Alex Joseph a'i wragedd yn ei gartref ar y ffin rhwng Nevada ac Utah, UDA.

Gristnogol yn bennaf yn Affrica yn ystyried godineb yn drosedd hefyd, yn ogystal â'r Pilipinas, Taiwan a 21 o daleithiau UDA. Mae'r gosb yn amrywio'n sylweddol – o labyddio pobl (lladd drwy daflu cerrig, er bod hyn yn brin), i'w curo â chansen (e.e. yn Malaysia ac Indonesia), i ddirwy (yn Rhode Island, UDA).

Ble mae hyn yn gyfreithlon? Yn y rhan fwyaf o wledydd, gan gynnwys y DU, nid yw godineb yn erbyn y gyfraith. Nid yw'n drosedd yn India ers 2018.

Rhesymau pam mae'r gyfraith yn wahanol o un diwylliant i'r llall

- **Crefydd** Mae'r rhan fwyaf o grefyddau yn condemnio godineb. Mae peidio â godinebu yn un o'r Deg Gorchymyn sy'n gyffredin i Gristnogaeth, Islam ac Iddewiaeth. Mewn cymdeithasau lle mae crefydd wedi cael dylanwad mawr ar ddeddfu, mae godineb yn aml yn drosedd.
- **Safle menywod** Mae deddfau yn erbyn godineb yn aml i'w cael mewn cymdeithasau lle mae safle menywod yn israddol iawn. Fel arfer, yn y cymdeithasau hyn, mae'r deddfau godinebu eu hunain yn anghyfartal.

Cyfunrywioldeb

Mae gweithredoedd rhywiol rhwng pobl o'r un rhyw yn drosedd mewn sawl gwlad.

Ble mae hyn yn drosedd? Mae cyfunrywioldeb rhwng dynion yn anghyfreithlon mewn 72 o wledydd, ac mae perthnasoedd lesbiaidd yn anghyfreithlon mewn 45 gwlad. Mewn 6 gwlad, gall euogfarn arwain at y gosb eithaf. Mewn rhai gwledydd, fel Rwsia, nid yw cyfunrywioldeb yn anghyfreithlon ond mae'r gyfraith yn gwahardd ei 'hybu'. Fodd bynnag, mewn llawer o wledydd lle nad yw cyfunrywioldeb yn drosedd, dydy cyplau cyfunrywiol ddim yn gallu priodi neu fabwysiadu.

Ble mae hyn yn gyfreithlon? Mae cyfunrywioldeb yn gyfreithlon yn y DU, Ewrop, a Gogledd a De America. Er ei fod yn drosedd mewn nifer o wledydd Mwslimaidd, mae'n gyfreithlon yn Indonesia, sef gwladwriaeth Fwslimaidd fwyaf y byd o ran poblogaeth.

Rhesymau pam mae'r gyfraith yn wahanol o un diwylliant i'r llall

- **Crefydd** Mae llawer o grefyddau, gan gynnwys Cristnogaeth, Islam ac Iddewiaeth, wedi condemnio cyfunrywioldeb yn draddodiadol. Os yw crefydd wedi cael dylanwad mawr ar ddeddfu mewn gwlad benodol, mae cyfunrywioldeb yn fwy tebygol o fod yn drosedd yn y wlad honno. Ar y llaw arall, mewn cymdeithasau seciwlar (lle mae crefydd yn llai dylanwadol), mae amrywiaeth rywiol yn fwy derbyniol yn ôl normau cymdeithasol.

- **Barn y cyhoedd** Mae arolygon gan Pew Research Center yn dangos bod gwahardd cyfunrywioldeb yn syniad mwy poblogaidd mewn rhai gwledydd. Mae crefydd yn ddylanwad cryf yn rhai o'r gwledydd hyn (er enghraifft, roedd 95% o bobl yr Aifft yn credu y dylai cyfunrywioldeb gael ei wrthod) ond dydy hynny ddim yn wir am rai o'r gwledydd eraill, fel Rwsia.

- **Rhywiaeth** O gofio bod cyfunrywioldeb rhwng dynion yn drosedd mewn mwy o wledydd na lesbiaeth, un rheswm posibl yw rhagdybiaethau rhywiaethol ymhlith y dynion a luniodd y deddfau – hynny yw, tybiaeth nad yw menywod yn gallu bod wedi'u denu at bobl o'r un rhyw.

Canabis

Mae'r deddfau sy'n ymwneud â chanabis yn amrywio'n sylweddol o gymdeithas i gymdeithas. Yn gyffredinol, nid yw bod ym meddiant canabis at ddefnydd personol yn cael ei ystyried mor ddifrifol â thyfu, mewnforio neu gyflenwi canabis.

Ble mae hyn yn drosedd? Yn y DU, y ddedfryd hiraf am fod ym meddiant canabis yw 5 mlynedd yn y carchar, a'r ddedfryd hiraf am gyflenwi'r cyffur yw hyd at 14 mlynedd. Fodd bynnag, mae dedfrydau fel arfer yn llawer llai llym, ac mae dirwy neu ryddhad yn gosb gyffredin yn achos bod ym meddiant canabis. Mae gan lawer o wledydd Ewropeaidd eraill ddeddfau tebyg yn ymwneud â chanabis.

Ble mae hyn yn gyfreithlon? Mae bod ym meddiant canabis wedi cael ei gyfreithloni mewn rhai lleoedd at ddefnydd hamdden neu feddygol personol. Mae lleoedd eraill hefyd wedi cyfreithloni gwerthu canabis, gan gynnwys Canada ac Uruguay. Fel mae Uned 1, Testun 1.3 wedi'i ddangos, mae rhai gwledydd, fel Portiwgal, wedi dad-droseddoli bod ym meddiant canabis at ddefnydd personol. Mae hyn yn golygu ei fod wedi cael ei ailddiffinio fel camymddygiad, neu fân dramgwydd. Mae'r unigolyn yn derbyn rhybudd yn hytrach na chosb fwy difrifol.

Rhesymau pam mae'r gyfraith yn wahanol o un diwylliant i'r llall

- **Normau a gwerthoedd gwahanol** Mae'r gwahaniaethau o ran y deddfau canabis i ryw raddau'n adlewyrchu'r gwahaniaethau o ran normau, gwerthoedd ac agweddau cymdeithasau. Bydd cymdeithasau sy'n rhoi mwy o bwyslais ar ryddid yr unigolyn yn ystyried defnyddio cyffuriau fel gweithred heb ddioddefwr neu fel hawl unigolyn i wneud yr hyn mae'n ei ddymuno â'i gorff ei hun.

- **Syniadau gwahanol ynglŷn â'r ffordd orau o reoli'r defnydd o gyffuriau** Yn ôl llunwyr deddfau mewn rhai cymdeithasau, y ffordd orau o atal cyffuriau rhag achosi niwed yw drwy gymryd camau llym i atal pobl rhag eu defnyddio. Maen nhw'n ffafrio cosbau troseddol llym hyd yn oed ar gyfer bod ym meddiant canabis gan ei fod, ym marn y bobl hyn, yn gyffur sy'n gallu arwain at ddibyniaeth ar gyffuriau caled fel heroin.

Ar y llaw arall, yn ôl llunwyr deddfau mewn cymdeithasau eraill, mae cyfreithloni neu ddaddroseddoli yn ffordd o dynnu canabis o ddwylo cyflenwyr troseddol a lleihau'r niwed drwy alluogi defnyddwyr i gael cymorth ar gyfer eu problemau.

Cwestiwn

Allwch chi feddwl am unrhyw ddadleuon eraill o blaid neu yn erbyn cyfreithloni bod ym meddiant canabis at ddefnydd personol?

Sut mae deddfau'n newid dros amser

Gall deddfau newid o un diwylliant i'r llall, ond maen nhw hefyd yn gallu newid dros amser mewn cymdeithas benodol. Er enghraifft, fel mae Uned 1, Testun 1.5 wedi'i ddangos, arweiniodd y panig moesol am rêfs anghyfreithlon a chŵn peryglus at newidiadau yn y gyfraith. Bydd yr adran hon yn edrych ar ragor o enghreifftiau o newidiadau yn y gyfraith sydd wedi digwydd dros amser.

Cyfunrywioldeb

Mae newidiadau sylweddol wedi bod i ddeddfau'n ymwneud â pherthnasoedd cyfunrywiol yn y DU dros y degawdau diwethaf.

Newidiadau dros amser

Yn y DU, daeth gweithredoedd cyfunrywiol rhwng dynion yn drosedd yn 1885, a'r ddedfryd hiraf oedd carchar am oes. Fodd bynnag, cafodd gweithredoedd cyfunrywiol rhwng dynion 21 oed neu'n hŷn eu cyfreithloni yng Nghymru a Lloegr yn 1967, yn yr Alban yn 1980 ac yng Ngogledd Iwerddon yn 1982 (doedd gweithredoedd lesbiaidd erioed wedi bod yn anghyfreithlon). Cafodd yr oedran cydsynio ei ostwng i 18 yn 1994, ac yna i 16 yn 2000 sef yr un oedran â phobl heterorywiol.

Cyflwynodd Prydain nifer o ddeddfau yn nhrefedigaethau'r Ymerodraeth Brydeinig. Yn 1861, daeth cyfunrywioldeb yn drosedd yn India pan gafodd deddf ei chyflwyno. Diddymwyd y ddeddf gan Oruchaf Lys India yn 2018, a dydy cyfunrywioldeb ddim yn drosedd erbyn hyn.

Rhesymau dros newid y gyfraith

Adroddiad Wolfenden Ar ôl yr Ail Ryfel Byd, roedd cynnydd yn nifer y dynion hoyw a gafodd eu herlyn, ac erbyn 1954 roedd dros 1,000 yn y carchar. Yn dilyn sawl treial yn ymwneud â phobl adnabyddus, sefydlodd y llywodraeth bwyllgor dan arweiniad Syr John Wolfenden i ystyried diwygio'r ddeddf.

Ar ôl casglu tystiolaeth gan yr heddlu, seiciatryddion, arweinwyr crefyddol a dynion hoyw (dienw), roedd adroddiad y pwyllgor a gyhoeddwyd yn 1957 yn argymell cyfreithloni gweithredoedd cyfunrywiol preifat rhwng oedolion cydsyniol dros 21 oed.

Ymgyrchoedd Roedd Cymdeithas Diwygio Cyfreithiau Cyfunrywiol, a oedd yn cynnwys pobl adnabyddus, wedi trefnu ymgyrch lwyddiannus i newid y gyfraith, gan gyfreithloni rhyw hoyw yn 1967. Yn dilyn ymgyrchoedd pellach gan Stonewall a'r Ymgyrch dros Gydraddoldeb Cyfunrywiol, cafodd yr oedran cydsynio ei wneud yn gyfartal, sef 16 oed.

Gwleidyddion Roedd unigolion fel Roy Jenkins yn cefnogi'r ymgyrch dros newid, ac ef gyflwynodd y ddeddfwriaeth angenrheidiol fel Ysgrifennydd Cartref yn 1967. Mae gweinidogion eraill wedi cyflwyno deddfwriaeth bellach ers hynny, fel Deddf Cydraddoldeb 2010 sy'n gwahardd gwahaniaethu ar sail cyfeiriadedd rhywiol.

Hawliau dynol Yn India y prif reswm dros y newid yn y gyfraith oedd penderfyniad y Goruchaf Lys, sef nad oes gan y wladwriaeth hawl i reoli bywydau preifat dinasyddion. Yn y DU, y pryder hwn am hawliau cyfartal oedd hefyd wrth wraidd y newidiadau yn y gyfraith ar gyfunrywioldeb.

Gwrthdystiad 'Pride'. Mae Stonewall wedi bod yn ymgyrchu dros hawliau cyfartal i bobl LHDT ers 1989.

Deddfau cyffuriau

Mae deddfau cyffuriau wedi newid dros amser mewn sawl gwlad. Mewn rhai achosion, mae bod ym meddiant rhai cyffuriau wedi dod yn drosedd, ond mewn achosion eraill mae wedi cael ei ddad-droseddoli, fel yn achos Portiwgal.

Newidiadau dros amser

Achos Portiwgal Dyma enghraifft ddiddorol. Yn 2001, newidiodd y gyfraith felly doedd bod ym meddiant cyffuriau ddim yn drosedd bellach ond yn dramgwydd sifil, os oedd y cyffuriau dan sylw yn llai na chyflenwad personol i bara 10 diwrnod. Roedd y ddeddf newydd yn berthnasol i gyffuriau 'caled' fel heroin a rhai 'meddal' fel canabis.

Mae'r cefndir i'r newid yn y gyfraith yn ddiddorol. Rhwng yr 1930au ac 1975, roedd Portiwgal yn gymdeithas 'gaeedig' o dan reolaeth unbennaeth adain dde llym (roedd Coca Cola wedi'i wahardd ac roedd angen trwydded ar ddinasyddion i fod yn berchen ar daniwr sigaréts!).

Ar ôl chwyldro yn 1975, daeth Portiwgal yn ddemocratiaeth, ac wrth i'r wlad ddod yn fwy agored, daeth llawer o gyffuriau i mewn. Yn fuan iawn, Portiwgal oedd â'r cyfraddau uchaf o ran caethiwed i heroin yn Ewrop, ac roedd nifer yr achosion o HIV yn cynyddu'n gyflym gan fod pobl a oedd yn gaeth i gyffuriau yn rhannu nodwyddau.

Iechyd y cyhoedd Y rhesymeg a oedd yn sail i ddad-droseddoli oedd bod angen edrych ar ddefnyddio cyffuriau o safbwynt iechyd y cyhoedd, ac anelu i leihau niwed, yn hytrach na chosbi'r weithred drwy'r system cyfiawnder troseddol. Mae defnyddwyr yn cael eu cyfeirio at wasanaethau iechyd a chymorth yn hytrach na chael eu herlyn.

Ers i'r ddeddf gael ei newid, mae gostyngiad mawr wedi bod yn y defnydd o gyffuriau. Mae achosion o HIV ymhlith pobl sy'n gaeth i gyffuriau fwy neu lai wedi diflannu, a Phortiwgal sydd â'r nifer lleiaf o farwolaethau oherwydd cyffuriau yn Ewrop erbyn hyn: tua 4 am bob miliwn o'r boblogaeth (y ffigur yng Nghymru a Lloegr yw tua 44 am bob miliwn).

Rhesymau dros newid y gyfraith

Y rheswm sylfaenol dros y newid oedd y twf sydyn a chyflym iawn o ran caethiwed i gyffuriau ym Mhortiwgal ar ôl 1975: erbyn yr 1990au, roedd un o bob 100 o'r boblogaeth yn gaeth i heroin. Arweiniodd hyn at alwadau am weithredu brys i fynd i'r afael â'r broblem.

Fel gwlad eithaf tlawd, y teimlad oedd y byddai'r ddeddf newydd hefyd yn lleihau'r costau a oedd yn deillio o'r defnydd o gyffuriau, ac mae un ffynhonnell yn awgrymu bod y costau hyn wedi lleihau 18%.

GWEITHGAREDD / **Clip fideo**

Cyfreithloni cyffuriau

Ewch i Hwb: www.hwb.gov.wales/

Deddfau rheoli gynnau

Newidiadau dros amser Yn y DU, newidiodd y deddfau yn ymwneud ag arfau tanio yn dilyn dau ddigwyddiad saethu torfol:

- Yn 1987, roedd Michael Ryan, a oedd yn ddi-waith, wedi saethu a lladd 16 o bobl yn Hungerford, Berkshire.
- Yn 1996, cafodd 16 o blant ac un athrawes eu saethu'n farw mewn ysgol gynradd yn Dunblane yn yr Alban gan Thomas Hamilton, cyn-arweinydd sgowtiaid a oedd yn ddi-waith.

Roedd gan Ryan a Hamilton drwydded gyfreithlon i fod yn berchen ar y rhan fwyaf o'r arfau gafodd eu defnyddio, gan gynnwys sawl gwn lled-awtomatig a oedd yn gallu saethu sawl rownd ar y tro.

O ganlyniad, cafodd y gyfraith ei thynhau yn 1997 yn dilyn ymchwiliad gan y llywodraeth o dan arweiniad cyn-farnwr, yr Arglwydd Cullen. O dan lywodraeth Geidwadol John Major, cafodd deddf ei chyflwyno yn gwahardd pob gwn llaw heblaw am arfau .22 un bwled. Yn dilyn buddugoliaeth y Blaid Lafur yn yr etholiad cyffredinol yn ddiweddarach y flwyddyn honno, cyflwynodd llywodraeth Tony Blair ail ddeddf, sef Deddf Arfau Tanio (Diwygio), a oedd yn gwahardd pob gwn llaw arall hefyd. Heblaw am rai arfau chwaraeon a hanesyddol, mae bod yn berchen ar wn llaw ym Mhrydain yn anghyfreithlon erbyn hyn.

Rhesymau dros newid y gyfraith

Y prif reswm dros y newid yn y gyfraith oedd ymateb blin y cyhoedd yn dilyn y digwyddiad yn Hungerford ac yn enwedig yn dilyn achos Dunblane. Fodd bynnag, roedd dwy ymgyrch bwysig wedi helpu i bwyso am newid yn y gyfraith:

- **Y Rhwydwaith Rheoli Gynnau** Cafodd ei sefydlu gan gyfreithwyr, academyddion a rhieni dioddefwyr i ymgyrchu dros gryfhau deddfau rheoli gynnau.
- **Ymgyrch Snowdrop** Cafodd ei sefydlu gan rieni a gollodd eu plant yn Dunblane a'u ffrindiau – roedd y grŵp wedi casglu 750,000 o lofnodion ar ddeiseb yn galw am newid y gyfraith.

GWEITHGAREDD / **Clip fideo**

Rheoli gynnau Ewch i Hwb: www.hwb.gov.wales/

Deddfau sy'n ymwneud â phlant

Mae plentyndod yn enghraifft dda iawn o luniad cymdeithasol. Er bod pawb yn fiolegol yn mynd drwy anaeddfedrwydd corfforol yn ystod blynyddoedd cynnar bywyd, mae'r ffordd mae cymdeithas wedi diffinio'r cyfnod hwn wedi amrywio'n sylweddol dros amser.

Ym Mhrydain heddiw, y syniad mwyaf cyffredin am blentyndod yw ei fod yn gyfnod arbennig o hapusrwydd – 'blynyddoedd gorau eich bywyd' (ond nid yw'r realiti o reidrwydd yn cyfateb i'r ddelfryd hon). Rydyn ni'n meddwl am blant mewn ffordd gwbl wahanol i oedolion: maen nhw'n agored i niwed, yn ddiniwed ac mae angen eu diogelu a'u meithrin. O ganlyniad, mae plant yn tueddu i gael eu cadw ar wahân i fyd oedolion a'i beryglon.

Newidiadau dros amser Fodd bynnag, nid dyma'r sefyllfa yn y gorffennol, o reidrwydd. Yn ôl yr hanesydd Philippe Ariès, 'doedd y syniad o blentyndod ddim yn bodoli' tan y drydedd ganrif ar ddeg. Roedd plant yn dechrau gweithio o oedran cynnar ac roedden nhw i bob pwrpas yn 'oedolion bach' â'r un hawliau a dyletswyddau â phawb arall. Yn aml doedd y gyfraith ddim yn gwahaniaethu rhwng plant ac oedolion, a gallai plant dderbyn cosbau yr un mor llym ag oedolion.

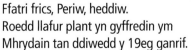

Ffatri frics, Periw, heddiw.
Roedd llafur plant yn gyffredin ym
Mhrydain tan ddiwedd y 19eg ganrif.

Dros amser, datblygodd y syniad bod plentyndod yn gam ar wahân mewn bywyd, a dechreuodd cymdeithas roi mwy o bwyslais ar blant. Mae rhieni yn buddsoddi llawer iawn yn eu plant – yn emosiynol ac yn ariannol – ac mae lles plant o ddiddordeb penodol i'r wladwriaeth.

Newidiadau yn y gyfraith

Yn sgil pryder cynyddol am les plant, mae newidiadau pwysig wedi cael eu cyflwyno i ddeddfau sy'n ymwneud â phant dros y ddwy ganrif ddiwethaf. Mae'r newidiadau hyn yn adlewyrchu'r newid o ran agwedd cymdeithas tuag at blentyndod dros amser.

- **Deddfau yn gwahardd plant rhag gwneud gwaith cyflogedig** Yn y bedwaredd ganrif ar bymtheg, roedd plant mor ifanc â chwech oed yn gweithio mewn melinau cotwm, pyllau glo a diwydiannau eraill. Drwy'r Deddfau Ffatrïoedd, cafodd cyflogi plant yn y gweithle ei wahardd yn raddol.
- **Addysg orfodol** Wedi'i chyflwyno yn 1880 i sicrhau addysg sylfaenol i bawb, ond roedd yn golygu hefyd nad oedd plant ar gael i wneud gwaith cyflogedig.
- **Deddfwriaeth diogelu plant a lles plant**, fel Deddf Plant 2004, a oedd yn sicrhau mai lles plentyn sydd wrth galon gwaith asiantaethau fel y gwasanaethau cymdeithasol.
- **Hawliau plant** Yn ôl y Ddeddf Plant, mae gan rieni 'gyfrifoldebau' yn hytrach na 'hawliau' mewn perthynas â phlant, ac yn ôl Confensiwn y Cenhedloedd Unedig ar Hawliau'r Plentyn (1989), hawliau sylfaenol plentyn yw yr hawl i gael gofal iechyd ac addysg, yr hawl i gael eu diogelu rhag camdriniaeth, a'r hawl i gyfrannu at benderfyniadau sy'n effeithio arnyn nhw, fel achosion cystodaeth.
- **Deddfau a pholisïau sy'n berthnasol i blant yn unig** Mae'r deddfau hyn – fel yr oedran cyfreithiol ar gyfer gweithgareddau penodol, o gael rhyw i ysmygu – yn atgyfnerthu'r syniad bod plant yn wahanol i oedolion a bod angen defnyddio rheolau gwahanol o ran eu hymddygiad.

Cwestiwn

A ddylai plant fod â'r un hawliau ag oedolion? Os felly, o ba oedran?

GWEITHGAREDD / **Ymchwil**

Terfynau oedran cyfreithiol

Ewch i Hwb: www.hwb.gov.wales/

Deddfau sy'n ymwneud â chosbau corfforol

Yn y gorffennol, roedd cosb gorfforol am ymddygiad troseddol yn gyffredin. Ar wahanol adegau yn hanes Prydain, gallai troseddwyr (yn dibynnu ar y drosedd) gael eu cosbi drwy'r dulliau canlynol:

- **Y gosb eithaf** (dienyddio) drwy eu crogi, nid yn unig am lofruddiaeth ond am droseddau llai difrifol hefyd. Er enghraifft, yn dilyn Deddf Du 1723, roedd dros 50 o droseddau dwyn a photsio yn droseddau cosb eithaf.
- **Cosbau corfforol** er enghraifft chwipio, curo â gwialen, marcio â haearn poeth a gosod mewn cyffion.

Newidiadau yn y gyfraith

Dros amser, cafodd nifer y troseddau a oedd yn arwain at y gosb eithaf eu lleihau, nes ei bod yn cael ei defnyddio ar gyfer teyrnfradwiaeth a llofruddiaeth yn unig. Cafodd y gosb eithaf ei diddymu'n llwyr ym Mhrydain yn 1965. Mae cosbau corfforol wedi diflannu'n raddol hefyd. Er enghraifft, daeth chwipio yn y lluoedd arfog i ben yn 1881, a chafodd pob math o gosb gorfforol ar gyfer troseddwyr eu gwahardd yn 1967.

Rhesymau dros y newidiadau

- Erbyn hyn, mae'r gosb eithaf yn cael ei hystyried yn rhywbeth sy'n mynd yn groes i'r hawl dynol mwyaf sylfaenol – yr hawl i fyw.

- Os oes achos o gamweinyddu cyfiawnder, sef pan fydd y person gafodd ei ddienyddio wedi'i gael yn ddieuog yn ddiweddarach, mae'n amhosibl gwneud dim am y peth.

- Nid yw'n ymddangos bod y gosb eithaf yn atal pobl rhag troseddu. Mae'r rhan fwyaf o achosion o lofruddiaeth yn digwydd yn gyflym iawn heb feddwl am y gosb bosibl.

- Mae rhai awduron yn dadlau bod y newidiadau yn y gyfraith wedi digwydd o ganlyniad i leihad mewn trais yn y tymor hir. Yn ôl Norbert Elias, mae cymdeithas wedi mynd drwy 'broses gwareiddio' dros y 500 mlynedd diwethaf. Mae hunanreolaeth wedi cael gwared ar yr angen am gosbau corfforol i reoli ymddygiad. Mae cymdeithas wedi symud i ffwrdd wrth drais corfforol, ac mae gwahardd digwyddiadau fel ymladd ceiliogod a dienyddio cyhoeddus yn dystiolaeth o hyn.

Cafodd Bentley ei grogi am lofruddiaeth yn 1953. Cafodd ei euogfarn ei dileu yn 1998.

Sut y gweithredir deddfau yn wahanol yn ôl yr amgylchiadau lle bydd gweithredoedd yn digwydd

Mewn egwyddor, mae'r gyfraith yn cael ei gweithredu yn yr un ffordd i bawb: dylai dau berson sydd wedi'u hamau o'r un drosedd gael eu trin yn yr un ffordd gan y system gyfiawnder. Fodd bynnag, nid yw hyn bob amser yn wir. Mae deddfau'n gallu cael eu gweithredu mewn sawl ffordd wahanol yn ôl yr amgylchiadau lle mae gweithred droseddol yn digwydd.

Gorfodi'r gyfraith mewn ffordd wahaniaethol

Dydy'r gyfraith ddim yn cael ei gorfodi'n gyfartal bob amser. Er enghraifft, fel mae Uned 1, Testun 1.5 wedi'i ddangos, mae panig moesol am droseddau penodol a chyd-destun y troseddau hyn yn gallu arwain at drin rhai troseddwyr yn fwy llym yn y llysoedd.

Panig moesol Roedd y rhai gafodd eu dyfarnu'n euog o fân droseddau, fel dwyn, yn ystod terfysgoedd Llundain yn 2011 yn fwy tebygol o dderbyn dedfryd garcharol nag achosion tebyg a gafodd eu cyflawni o dan amodau 'normal'. Yn yr un modd, gwelwyd dedfrydau mwy llym i'r bobl ifanc gafodd eu dyfarnu'n euog o droseddau yn ystod y panig moesol am y mods a'r rocers yn yr 1960au. Yn yr achosion hyn, pwrpas y dedfrydau llym oedd 'dysgu gwers i bobl ifanc' ac atal pobl eraill rhag troseddu.

Teipeiddiadau Mae gwaith Chambliss yn amlinellu ffordd arall y gall y gyfraith gael ei gorfodi mewn ffordd wahanol yn erbyn achosion tebyg. Roedd Chambliss yn astudio dau grŵp o bobl ifanc, y 'Saints' dosbarth canol a'r 'Roughnecks' dosbarth gweithiol. Er bod y ddau grŵp yn troseddu, gwelodd Chambliss fod yr heddlu yn gorfodi'r gyfraith yn fwy llym yn erbyn y Roughnecks.

Mae ymchwil Chambliss yn ategu gwaith Cicourel. Fel mae Uned 1, Testun 1.5 wedi'i ddangos, roedd Cicourel yn dadlau bod teipeiddiadau gan swyddogion yr heddlu – syniadau am y 'troseddwr nodweddiadol'. Er enghraifft, maen nhw'n fwy tebygol o amau unigolion dosbarth gweithiol na rhai dosbarth canol, felly bydd mwy o bobl o'r grŵp hwn yn cael eu harestio.

Yn yr un modd, daeth Piliavin a Briar i'r casgliad fod 'ffactorau sefyllfaol' yn chwarae rhan fawr ym mhenderfyniadau swyddogion yr heddlu i stopio neu arestio unigolyn. Ymhlith y ffactorau hyn mae dosbarth cymdeithasol, ethnigrwydd, oedran, agwedd yr unigolyn tuag at y swyddog, a'r lleoliad a'r amser. Felly gall dau unigolyn gwahanol gyflawni'r un drosedd ond efallai bydd un yn fwy tebygol o gael ei arestio na'r llall.

Oedran cyfrifoldeb troseddol

Gall dau berson gyflawni'r un weithred droseddol ond byddan nhw'n cael eu trin yn wahanol gan y gyfraith os yw un ohonyn nhw o dan yr oedran cyfrifoldeb troseddol. Ystyrir nad oes gan blant o dan yr oedran hwn y gallu i gyflawni trosedd. Y rhesymeg sy'n sail i hyn yw nad yw plant o dan oedran penodol yn gallu deall effaith lawn y weithred maen nhw wedi'i chyflawni, ac felly ni ellir eu dal yn gyfrifol amdani yn yr un ffordd.

Mae'r oedran cyfrifoldeb troseddol yn amrywio o le i le. Yr oedran yng Nghymru, Lloegr a Gogledd Iwerddon yw 10 oed. Does dim un wlad arall yn Ewrop lle mae'r oedran cyfrifoldeb troseddol yn is na hyn. Yn yr Alban, yr oedran cyfrifoldeb troseddol yw 12.

Cwestiynau

1. O ba oedran dylai plant gael eu dal yn gyfrifol am y troseddau maen nhw'n eu cyflawni?
2. O ba oedran dylai pobl ifanc wynebu yr un cosbau ag oedolion?

Llysoedd ieuenctid a chosbau i bobl ifanc Mae plant neu bobl ifanc sy'n troseddu yn cael eu trin yn wahanol gan y system gyfiawnder. Mae gan y rhan fwyaf o wledydd lysoedd ar wahân i ddelio â throseddwyr o dan oedran penodol.

Yng Nghymru a Lloegr, mae llysoedd ieuenctid yn llysoedd ynadon arbennig sy'n delio ag achosion sy'n ymwneud â phobl rhwng 10 ac 17 oed. Mae llysoedd ieuenctid yn llai ffurfiol: mae'r cyfreithwyr yn defnyddio enw cyntaf y diffynyddion, ac nid yw'r cyhoedd yn gallu mynd i mewn fel arfer. Dydy'r llys ddim yn gallu anfon unrhyw un i'r carchar, ond gall roi dedfrydau gan gynnwys gorchymyn cadw a hyfforddi i'w gyflawni mewn canolfan ddiogel.

Lladdiad

Mae tri amddiffyniad arbennig yn Neddf Lladdiadau 1957 sy'n bodoli ar gyfer trosedd llofruddiaeth yn unig, lle gall y diffynnydd bledio'n ddieuog er ei fod wedi lladd rhywun:

- **Ddim yn llawn gyfrifol** Os gall y diffynnydd ddangos bod ei gyflwr meddyliol wedi amharu'n sylweddol ar ei allu i lunio barn resymegol neu i ddeall yr hyn roedd yn ei wneud, mae hyn yn lleihau'r euogfarn i ddynladdiad.
- **Colli rheolaeth** Amddiffyniad rhannol sy'n gallu lleihau'r drosedd i ddynladdiad.
- **Awtomatiaeth** Rhaid i drosedd fod yn weithred wirfoddol – rhaid bod y diffynnydd wedi dewis ei chyflawni. Os gall y diffynnydd ddangos bod y weithred yn anwirfoddol, gall bledio amddiffyniad awtomatiaeth.

GWEITHGAREDD / **Ymchwil**

Barnwch chi

Ewch i Hwb: www.hwb.gov.wales/

PROFI EICH HUN

Cwestiwn ymarfer

Gan gyfeirio at enghreifftiau, dadansoddwch sut mae deddfau'n newid oherwydd amser, lle a diwylliant.

(9 marc)

Ffynhonnell: arholiad CBAC Troseddeg Uned 2 2017

Ateb Chloe

Mae deddfau'n bodoli i ddelio â throsedd, ac mae trosedd yn lluniad cymdeithasol, felly mae gweithred sy'n drosedd mewn un lle, diwylliant neu amser yn gallu bod yn gyfreithlon mewn un arall. Mae cyfunrywioldeb yn gyfreithlon ym Mhrydain erbyn hyn ond roedd yn anghyfreithlon cyn Deddf Troseddau Rhywiol 1967. Un rheswm dros hyn yw bod agweddau a gwerthoedd wedi newid. Rydyn ni bellach yn credu mewn hawliau dynol – does gan y wladwriaeth ddim hawl i ymyrryd mewn perthnasoedd personol. Rheswm arall yw seciwlareiddio. Roedd eglwysi yn gwrthwynebu cyfunrywioldeb, ond mae crefydd yn llai dylanwadol heddiw. Mae'r gyfraith hefyd wedi newid oherwydd ymgyrchwyr fel Stonewall, dylanwad Adroddiad Wolfenden ar farn y cyhoedd, a chefnogaeth gwleidyddion. Mae Deddf Priodas (Cyplau o'r un Rhyw) 2013 bellach yn rhoi hawl i gyplau o'r un rhyw briodi.

Yn y cyfamser, mae cyfunrywioldeb yn dal i fod yn anghyfreithlon mewn sawl lle, yn enwedig lle mae diwylliant crefyddol cryf: mae cyfunrywioldeb wedi'i wahardd mewn dros 70 o wledydd, ac mewn 6 gwlad gall arwain at ddedfryd o farwolaeth.

Mae deddfau rheoli gynnau yn y DU hefyd wedi newid dros amser oherwydd effaith cyflafan Dunblane a Hungerford, lle cafodd 33 o bobl eu lladd gan ddynion arfog a oedd yn defnyddio arfau dan drwydded gyfreithlon. Yn dilyn ymateb blin y cyhoedd, ymgyrchu gan y Rhwydwaith Rheoli Gynnau, a deiseb Snowdrop a oedd yn cynnwys 750,000 o lofnodion, roedd pwysau ar y llywodraeth i wahardd pob math o wn llaw yn 1997. Roedd yr hyn a oedd yn dderbyniol yn niwylliant Prydain ar un adeg bellach yn annerbyniol ac yn anghyfreithlon. I'r gwrthwyneb i hyn, yn UDA mae'r cyfansoddiad yn rhoi'r hawl i gario arfau, ac mae bod yn berchen ar wn mor gyffredin, mae'n norm diwylliannol i lawer o Americanwyr.

Mae deddfau cyffuriau yn amrywio o gyfnod i gyfnod ac o le i le. Ym Mhortiwgal roedd cynnydd enfawr yn nifer y bobl a oedd yn gaeth i gyffuriau ar ôl yr 1970au, gan achosi argyfwng iechyd cyhoeddus. Er mwyn mynd i'r afael â hyn, penderfynwyd dad-droseddoli bod ym meddiant cyffuriau a rhoi cyfle i ddefnyddwyr gael gofal iechyd yn hytrach na chael eu herlyn. Arweiniodd hyn at ostyngiad enfawr yn y defnydd o gyffuriau, achosion o HIV a marwolaethau oherwydd cyffuriau – mae hyn bellach 11 gwaith yn is nag yn Lloegr, lle mae bod ym meddiant cyffuriau yn dal i fod yn drosedd. Y prif resymau dros y newid oedd y newid o ran agwedd yr awdurdodau a'r angen i ddelio â'r effaith ar iechyd (a'r costau triniaeth sylweddol).

Yn olaf, gall gweithredoedd a oedd yn gyfreithlon ddod yn anghyfreithlon yn dilyn newidiadau o ran gwerthoedd diwylliannol neu ymgyrchoedd. Ym Mhrydain, mae llafur plant, y gosb eithaf a chosbau corfforol, a stelcio yn enghreifftiau o hyn.

Sidebar annotations:

> Cysylltiad da â lluniad cymdeithasol. Enghraifft berthnasol sy'n esbonio pam a sut cafodd y ddeddf ei newid.

> Cyferbyniad da i ddangos sut mae deddfau'n amrywio rhwng lleoedd a diwylliannau.

> Enghraifft dda a manwl. Yn dangos pam a sut cafodd y ddeddf ei newid: dicter y cyhoedd, ymgyrchu a newid diwylliannol.

> Enghraifft fanwl, wedi'i hesbonio'n dda, sy'n dangos y rhesymau dros y newid yn y gyfraith a'r canlyniadau.

> Dyma ffordd dda o gloi'r ateb, drwy ddangos sut gall gweithredoedd cyfreithlon ddod yn anghyfreithlon dros amser.

Sylwadau cyffredinol

Mae hwn yn ymateb Band Tri (band uchaf). Mae Chloe yn defnyddio sawl enghraifft fanwl sy'n dangos sut mae deddfau'n newid oherwydd amser, lle a diwylliant. Drwy roi enghreifftiau, mae hi'n esbonio sut digwyddodd y newidiadau, er enghraifft oherwydd ymgyrchu, pwysau gan y cyhoedd ac agweddau'r awdurdodau. Mae hi'n ymdrin â'r rhesymau dros y newidiadau, gan gynnwys newid o ran agweddau a gwerthoedd, yr argyfwng iechyd oherwydd cyffuriau, a dicter y cyhoedd yn sgil marwolaethau oherwydd gynnau. Mae hi'n defnyddio enghreifftiau fel cyfunrywioldeb, rheoli gynnau a chyffuriau i ddangos sut mae deddfau'n amrywio rhwng lleoedd a diwylliannau gwahanol.

Disgrifio damcaniaethau biolegol o droseddoldeb

Man cychwyn

Gan weithio gyda phartner, atebwch y cwestiynau canlynol.

1. Os yw rhywun yn dweud bod rhai pobl 'wedi'u geni'n droseddwyr', beth yw ystyr hyn?
2. Mae trosedd yn aml yn rhedeg yn y teulu. Beth yw'r rheswm dros hyn, yn eich barn chi?
3. Pam mae yfed gormod o alcohol weithiau'n arwain at ymddygiad troseddol? Pa fathau o droseddau rydych chi'n eu cysylltu ag alcohol?

Mae troseddegwyr wedi datblygu nifer o ddamcaniaethau am achosion trosedd, ond mae'n bosibl grwpio'r rhain yn dri phrif fath: damcaniaethau biolegol, unigolyddol a chymdeithasegol. Yn y testun hwn, byddwn ni'n disgrifio damcaniaethau biolegol o droseddoldeb. Yn y ddau destun nesaf, byddwn ni'n disgrifio damcaniaethau unigolyddol a chymdeithasegol.

Damcaniaethau biolegol o droseddoldeb

Y syniad sy'n sail i'r holl ddamcaniaethau biolegol o droseddoldeb yw bod troseddwyr yn wahanol yn fiolegol i bobl sydd ddim yn droseddwyr, ac mai'r gwahaniaeth hwn sy'n achosi iddyn nhw droseddu. Byddwn ni'n edrych ar bedwar math o esboniad biolegol ar gyfer troseddoldeb:

1. **Damcaniaethau ffisiolegol** sy'n canolbwyntio ar nodweddion corfforol troseddwyr
2. **Damcaniaethau genetig** sy'n ystyried bod troseddoldeb yn cael ei etifeddu
3. **Anhwylderau ac anafiadau i'r ymennydd** sy'n achosi i bobl droseddu
4. **Esboniadau biocemegol** sy'n cynnwys effaith hormonau ar droseddu.

Damcaniaethau ffisiolegol

Mae'r damcaniaethau biolegol hyn yn honni bod nodweddion corfforol troseddwyr yn wahanol i nodweddion pobl sydd ddim yn droseddwyr.

Damcaniaeth Lombroso: pobl sydd 'wedi'u geni'n droseddwyr'

Cafodd y ddamcaniaeth ffisiolegol gyntaf o droseddoleb ei chynnig gan feddyg o'r Eidal o'r enw Cesare Lombroso yn 1876. Dadleuodd fod troseddwyr yn wahanol yn gorfforol i bobl sydd ddim yn droseddwyr, a threuliodd lawer o flynyddoedd yn mesur ac yn cofnodi manylion pennau a wynebau miloedd o droseddwyr.

Ar sail y gwaith ymchwil hwn, daeth Lombroso i'r casgliad fod modd adnabod troseddwyr yn ôl eu nodweddion corfforol unigryw, fel gên enfawr, esgyrn bochau uchel, clustiau mawr, aeliau amlwg, breichiau eithriadol o hir, twll llygaid mawr a golwg da iawn. Roedd yn honni bod gan fathau gwahanol o droseddwyr nodweddion wyneb gwahanol. Er enghraifft, roedd gan lofrudd drwyn 'eryraidd' fel pig eryr, ond roedd gan leidr drwyn fflat.

Atafiaeth

Roedd Lombroso yn ystyried bod troseddwyr yn atafiaethol – hynny yw, yn 'adleisiau' o gyfnod cynharach, cyntefig yn esblygiad y ddynoliaeth. Roedden nhw'n gyn-gymdeithasol, yn methu â rheoli eu greddfau ac yn llai sensitif i boen (a oedd, i Lombroso, yn esbonio pam roedd tatŵ gan lawer ohonyn nhw). Felly, roedd yn dadlau bod troseddwyr yn 'anwariaid' neu hyd yn oed yn epaod (gan esbonio'r breichiau hir!). Dywedodd y byddai troseddwyr yn normal mewn cymdeithas fwy 'gyntefig', ond mewn cymdeithas fodern maen nhw'n annormal.

Roedd y cyn-laddwr contract 'Popeye' Velásquez yn y carchar am 23 blynedd am ladd dros 250 o bobl ar ran maffia Colombia.

Ym marn Lombroso, roedd pobl o'r fath 'wedi'u geni'n droseddwyr', a gallen ni eu hadnabod yn wyddonol drwy 'ddarllen' eu cyrff i ganfod y nodweddion corfforol a oedd eu gwneud yn wahanol. Damcaniaeth 'ni a nhw' yw un Lombroso, i bob pwrpas. Rydyn ni'n normal ac maen nhw, y troseddwyr, yn annormal ac yn hollol wahanol i ni.

Aeth Lombroso ymlaen i ddiffinio dau fath arall o droseddwr a oedd, yn ei farn ef, yn wahanol yn fiolegol: 'troseddwyr gorffwyll' a 'throseddwyr epileptig'.

Damcaniaeth somatoteipiau Sheldon

Roedd William Sheldon hefyd yn credu bod troseddwyr yn wahanol yn gorfforol i bobl sydd ddim yn droseddwyr. Wrth ystyried ymddygiad troseddol, datblygodd Sheldon gategorïau gwahanol, sef tri math o gorff penodol neu 'somatoteipiau'. Mae'n enwi tri somatoteip:

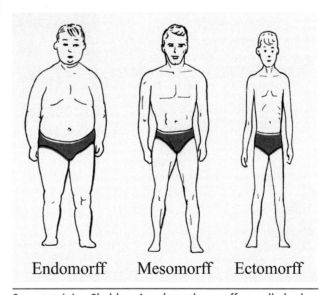

Somatoteipiau Sheldon. A yw'r math o gorff yn gallu bod yn arwydd o droseddoldeb?

- **Endomorffiaid** sy'n grwn, yn feddal ac yn tueddu i fod yn dew, heb gyhyrau, â chluniau llydan. O ran personoliaeth, maen nhw'n gymdeithasol, yn hamddenol, yn gyfforddus ac yn anturus.

- **Ectomorffiaid** sy'n denau ac yn fregus, heb fraster na chyhyrau. Mae ganddyn nhw frest fflat, cluniau ac ysgwyddau cul, wyneb tenau a thalcen uchel. O ran personoliaeth, maen nhw'n hunanymwybodol, yn fregus, yn fewnblyg, yn bwyllog yn emosiynol ac yn feddylgar.

- **Mesomorffiaid** sy'n gyhyrog ac yn galed, heb lawer o fraster â choesau a breichiau cryf, ysgwyddau llydan a gwasg gul. O ran personoliaeth, maen nhw'n anturus, yn chwilio am wefr, yn bendant eu barn, ac yn mwynhau gweithgareddau corfforol.

Roedd Sheldon o'r farn mai mesomorffiaid yw'r somatoteip sydd fwyaf tebygol o droseddu. Maen nhw'n fwy tebygol o gael eu denu at y risgiau sy'n gysylltiedig â throseddu, a gall eu cyrff mawr a'u pendantrwydd fod o gymorth iddyn nhw.

Cwestiynau

1. I ba raddau byddech chi'n dweud bod mesomorffiaid yn cyfateb i'r stereoteip o ran sut *dylai* troseddwyr edrych?

2. Yn eich barn chi, pa fathau o droseddau byddai'r cyhoedd yn eu cysylltu â mesomorffiaid, a pham?

3. Pa fathau o droseddau byddai endomorffiaid neu ectomorffiaid yn eu cyflawni, yn ôl y stereoteip?

Damcaniaethau genetig

Os yw troseddu yn rhywbeth cynhenid, fel roedd Lombroso yn ei honni, yna mae'n debyg ei fod yn cael ei basio i lawr o'r rhiant i'r plentyn. Os felly, gallai hyn esbonio pam mae troseddu yn aml yn rhedeg yn y teulu. Er enghraifft, yn ôl Astudiaeth Caergrawnt i Ddatblygiad Unigolion Tramgwyddus – astudiaeth hydredol sydd wedi'i chynnal ers 1961 – o blith 397 o deuluoedd, roedd dros hanner yr holl euogfarnau troseddol wedi'u cyflawni gan 23 teulu yn unig. Yn yr un modd, sylwodd Osborn a West fod meibion tadau a oedd yn troseddu yn llawer mwy tebygol o fod â chofnod troseddol hefyd.

Astudiaethau o efeilliaid

Pam mae troseddu yn aml yn rhedeg yn y teulu? Y rheswm, yn ôl damcaniaethau genetig, yw bod aelodau'r teulu sy'n perthyn drwy waed (e.e. rhieni a'u plant; brodyr a chwiorydd) yn rhannu llawer o'r un genynnau. Felly os oes 'genynnau troseddol' gan un aelod o'r teulu, mae'n debygol y bydd y genynnau hyn gan y rhai sy'n perthyn iddo drwy waed hefyd. Dyma pam mae troseddwyr yn aml yn perthyn i droseddwyr eraill.

Mae damcaniaethau genetig wedi defnyddio astudiaethau o efeilliaid unfath fel ffordd o brofi eu damcaniaeth o droseddoldeb. Mae gefeilliaid unfath neu monosygotig (MS) yn rhannu yn union yr un genynnau – mae'r ddau wedi datblygu o'r un wy ffrwythlonedig. Felly os yw un gefell yn droseddwr, dylai'r llall fod yn droseddwr hefyd.

Tystiolaeth Mae astudiaeth Christiansen o 3,586 o barau o efeilliaid yn Denmarc yn rhoi tystiolaeth o hyn.

Gefeilliaid unfath, genynnau unfath. A yw hyn yn golygu risg unfath o droseddoldeb?

- Dangosodd yr astudiaeth fod y gyfradd cydgordiad yn 52% rhwng gefeilliaid MS; hynny yw, os oedd gan un gefell unfath euogfarn, roedd siawns o 52% y byddai gan y gefell arall euogfarn hefyd.

- Ond ymhlith gefeilliaid heb fod yn unfath (deusygotig neu DS), roedd siawns o 22% yn unig.

Dangosodd astudiaeth debyg gan Ishikawa a Raine fod gefeilliaid unfath yn dangos cyfradd cydgordiad o 44%, ond gwelwyd cyfradd o 21.6% yn unig yn achos gefeilliaid heb fod yn unfath.

Astudiaethau mabwysiadu

Mae ymchwilwyr hefyd wedi defnyddio astudiaethau mabwysiadu i brofi a yw ffactorau genynnol yn achosi troseddu. Mae'r astudiaethau hyn yn cymharu plant mabwysiedig â'u rhieni biolegol a'u rhieni mabwysiadol.

Y rhesymeg sy'n sail i astudiaethau mabwysiadu yw bod plentyn mabwysiedig (yn enwedig os cafodd ei fabwysiadu'n fuan ar ôl cael ei eni) yn rhannu yr un *amgylchedd* â'i rieni mabwysiadol, ond yr un *genynnau* â'i rieni biolegol. Pe baen ni'n gweld bod ymddygiad y plentyn mabwysiedig yn debycach i ymddygiad ei rieni *biolegol* o ran troseddoldeb, byddai hyn yn cefnogi esboniad genynnol.

Cwestiwn

Pam byddai'n bwysig gwybod a gafodd y plentyn ei fabwysiadu'n fuan iawn ar ôl cael ei eni?

Tystiolaeth Roedd Mednick et al. wedi archwilio data ar gyfer dros 14,000 o feibion mabwysiedig yn Denmarc rhwng 1924 ac 1947. Eu casgliad oedd bod meibion yn fwy tebygol o fod â chofnod troseddol os oedd gan riant *biolegol* gofnod hefyd (cyfradd cydgordiad o 20%). Mae hyn yn cefnogi esboniad *genynnol*. I'r gwrthwyneb i hyn, roedd y data'n dangos bod cyfran lai (14.7%) o'r meibion â chofnod troseddol os oedd gan riant *mabwysiadol* gofnod hefyd.

Yn astudiaeth Hutchings a Mednick, roedd plant mabwysiedig â chofnod troseddol yn cael eu cymharu â phlant mabwysiedig heb gofnod troseddol. Dangosodd y canlyniadau fod plant mabwysiedig oedd â rhieni biolegol â chofnod troseddol yn fwy tebygol o fod â chofnod troseddol eu hunain na phlant mabwysiedig oedd â rhieni biolegol heb gofnod troseddol.

GWEITHGAREDD / **Clip fideo**

Astudiaethau o efeilliaid ac astudiaethau mabwysiadu

Ewch i Hwb: www.hwb.gov.wales/

Astudiaeth XYY Jacob

Mae annormaledd o ran cromosomau rhyw yn ffactor genynnol arall a allai achosi troseddoldeb. Mae cromosomau wedi'u gwneud o DNA a phrotein, ac maen nhw i'w cael yng nghnewyll ein celloedd. Mae pob cromosom yn cynnwys llawer o enynnau. Mae cromosomau'n cario'r holl wybodaeth enynnol rydyn ni'n ei hetifeddu wrth ein rhieni.

Fel arfer mae gennym ni 46 cromosom, wedi'u rhannu yn 23 o barau. Rydyn ni'n etifeddu hanner o bob pâr wrth bob rhiant. Mae un pâr yn cynnwys ein cromosomau rhyw ac yn pennu a ydyn ni'n fenyw neu'n wryw. Yr enw ar ddau gromosom benyw ein mam yw XX a dau gromosom gwryw ein tad yw XY. Gan ein bod ni'n etifeddu un cromosom yr un wrth y ddau riant, bydd gennym ni naill ai:

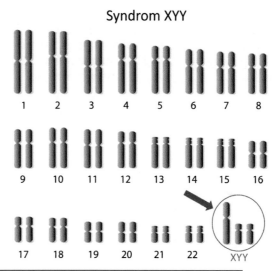

Syndrom XYY

'Syndrom uwch wrywod', yn dangos y cromosom Y ychwanegol.

- dau X: un gan bob rhiant. Os oes gennym ni XX byddwn ni'n fenyw.
- un X gan ein mam ac un Y gan ein tad. Os oes gennym ni XY byddwn ni'n wryw. Cromosom Y sy'n gwneud plentyn yn wryw.

Fodd bynnag, mae annormaleddau'n gallu codi. Un annormaledd yw cromosom Y (gwryw) ychwanegol. Yr enw ar hyn yw syndrom XYY neu 'syndrom uwch wrywod'. Mae dynion XYY yn tueddu i fod yn dal iawn, yn gyhyrog, ac â lefel deallusrwydd isel. Mae Jacob et al. yn honni bod dynion â syndrom XYY yn fwy ymosodol ac o bosibl yn fwy treisgar na dynion eraill.

Tystiolaeth Mae'r honiad hwn yn seiliedig ar astudiaethau o droseddwyr mewn carchardai, fel rhai mewn ysbytai meddwl diogel, a welodd fod cyfran y carcharorion â syndrom XYY yn uwch na'r cyfartaledd. Roedd nifer ohonyn nhw wedi cyflawni ymosodiadau treisgar yn y gorffennol. Casgliad Price a Whatmore oedd bod dynion XYY yn anaeddfed ac yn ansefydlog, ac yn fwy tueddol o gyflawni troseddau eiddo heb gymhelliad amlwg.

Cwestiwn

Beth yw'r problemau posibl wrth ddod i gasgliadau am achosion troseddoldeb drwy astudio carcharorion mewn ysbytai meddwl diogel yn unig?

Anhwylderau ac anafiadau i'r ymennydd

Mae rhai clefydau, anafiadau a diffygion ar yr ymennydd wedi cael eu cysylltu ag ymddygiad troseddol.

Anafiadau i'r ymennydd

Mewn rhai achosion prin, mae anaf i'r ymennydd wedi cael ei nodi fel achos troseddoldeb. Er enghraifft, newidiodd personoliaeth y gweithiwr rheilffordd Phineas Gage ar ôl iddo gael anaf difrifol i'r ymennydd. Mae rhai astudiaethau wedi dangos bod carcharorion yn fwy tebygol o fod wedi dioddef anaf i'r ymennydd na phobl sydd ddim yn y carchar.

GWEITHGAREDD / **Clip fideo**

Anafiadau i'r ymennydd   Ewch i Hwb: www.hwb.gov.wales/

Clefydau

Mae rhai clefydau sy'n effeithio ar yr ymennydd wedi cael eu cysylltu ag ymddygiad troseddol neu wrthgymdeithasol. Er enghraifft, yn yr 1920au, awgrymwyd bod epidemig *enceffalitis lethargica* ymhlith plant yn gyfrifol am ymddygiad dinistriol a byrbwyll, llosgi bwriadol ac ymddygiad rhywiol annormal. Mae pobl hefyd wedi awgrymu bod clefydau eraill sy'n effeithio ar yr ymennydd – gan gynnwys dementia, clefyd Huntington a thiwmorau ar yr ymennydd – yn gyfrifol am sawl math o ymddygiad gwyrdroëdig neu wrthgymdeithasol.

Gweithgarwch annormal yn yr ymennydd Mae gweithgarwch yr ymennydd yn cael ei fesur drwy electroenceffalograffeg (EEG). Mae rhai astudiaethau yn dangos darlleniadau EEG annormal ar gyfer llofruddwyr 'sy'n amlwg yn orffwyll' a throseddwyr seicopathig.

Esboniadau biocemegol

Mae rhai wedi awgrymu bod sylweddau a phrosesau biocemegol yn gallu achosi ymddygiad troseddol oherwydd eu heffaith ar gemeg yr ymennydd a phrosesau meddyliol. Ymhlith y sylweddau hyn mae hormonau rhyw, lefel siwgr gwaed a chamddefnyddio sylweddau.

Hormonau rhyw

Gwrywod Mae cynhyrchu gormod neu ddim digon o hormonau yn gallu achosi ymateb emosiynol sy'n arwain at ymddygiad troseddol. Yn y rhan fwyaf o rywogaethau, mae gwrywod yn fwy ymosodol na benywod, ac mae rhai wedi awgrymu bod testosteron, sef yr hormon rhyw gwyrw, yn gyfrifol am droseddau fel llofruddiaeth a threisio. Yn yr un modd, mae Ellis a Coontz yn nodi bod lefelau testosteron ar eu huchaf rhwng y glasoed a'r ugeiniau cynnar, a dyma'r cyfnod oedran pan fydd cyfraddau troseddu ar eu huchaf ymhlith gwrywod.

GWEITHGAREDD / **Clip fideo**

Testosteron   Ewch i Hwb: www.hwb.gov.wales/

Benywod Mae tyndra cyn mislif, iselder ôl-eni a llaethiad (bwydo o'r fron) i gyd wedi cael eu derbyn fel rhan o amddiffyniad menywod wedi'u cyhuddo o droseddau yn amrywio o ddwyn o siop i fabanladdiad. Roedd hyn ar y sail bod yr hormonau cysylltiedig wedi effeithio ar hwyliau, hunanreolaeth neu allu'r diffynnydd i resymu.

Lefelau siwgr gwaed

Mae hypoglycaemia (siwgr gwaed isel) yn gallu ysgogi ymateb ymosodol. Mae astudiaethau'n dangos bod cysylltiad rhwng lefel siwgr gwaed isel a cham-drin alcohol. Gall yfed llawer o alcohol arwain at hypoglycaemia ac ymddygiad ymosodol. Mae cysylltiad agos rhwng yfed alcohol a throseddau treisgar.

Yn ôl Schoenthaler, mae'n bosibl lleihau ymddygiad gwrthgymdeithasol ymhlith troseddwyr ifanc drwy leihau eu cymeriant swcros dyddiol.

Camddefnyddio sylweddau

Ystyr hyn yw cymryd cyffuriau a sylweddau eraill. Mae rhai yn gyfreithlon (e.e. alcohol a glud) neu ar bresgripsiwn meddygol (e.e. barbitwradau), ond mae eraill yn anghyfreithlon (e.e. canabis, MDMA, LSD, heroin a chocên).

Cyfrifodd Saunders fod tua 1,000 o arestiadau y dydd yn gysylltiedig ag alcohol. Yn UDA, amcangyfrifodd Flanzer fod 80% o achosion o drais mewn teuluoedd yn gysylltiedig ag alcohol. Mae cocên a 'crac' hefyd yn gallu arwain at drais, ond mae canabis, heroin ac MDMA yn tueddu i leihau ymddygiad ymosodol.

Sylweddau eraill

Rydyn ni hefyd yn amlyncu sylweddau eraill sydd wedi eu cysylltu ag ymddygiad gwrthgymdeithasol neu droseddol. Mae ychwanegion bwyd, tabledi deiet ac alergenau, fitaminau, a llygredd plwm yn enghreifftiau o'r sylweddau hyn. Maen nhw'n effeithio ar wahanol brosesau biocemegol yn y corff a gall hyn effeithio ar ymddygiad. Er enghraifft:

- Mae plwm a'r lliwiad bwyd synthetig tartrasin wedi cael eu cysylltu â gorfywiogrwydd
- Mae diffyg fitamin B wedi cael ei gysylltu ag ymddygiad eratig ac ymosodol.

Fodd bynnag, dydy'r cysylltiad rhwng sylweddau o'r fath a throseddoldeb ddim yn glir bob amser.

GWEITHGAREDD / Ymchwil

Serotonin   Ewch i Hwb: www.hwb.gov.wales/

PROFI EICH HUN

Cwestiynau ymarfer

1. Disgrifiwch **un** ddamcaniaeth enetig o droseddoldeb.   (6 marc)
   Ffynhonnell: arholiad CBAC Troseddeg Uned 2 2020
2. Disgrifiwch **un** ddamcaniaeth ffisiolegol o droseddoldeb.   (6 marc)
   Ffynhonnell: arholiad CBAC Troseddeg Uned 2 2018

Cyngor

Ar gyfer Cwestiwn 1, nodwch fod damcaniaethau genetig yn credu bod rhai pobl yn etifeddu genynnau sy'n eu gwneud nhw'n fwy tebygol o droseddu. Gallech chi ddisgrifio gwaith Christiansen (astudiaethau o efeilliaid) neu Mednick (astudiaethau mabwysiadu). Disgrifiwch sut mae astudiaethau o efeilliaid yn ceisio gweld a yw cyfradd cydgordiad troseddoldeb gefeilliaid monosygotig yn uwch na'r gyfradd ymhlith gefeilliaid deusygotig. Disgrifiwch sut mae astudiaethau mabwysiadu yn ceisio gweld a yw lefel troseddoldeb plant mabwysiedig yr un fath â'u rhieni biolegol neu eu rhieni mabwysiadol.

Ar gyfer Cwestiwn 2, nodwch fod y damcaniaethau hyn yn credu bod gan droseddwyr nodweddion corfforol penodol. Defnyddiwch ddamcaniaeth Lombroso neu Sheldon. Nodwch sut roedd Lombroso yn honni bod ei ddulliau'n wyddonol, bod troseddoldeb yn etifeddol, bod gan droseddwyr nodweddion corfforol penodol a'u bod yn 'adleisiau' atafiaethol o gyfnod mwy cyntefig. Ar gyfer Sheldon, dylech chi gyfeirio at ei dri somatoteip. Disgrifiwch eu nodweddion corfforol, eu personoliaeth a pham roedd Sheldon yn tybio bod mesomorffiaid yn fwy tebygol o fod yn droseddwyr.

Disgrifio damcaniaethau unigolyddol o droseddoldeb

Man cychwyn

Mae rhai damcaniaethwyr yn dadlau bod gan droseddwyr fath penodol o bersonoliaeth. Gan weithio mewn grŵp bach, trafodwch y cwestiynau canlynol ac yna rhannwch eich atebion â'r dosbarth.

1. Yn eich barn chi, pa fath neu fathau o bersonoliaeth sydd gan droseddwyr, o bosibl?

2. A oes mathau penodol o bersonoliaeth gan fathau gwahanol o droseddwyr (e.e. lladron, troseddwyr rhyw, twyllwyr, llofruddion cyfresol etc.)?

3. A yw troseddwyr yn cael eu geni â phersonoliaeth sy'n achosi iddyn nhw droseddu? Neu a ydyn nhw'n dysgu hyn drwy eu magwraeth a'u hamgylchedd?

Yn y testun hwn, byddwn ni'n edrych ar ddamcaniaethau unigolyddol o droseddoldeb, sef:

1. **Damcaniaethau seicodynamig**, fel seicdreiddio
2. **Damcaniaeth personoliaeth Eysenck**
3. **Damcaniaethau dysgu**, fel damcaniaeth dysgu cymdeithasol Bandura
4. **Damcaniaethau gwybyddol** o drosedd.

Damcaniaethau seicodynamig

Yn ôl damcaniaethau seicodynamig, mae grymoedd ar waith yn ein personoliaethau sy'n gwneud i ni ymddwyn mewn ffordd benodol. Y grymoedd hyn yw ysfeydd pwerus, teimladau, a gwrthdaro yn yr anymwybod. Mae ymddygiad troseddol yn digwydd pan fydd unigolyn yn methu â datrys y gwrthdaro mewnol hwn mewn ffordd sy'n dderbyniol yn gymdeithasol.

Seicdreiddio

Y ddamcaniaeth seicodynamig gyntaf a'r bwysicaf yw seicdreiddio, a gafodd ei sefydlu'n wreiddiol gan Sigmund Freud (1856–1939). Yn ôl Freud, mae ein profiadau yn ystod plentyndod cynnar yn pennu ein personoliaeth a'n hymddygiad yn y dyfodol; yn ein farn ef, 'y plentyn yw tad y dyn'. Yn benodol, mae ein profiadau cynnar yn pennu a fyddwn ni'n ymddwyn mewn ffyrdd gwrthgymdeithasol yn ddiweddarach.

Yn ôl Freud, mae personoliaeth ddynol yn cynnwys tair elfen: yr ego, yr id a'r uwch-ego. Mae'r elfennau hyn yn gwrthdaro â'i gilydd.

Mae'r **id** yn bodoli yn rhan anymwybodol, greddfol, 'anifeilaidd' y meddwl. Mae'n cynnwys anghenion ac ysfeydd pwerus a hunanol i geisio pleser, fel y dyhead am ryw, bwyd a chwsg. Mae'r id yn cael ei reoli gan 'egwyddor pleser' – y dyhead i fodloni pob ysfa, beth bynnag yw'r gost. Pe baen ni'n gweithredu i fodloni pob ysfa, byddai hyn yn aml yn arwain at ymddygiad troseddol a gwrthgymdeithasol.

Mae'r **uwch-ego** yn cynnwys ein cydwybod neu reolau moesol, ac rydyn ni'n eu dysgu drwy ryngweithio â'n rhieni yn ystod ein profiadau cynnar o gymdeithasoli gyda'r teulu. Er enghraifft, efallai byddwn ni'n cael ein cosbi am geisio bodloni ein hysfeydd heb ystyried pobl eraill.

Drwy gymdeithasoli, bydd y plentyn yn mewnoli syniadau ei rieni am yr hyn sy'n dda neu'n ddrwg, a bydd yr uwch-ego yn datblygu fel rhyw fath o 'riant mewnol'. Os byddwn ni'n gweithredu – neu hyd yn oed yn ystyried gweithredu – yn groes i'r uwch-ego, mae'n ein cosbi ni drwy greu teimladau o euogrwydd a gorbryder.

Yr ego I Freud, yr ymrafael rhwng yr id a'r uwch-ego sy'n pennu ein hymddygiad. Ystyr 'ego' yn llythrennol yw 'Fi': rydw i'n cael fy nhynnu i ddau gyfeiriad gwahanol, rhwng fy nyheadau (id) a'm cydwybod (uwch-ego). Rôl yr ego yw ceisio cael cydbwysedd rhwng y ddau.

Mae'r ego yn cael ei reoli gan 'egwyddor realiti': mae'n dysgu o brofiad fod canlyniadau i'n gweithredoedd yn y byd go iawn. Er enghraifft, mae plentyn yn dysgu bod cymryd bisged heb ofyn yn gallu arwain at gosb. Mae'r ego yn ceisio rheoli ysfeydd yr id ac yn ceisio dod o hyd i ffyrdd o'u bodloni ar yr un pryd.

Er enghraifft, mae plentyn yn dysgu dweud 'os gwelwch yn dda' i gael yr hyn mae ei eisiau. Mae'n dysgu nad yw'n bosibl bodloni dyheadau'r id weithiau. Yn achos unigolyn cytbwys, bydd yr ego yn gweithredu mewn ffordd sy'n bodloni dyheadau'r id ond sydd hefyd yn dderbyniol yn foesol i'r uwch-ego.

Bathodynnau id, ego ac uwch-ego ar werth yn Amgueddfa Freud, Llundain

---

GWEITHGAREDD / **Clip fideo**

Id, ego ac uwch-ego

Ewch i Hwb: www.hwb.gov.wales/

Sut mae hyn yn ymwneud â throsedd? Yn ôl damcaniaethau seicdreiddio, mae perthynas annormal â rhieni yn ystod cymdeithasoli cynnar – er enghraifft oherwydd esgeulustod, neu ddull rhianta rhy ddiofal neu rhy llym – yn achosi ymddygiad gwrthgymdeithasol. Gall hyn arwain at uwch-ego gwan, rhy llym neu wyrdroëdig:

- **Os nad yw'r uwch-ego wedi datblygu'n ddigonol**, bydd yr unigolyn yn teimlo'n llai euog am weithredoedd gwrthgymdeithasol, ac yn poeni llai am weithredu ar sail ysfeydd hunanol neu ymosodol yr id.

- **Mae uwch-ego sy'n rhy llym ac anfaddeugar** yn creu teimladau euogrwydd dwys yn yr unigolyn, sydd yna'n dyheu am gael ei gosbi i gael ei ryddhau o'r teimladau hyn. Gall yr unigolyn deimlo gorfodaeth i ad-droseddu er mwyn cael ei gosbi.

- **Uwch-ego gwyrdroëdig** yw pan fydd plentyn wedi'i gymdeithasoli'n llwyddiannus, ond ar sail cod moesol gwyrdroëdig. Efallai fod gan fab berthynas dda â'i dad sy'n droseddwr ac felly bydd yn mewnoli gwerthoedd troseddol ei dad. O ganlyniad, ni fyddai ei uwch-ego yn gwneud iddo deimlo'n euog am ystyried cyflawni gweithredoedd troseddol.

Cwestiwn

I ba raddau rydych chi'n cytuno bod ein profiadau cynnar yn y teulu yn pennu ein personoliaeth a'n hymddygiad yn y dyfodol? Rhowch eich rhesymau.

Damcaniaeth amddifadedd mamol Bowlby

Mae syniadau Freud wedi dylanwadu ar nifer o ddamcaniaethau eraill. Un o'r rhai mwyaf adnabyddus yw damcaniaeth amddifadedd mamol Bowlby.

Mae Bowlby yn dadlau bod cysylltiad rhwng amddifadedd mamol ac ymddygiad gwyrdroëdig neu wrthgymdeithasol. Yn ei farn ef, mae angen i blentyn gael perthynas agos, barhaus â'i brif ofalwr (y fam, yn nhyb Bowlby) o gyfnod ei enedigaeth nes ei fod tua 5 oed er mwyn iddo ddatblygu'n normal.

Os yw'r fam a'r plentyn ar wahân, hyd yn oed am gyfnod byr, mae'r ymlyniad (*attachment*) rhyngddyn nhw yn torri a gall hyn olygu na fydd y plentyn yn gallu ffurfio perthnasoedd emosiynol ystyrlon â phobl eraill. Enw Bowlby ar hyn yw 'seicopathi dideimlad' a gall hyn arwain at ymddygiad troseddol.

Tystiolaeth Roedd Bowlby wedi seilio ei ddamcaniaeth ar astudiaeth o 44 o ladron ifanc a oedd wedi'u cyfeirio at glinig plant. Dangosodd yr astudiaeth fod 39% ohonyn nhw wedi dioddef amddifadedd mamol cyn troi'n 5 oed; yn y grŵp rheolydd o bobl ifanc nad oedd yn dramgwyddwyr, dim ond 5% oedd wedi dioddef amddifadedd mamol.

Damcaniaeth personoliaeth Eysenck

Datblygodd Hans Eysenck ddamcaniaeth o droseddoldeb yn seiliedig ar ei ddamcaniaeth personoliaeth. Mae'n dadlau bod math penodol o bersonoliaeth yn achosi troseddoldeb.

Ym marn Eysenck, mae dwy elfen i'n personoliaeth:

* **Allblygedd yn erbyn mewnblygedd** (A).
* **Niwrotiaeth yn erbyn sefydlogrwydd emosiynol** (N).

Allblyg Mae'r bobl hyn yn anturus, yn gymdeithasol, yn chwilio am gyffro, yn fyrbwyll, yn ddibryder, yn optimistaidd, yn aml yn ymosodol, yn fyr eu tymer ac yn annibynadwy.

Mewnblyg Mae'r bobl hyn yn dawedog, yn feddylgar, yn ddifrifol, yn dawel, yn gallu rheoli eu hemosiynau, yn besimistaidd ac yn ddibynadwy.

Niwrotig Mae'r bobl hyn yn orbryderus, yn bwdlyd, yn aml yn dioddef o iselder ac yn tueddu i orymateb. Mae pobl sy'n sefydlog yn emosiynol, ar y llaw arall, yn ddigynnwrf, yn gallu rheoli eu tymer a'u hemosiynau a ddim yn poeni am bethau.

Cwestiwn

Mae'n bosibl bod pobl fewnblyg yr un mor debygol o droseddu â phobl allblyg, ond maen nhw'n llai tebygol o gael eu dal. Sut byddech chi'n esbonio hyn?

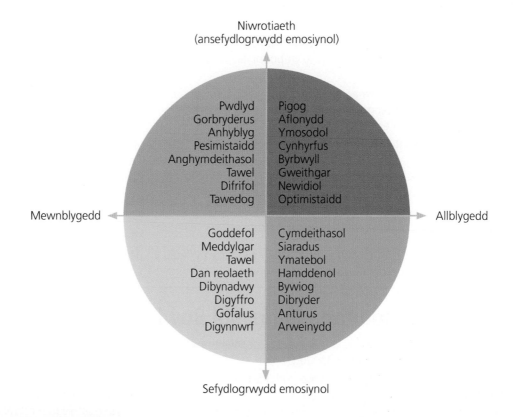

Niwrotiaeth
(ansefydlogrwydd emosiynol)

Pwdlyd	Pigog
Gorbryderus	Aflonydd
Anhyblyg	Ymosodol
Pesimistaidd	Cynhyrfus
Anghymdeithasol	Byrbwyll
Tawel	Gweithgar
Difrifol	Newidiol
Tawedog	Optimistaidd

Mewnblygedd ← → Allblygedd

Goddefol	Cymdeithasol
Meddylgar	Siaradus
Tawel	Ymatebol
Dan reolaeth	Hamddenol
Dibynadwy	Bywiog
Digyffro	Dibryder
Gofalus	Anturus
Digynnwrf	Arweinydd

Sefydlogrwydd emosiynol

GWEITHGAREDD / **Ymchwil**

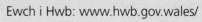

Holiadur Personoliaeth Eysenck   Ewch i Hwb: www.hwb.gov.wales/

Dyfeisiodd Eysenck Holiadur Personoliaeth i fesur nodweddion personoliaeth pobl, gan eu gosod ar raddfa A a graddfa N. Er enghraifft, mae pobl â sgôr A uchel yn allblyg iawn, ond mae pobl â sgôr A isel yn fewnblyg iawn.

Dangosodd ymchwil Eysenck fod gan y rhan fwyaf o bobl bersonoliaethau sydd rywle yng nghanol y ddwy raddfa. I'r gwrthwyneb i hyn, mae personoliaeth droseddol yn sgorio'n uchel ar raddfa A ac N. Mewn geiriau eraill, mae troseddwyr yn tueddu i fod yn allblyg ac yn niwrotig iawn.

Pam? Mae Eysenck yn esbonio ei ganfyddiadau drwy ddefnyddio dau syniad: cyflyru, ac etifeddiad genynnol.

Cyflyru Mae rhai seicolegwyr yn dadlau ein bod yn dysgu, o brofiad, i geisio pleser (neu wobrau) ac osgoi poen (neu gosb). Er enghraifft, os byddwn ni'n camymddwyn, byddwn ni'n cael ein cosbi ac felly rydyn ni'n dysgu peidio â gwneud hyn eto er mwyn osgoi cael cosb arall. Yr enw ar y broses hon yw 'cyflyru'.

Mae Eysenck yn dadlau ein bod ni'n dysgu drwy gyflyru, ond bod rhai unigolion yn etifeddu system nerfol sy'n achosi iddyn nhw ddatblygu personoliaeth droseddol. Dyma ei resymeg dros hyn.

- **Allblygedd** Mae gan bobl allblyg system nerfol sy'n gofyn am fwy o ysgogiad o'u hamgylchedd, felly maen nhw'n chwilio am gyffro yn barhaus. Mae hyn yn arwain at ymddygiad byrbwyll a thorri rheolau sydd, yn ei dro, yn debygol o arwain at gosb.

- **Niwrotiaeth** Mae'n fwy anodd cyflyru pobl niwrotig i ddilyn rheolau cymdeithas gan fod eu lefelau gorbryder uchel yn eu hatal rhag dysgu o'r gosb maen nhw wedi'i chael am eu camgymeriadau.

Felly, mae'r cyfuniad o A uchel ac N uchel yn debygol o arwain at droseddoldeb.

Seicotiaeth Yn ei waith ymchwil diweddarach, ychwanegodd Eysenck seicotiaeth (S) fel elfen ychwanegol o'n personoliaeth. Mae pobl â sgôr S uchel yn fwy tebygol o gael eu denu at droseddoldeb. Maen nhw'n tueddu i fod yn bobl unig sy'n greulon, yn ansensitif, yn ymosodol ac yn methu dangos empathi. Gall S uchel awgrymu salwch seiciatrig difrifol fel sgitsoffrenia.

Damcaniaethau dysgu

Yn gyffredinol, mae damcaniaethau dysgu o droseddoldeb yn pwysleisio tair nodwedd allweddol:
- Mae ymddygiad troseddol yn ymddygiad sy'n cael ei *ddysgu*.
- Dylanwad yr amgylchedd cymdeithasol o'n cwmpas, fel y teulu a chyfoedion.
- Rôl allweddol atgyfnerthu a chosbi yn y broses ddysgu.

Damcaniaeth cysylltiadau gwahaniaethol Sutherland

Mae Edwin Sutherland yn dadlau bod unigolion yn dysgu ymddygiad troseddol yn bennaf wrth y teulu ac wrth gyfoedion (gan gynnwys grwpiau gwaith). Mae dau ffactor yn gyfrifol am hyn:

Dynwared gweithredoedd troseddol: gall unigolion ddysgu sgiliau a thechnegau troseddol drwy arsylwi'r bobl o'u cwmpas.

Agweddau wedi'u dysgu Mae cymdeithasoli o fewn y grŵp yn golygu bod yr unigolyn yn dod i gysylltiad â gwerthoedd ac agweddau tuag at y gyfraith. Bydd rhai agweddau yn ffafriol i'r gyfraith a bydd agweddau eraill yn anffafriol. Os bydd yr unigolyn yn mewnoli mwy o werthoedd ac agweddau anffafriol na rhai ffafriol, yna mae'n fwy tebygol o ddod yn droseddwr.

Er enghraifft, yn ei astudiaeth o droseddau coler wen, sylwodd Sutherland fod agweddau grŵp yn y gweithle yn aml yn normaleiddio ymddygiad troseddol (e.e. honni bod 'pawb yn gwneud hynny'). O ganlyniad, byddai'n haws i aelodau unigol gyfiawnhau eu hymddygiad troseddol eu hunain.

Cwestiwn

Heblaw am y syniad bod 'pawb yn gwneud hynny', pa gyfiawnhad arall gallai troseddwr ei roi am ei ymddygiad?

Damcaniaeth dysgu gweithredol

Mae'r ddamcaniaeth dysgu gweithredol yn deillio o waith y seicolegydd B.F. Skinner. Y syniad sylfaenol yw bod ymddygiad yn debygol o gael ei ailadrodd os yw'n arwain at wobr. Ar y llaw arall, nid yw ymddygiad sy'n arwain at ganlyniad annerbyniol yn debygol o gael ei ailadrodd. Mae'r math cyntaf o ymddygiad wedi cael ei atgyfnerthu mewn ffordd gadarnhaol, ac mae'r ail wedi cael ei gosbi.

Ymddygiadaeth Mae ymddygiad unigolyn yn deillio o'r atgyfnerthu a'r cosbau sydd wedi'i siapio. Gan fod damcaniaeth dysgu gweithredol yn pwysleisio siapio ymddygiad, enw arall ar y ddamcaniaeth yw ymddygiadaeth.

Damcaniaeth atgyfnerthu gwahaniaethol Mae Skinner yn dadlau bod pob math o ymddygiad yn deillio o atgyfnerthu a chosbau. Os yw hyn yn wir, mae'n rhaid bod hyn yn esbonio ymddygiad *troseddol* hefyd. Un enghraifft o'r ymagwedd hon yw damcaniaeth atgyfnerthu gwahaniaethol Jeffery.

Mae Jeffery'n dadlau bod ymddygiad troseddol yn cael ei ddysgu drwy atgyfnerthu mathau penodol o ymddygiad. Os yw trosedd yn arwain at wobrau yn hytrach na chosbau, bydd y troseddwr yn fwy tebygol o ddilyn ymddygiad troseddol. Gallai'r gwobrau hyn fod yn rhai ariannol, ond hefyd yn rhai emosiynol (e.e. cyfeillgarwch neu barch cyfoedion). Wrth geisio esbonio pam mae rhywun yn troseddu, mae angen i ni edrych ar y cydbwysedd rhwng y gwobrau a'r cosbau i'r unigolyn dan sylw.

GWEITHGAREDD / **Clip fideo**

Cyflyru gweithredol   Ewch i Hwb: www.hwb.gov.wales/

Damcaniaeth dysgu cymdeithasol

Mae'r seicolegydd Albert Bandura yn dadlau ein bod ni'n dysgu llawer o'n hymddygiad – gan gynnwys ymddygiad ymosodol – drwy ddynwared pobl eraill. Oherwydd hyn, yr enw ar ei ddull yw damcaniaeth dysgu *cymdeithasol* neu arsylwadol.

Modelau Mae Bandura yn galw'r bobl eraill hyn yn 'fodelau', gan ein bod yn modelu ein hymddygiad ar y ffordd maen nhw'n ymddwyn. Fodd bynnag, dydyn ni ddim yn dynwared ymddygiad pawb. Er enghraifft, rydyn ni'n fwy tebygol o ddynwared ymddygiad y model os oes ganddo statws uwch na ni.

Hyd yn oed wedyn, *canlyniadau* yr ymddygiad hwnnw sy'n pennu a fyddwn ni'n dynwared ei ymddygiad ai peidio. Os yw'r model yn cael ei wobrwyo am ei ymddygiad, rydyn ni'n fwy tebygol o'i ddynwared na phe bai'n cael ei gosbi am yr ymddygiad hwn.

Gwnaeth Bandura et al. gyfres o arbrofion gyda phlant 4–5 oed i ddangos hyn. Cafodd y plant eu rhannu yn dri grŵp. Yna dangoswyd ffilm i'r tri grŵp a oedd yn dangos oedolyn (y model) yn ymosod yn eiriol ac yn gorfforol ar ddol Bobo llawn gwynt.

- Yn y fersiwn o'r ffilm a welodd Grŵp 1, cafodd y model ei wobrwyo drwy ei ganmol.
- Yn y fersiwn o'r ffilm a welodd Grŵp 2, cafodd y model ei gosbi (rhywun yn dweud y drefn wrtho).
- Roedd Grŵp 3 yn grŵp rheolydd. Yn y fersiwn a welodd y grŵp hwn, ni chafodd yr ymddygiad ei wobrwyo na'i gosbi.

Yna, cafodd y plant eu gadael i chwarae â'r ddol. Roedd Grŵp 1 wedi dynwared yr ymddygiad ymosodol a gafodd ei wobrwyo yn y ffilm. Roedd Grŵp 3, y grŵp rheolydd, wedi dynwared y model hefyd, ond ddim i'r un graddau. Grŵp 2, a oedd wedi gweld y model yn cael ei gosbi, oedd y lleiaf tebygol o ddynwared yr ymddygiad ymosodol.

Felly, roedd p'un a oedden nhw'n dynwared yr ymddygiad ai peidio yn dibynnu ar ganlyniadau ymddygiad y model yn y ffilm roedden nhw wedi'i gweld. Roedden nhw'n dysgu drwy arsylwi profiad rhywun arall.

Mae hyn hefyd yn berthnasol i ymddygiad troseddol. Os yw unigolyn yn arsylwi model (e.e. un o'i gyfoedion) yn derbyn gwobr am droseddoldeb, mae'r ddamcaniaeth yn rhagfynegi y bydd yr unigolyn yn fwy tebygol o ddynwared yr ymddygiad.

GWEITHGAREDD / Clip fideo

Damcaniaeth dysgu cymdeithasol

Ewch i Hwb: www.hwb.gov.wales/

Damcaniaethau gwybyddol o drosedd

Mae'r term 'gwybyddiaeth' yn cyfeirio at brosesau meddyliol fel agweddau, credoau, rhesymu, datrys problemau, gwneud penderfyniadau, ein hunangysyniad a sut rydyn ni'n dehongli'r byd o'n cwmpas. Mae damcaniaethau gwybyddol yn dadlau bod y prosesau meddyliol hyn yn siapio ein hymddygiad. Er enghraifft, mae'r ffordd rydyn ni'n dehongli sefyllfa yn effeithio ar y ffordd rydyn ni'n ymateb iddi. Mae prosesau meddwl hefyd yn effeithio ar ein hemosiynau; os byddwn ni'n dehongli sefyllfa fel un fygythiol, gall ysgogi teimladau o ofn neu ddicter.

Damcaniaeth personoliaeth droseddol

Mae'r seicolegwyr Yochelson a Samenow wedi cymhwyso damcaniaeth wybyddol at droseddoldeb. Y syniad allweddol yw bod troseddwyr yn dueddol o wneud gwallau wrth feddwl, ac mae hyn yn golygu eu bod nhw'n fwy tebygol o droseddu. Mae damcaniaeth personoliaeth droseddol yn seiliedig ar astudiaeth tymor hir (hydredol) o 240 o droseddwyr gwryw, ac roedd y mwyafrif mewn ysbyty meddwl.

Camgymeriadau meddwl Maen nhw'n dadlau bod troseddwyr yn gwneud camgymeriadau ac yn dangos tuedd wrth feddwl a gwneud penderfyniadau. Ymhlith yr enghreifftiau hyn mae dweud celwydd; cadw cyfrinachau; yr angen am bŵer a rheolaeth; gor-optimistiaeth; methu â deall safbwyntiau pobl eraill; diffyg ymddiriedaeth mewn pobl eraill; unigrywiaeth (y teimlad eu bod nhw'n arbennig) a safbwynt y dioddefwr (beio pobl eraill a gweld eu hunain fel y dioddefwr). Oherwydd y camgymeriadau a'r tueddiadau hyn, mae'r unigolyn yn troi at droseddu.

GWEITHGAREDD / Ymchwil

Damcaniaeth personoliaeth droseddol

Ewch i Hwb: www.hwb.gov.wales/

Damcaniaeth datblygiad moesol Kohlberg

Mae'r ddamcaniaeth hon yn ymwneud â sut rydyn ni'n datblygu ein meddwl moesol. Gall fod yn berthnasol, felly, i ddeall sut mae troseddwyr yn meddwl.

Mae Kohlberg yn dadlau bod ein syniadau am yr hyn sy'n gywir neu'n anghywir yn datblygu drwy gyfres o lefelau a chyfnodau, o blentyndod i oedolaeth. Ar y lefel 'cyn-gonfensiynol' neu gyn-foesol, mae plant ifanc yn diffinio'r hyn sy'n gywir ac yn anghywir yn ôl yr hyn sy'n arwain at gosb neu wobr. Ond, erbyn i ni ddod yn oedolion, mae ein syniadau am yr hyn sy'n gywir ac yn anghywir yn cynnwys dealltwriaeth o egwyddorion a gwerthoedd moesol sylfaenol.

Mae hyn yn awgrymu bod datblygiad moesol troseddwyr wedi aros ar lefel llai aeddfed na phawb arall. Maen nhw'n fwy tebygol o ystyried a fydd eu gweithredoedd yn arwain at wobr neu gosb, yn hytrach nag ystyried sut gallai'r gweithredoedd hyn effeithio ar bobl eraill. Mae hyn yn golygu eu bod nhw'n fwy tebygol o droseddu.

Therapi ymddygiadol gwybyddol Mae damcaniaethau gwybyddol, sy'n ystyried bod patrymau meddwl tramgwyddwyr yn wahanol i batrymau meddwl pobl sydd ddim yn dramgwyddwyr, wedi arwain at bob math o driniaethau ar gyfer troseddwyr. Mae enw cyffredinol ar gyfer y triniaethau hyn, sef therapi ymddygiadol gwybyddol. Mae mwy o wybodaeth am hyn yn Nhestun 4.1.

PROFI EICH HUN

Cwestiwn ymarfer

Disgrifiwch unrhyw **un** o'r damcaniaethau unigolyddol o droseddoldeb. (6 marc)

Ffynhonnell: arholiad CBAC Troseddeg Uned 2 2017

Ateb Mo

Mae damcaniaeth unigolyddol (seicolegol) Eysenck yn dadlau bod math penodol o bersonoliaeth yn achosi troseddoldeb. Yn ôl Eysenck, mae personoliaeth yn cynnwys dwy elfen: allblygedd yn erbyn mewnblygedd, a niwrotiaeth yn erbyn sefydlogrwydd emosiynol.

> Mae cyflwyno'r termau allweddol hyn ar y dechrau yn syniad da.

Mae gan bobl allblyg bersonoliaeth sy'n chwilio am gyffro, sy'n fyrbwyll ac sy'n aml yn ymosodol. Mae pobl niwrotig yn orbryderus, yn bwdlyd ac yn tueddu i orymateb. Casgliad Eysenck oedd bod troseddwyr yn tueddu i fod yn allblyg ac yn niwrotig iawn.

> Disgrifiad clir o'r ddau fath o bersonoliaeth sy'n gysylltiedig â throseddoldeb.

Mae Eysenck yn esbonio hyn yn nhermau cyflyru ac etifeddiad genynnol. Mae pobl allblyg yn etifeddu system nerfol sy'n gofyn am lawer o ysgogiad, felly maen nhw'n chwilio am gyffro o hyd, ac mae hyn yn eu cymell i gymryd risgiau a thorri cyfreithiau, gan arwain at gosb.

> Yn dangos sut mae allblygedd yn arwain at droseddu.

Fodd bynnag, gan fod troseddwyr yn tueddu i fod yn niwrotig gyda lefelau gorbryder uchel, dydy eu hymddygiad ddim wedi'i gyflyru gan gosb – dydyn nhw ddim yn dysgu o'r profiad ac felly maen nhw'n parhau i droseddu.

> Yn deall pam mae troseddwyr yn llai tebygol o gael eu cyflyru yn llwyddiannus a pham maen nhw'n parhau i droseddu.

Mae Eysenck hefyd yn cynnwys trydedd elfen personoliaeth, sef seicotiaeth. Mae pobl seicotig yn bobl unig, creulon ac ansensitif, does ganddyn nhw ddim empathi ac maen nhw'n aml yn sgitsoffrenig.

> Pwynt olaf cryno a defnyddiol.

Sylwadau cyffredinol

Mae hwn yn ymateb Band Tri (band uchaf). Mae Mo yn dangos gwybodaeth dda iawn o syniadau Eysenck; mae'n rhoi disgrifiadau clir o'r mathau gwahanol o bersonoliaeth ac yn defnyddio geirfa arbenigol. Mae'n esbonio rôl cyflyru ac etifeddiad genynnol ac yna mae'n dangos sut mae pobl niwrotig allblyg yn troi at droseddoldeb oherwydd hyn. Gallai fod wedi dweud mwy am seicotiaeth (e.e. pa fath o droseddau gallen nhw eu cyflawni) ond mae Mo wedi llunio ateb gwych.

Disgrifio damcaniaethau cymdeithasegol o droseddoldeb

Man cychwyn

Gan weithio gyda phartner:

1. Trafodwch a gwnewch nodiadau ar sut gwnaethoch chi ddysgu beth oedd yn gywir ac yn anghywir fel plentyn.

2. Rhowch un enghraifft yr un o adeg pan wnaethoch chi rywbeth yn anghywir, a beth ddigwyddodd i chi.

3. Yn eich barn chi, sut mae'r ffordd mae pobl yn cael eu magu gan eu rhieni neu ofalwyr yn effeithio ar eu hymddygiad ar ôl dod yn oedolyn? A yw hyn yn cyfrannu at eu tebygrwydd o ddod yn droseddwyr?

Damcaniaethau cymdeithasegol o droseddoldeb

Y syniad sylfaenol sy'n sail i ddamcaniaethau cymdeithasegol yw bod ffactorau cymdeithasol yn chwarae rhan hollbwysig mewn trosedd. Byddwn ni'n edrych ar yr esboniadau cymdeithasegol canlynol: damcaniaethau swyddogaethol ac isddiwylliannol; rhyngweithiadaeth a damcaniaeth labelu; damcaniaeth Marcsaidd o drosedd a chyfraith; damcaniaethau realaeth y dde a'r chwith o drosedd; a damcaniaethau gwyliadwriaeth.

Damcaniaethau swyddogaethol ac isddiwylliannol

Mae'r damcaniaethau hyn yn rhai strwythurol: maen nhw'n canolbwyntio ar strwythur cymdeithas a sut mae'n cael ei threfnu. Mae damcaniaethau strwythurol yn edrych ar ba mor gyfartal neu anghyfartal yw cymdeithas, beth sy'n dod â'r gymdeithas ynghyd, a beth sy'n achosi gwrthdaro a rhaniadau. Yn ôl y damcaniaethau hyn, strwythur cymdeithas yw prif achos trosedd.

Damcaniaeth swyddogaethol Durkheim

I swyddogaethwyr fel Emile Durkheim (1858–1917), mae cymdeithas yn strwythur sefydlog sy'n seiliedig ar normau, gwerthoedd a chredoau cyffredin am yr hyn sy'n gywir ac yn anghywir. Mae hyn yn arwain at undod cymdeithasol, lle mae pob aelod o'r gymdeithas yn teimlo ei fod yn perthyn i'r un uned gytûn. Mae'r rhan fwyaf o bobl yn cydymffurfio â normau cyffredin y gymdeithas a dydyn nhw ddim yn gwyro.

Mae trosedd yn anorfod

Fodd bynnag, mae rhywfaint o drosedd yn anorfod, oherwydd ym mhob cymdeithas dydy rhai unigolion ddim yn cael eu cymdeithasoli ddigon ac maen nhw'n debygol o wyro. Hefyd, mae gan gymdeithas lawer o grwpiau cymdeithasol, pob un â gwerthoedd gwahanol, felly mae'r rheolau cyffredin yn ymwneud ag ymddygiad yn dod yn llai clir. Enw Durkheim ar hyn yw 'anomi' (diffyg normau) – lle mae normau cyffredin yn cael eu gwanhau.

Swyddogaethau trosedd

Yn ôl Durkheim, mae trosedd, mewn gwirionedd, yn cyflawni swyddogaethau pwysig:

1. **Cynnal ffiniau** Mae trosedd yn ysgogi ymateb sy'n uno aelodau cymdeithas yn erbyn y troseddwr, gan eu hatgoffa o'r ffin rhwng yr hyn sy'n gywir ac anghywir, ac atgyfnerthu'r rheolau cyffredin.

2. **Newid cymdeithasol** Er mwyn i gymdeithas ddatblygu, rhaid i unigolion â syniadau newydd herio'r normau a'r gwerthoedd presennol; ar y dechrau, bydd hyn yn cael ei weld fel gwyredd.

Er enghraifft, cafodd Nelson Mandela ei garcharu yn Ne Affrica am wrthwynebu apartheid (arwahanu hiliol), ond yn y pen draw cafodd apartheid ei wahardd a chafodd Mandela ei ethol yn arlywydd du cyntaf De Affrica yn 1994.

3. **Falf ddiogelu** Er enghraifft, mae Davis yn dadlau bod puteindra yn caniatáu i ddynion ryddhau eu rhwystredigaethau rhywiol heb fygwth sefydliad y teulu.

4. **Golau rhybudd** Mae gwyredd yn dangos nad yw sefydliad yn gweithredu'n iawn; e.e. byddai cyfraddau uchel o blant yn colli'r ysgol yn fwriadol o bosibl yn arwydd o broblemau yn y system addysg.

Yn 1963, cafodd Nelson Mandela, a ddaeth yn arlywydd yn ddiweddarach, ei labelu'n derfysgwr gan lys yn Ne Affrica.

GWEITHGAREDD / **Ymchwil**

Swyddogaethau trosedd

Ewch i Hwb: www.hwb.gov.wales/

Damcaniaeth straen Merton

Ym marn Robert K. Merton, strwythur anghyfartal cymdeithas sydd wrth wraidd trosedd. Mae ei waith yn canolbwyntio ar UDA, ond mae ei syniadau'n berthnasol i'r DU hefyd. Mae cymdeithas America yn rhoi gwerth ar 'lwyddiant ariannol' neu gyfoeth fel y nod y dylai pobl anelu ato, ond y dylid cyflawni hyn drwy ffyrdd cyfreithlon fel gweithio'n galed yn yr ysgol ac yn y gwaith.

Cyfleoedd wedi'u rhwystro Fodd bynnag, dydy pawb ddim yn cael yr un cyfleoedd i lwyddo drwy ffyrdd cyfreithlon gan fod cymdeithas America yn anghyfartal iawn. Mae tlodi ac addysg wael yn aml yn rhwystro cyfleoedd i bobl dosbarth gweithiol. Mae hyn yn achosi 'straen' rhwng y nod mae'r gymdeithas yn ei osod iddyn nhw a diffyg dulliau cyfreithlon i gyflawni hyn.

Ym marn Merton, mae hyn yn achosi trosedd a gwyredd. Mae rhai pobl yn gallu cyflawni nod cymdeithas drwy ffyrdd cyfreithlon, sef 'cydymffurfio', yn ôl Merton. Ond i'r rhai sydd ddim yn gallu gwneud hyn, mae Merton yn nodi pedair ffordd wyrdroëdig o addasu i'r straen hwn, yn seiliedig ar barodrwydd yr unigolyn i dderbyn nod a/neu ddulliau cymdeithas:

- **Arloesi:** mae arloeswyr yn derbyn y nod ond yn dod o hyd i ffyrdd anghyfreithlon o'i gyflawni e.e. troseddau iwtilitaraidd (rhai sy'n dod â budd ariannol). Mae arloeswyr fel arfer yn perthyn i'r dosbarthiadau cymdeithasol is, lle mae cyfleoedd cyfreithlon wedi'u rhwystro.
- **Cadw defodau:** mae pobl sy'n cadw defodau yn rhoi'r gorau i geisio llwyddo. Maen nhw'n rhygnu ymlaen mewn swydd heb ddyfodol.
- **Encilio:** mae pobl sy'n encilio yn troi eu cefn ar gymdeithas ac yn gwrthod y nod a'r dulliau. Yn ôl Merton, mae 'crwydriaid, meddwon a phobl sy'n gaeth i gyffuriau' yn y categori hwn.
- **Gwrthryfela:** mae gwrthryfelwyr yn gwrthod y nodau a'r dulliau presennol, ac yn gosod nodau newydd er mwyn ceisio newid cymdeithas. Mae radicaliaid gwleidyddol a diwylliannau amgen fel hipis yn enghreifftiau o wrthryfelwyr.

Damcaniaethau isddiwylliannol o drosedd

Isddiwylliannau tramgwyddus yw grwpiau sy'n rhannu normau a gwerthoedd gwyrdroëdig. Mae syniad Merton o'r straen rhwng nodau a dulliau yn ganolog i ddamcaniaethau isddiwylliannol. Y syniad allweddol yw bod yr isddiwylliannau hyn yn galluogi eu haelodau i ennill statws drwy ddulliau anghyfreithlon.

Albert Cohen: rhwystredigaeth statws

Mae Cohen yn cytuno â Merton bod gwyredd yn deillio o fethiant y dosbarthiadau cymdeithasol is i lwyddo drwy ddulliau cyfreithlon. Fodd bynnag:

- i Cohen, ymateb *grŵp* i fethiant, nid ymateb unigolyn, yw gwyredd isddiwylliannol.
- mae'n canolbwyntio ar droseddau *sydd ddim yn iwtilitaraidd* (rhai heb fudd ariannol) fel fandaliaeth.

Mae Cohen yn nodi bod y rhan fwyaf o fechgyn dosbarth gweithiol yn gorffen ar waelod hierarchaeth statws swyddogol yr ysgol. Efallai bydd athrawon yn eu hystyried yn 'dwp' ac yn eu gosod yn y setiau is. O ganlyniad, maen nhw'n dioddef *rhwystredigaeth statws* – teimlad o ddiffyg hunan-werth.

Mae'r isddiwylliant yn cynnig ateb drwy roi *hierarchaeth statws amgen* iddyn nhw, lle gallan nhw ennill parch eu cyfoedion drwy gyflawni gweithredoedd tramgwyddus. Mae'n troi gwerthoedd cymdeithas wyneb i waered: er enghraifft, mae cymdeithas yn parchu eiddo, ond mae bechgyn yn ennill statws yn y grŵp drwy ddifrodi eiddo.

Cloward ac Ohlin: tri isddiwylliant

Mae Cloward ac Ohlin yn nodi bod ardaloedd gwahanol yn cynhyrchu mathau gwahanol o isddiwylliant gwyrdroëdig:

- **Isddiwylliannau troseddol** – yn dod i'r amlwg mewn ardaloedd lle mae rhwydwaith troseddol proffesiynol yn gweithredu ers blynyddoedd. Maen nhw'n dewis pobl ifanc addas ar gyfer 'prentisiaeth' mewn troseddu iwtilitaraidd a gyrfa droseddol yn y dyfodol.
- **Isddiwylliannau gwrthdaro** – yn dod i'r amlwg mewn ardaloedd lle mae'r unig gyfleoedd troseddol yn ymwneud â gangiau stryd. Mae trais yn gyfle i fynegi rhwystredigaeth ac ennill statws drwy ddwyn tiriogaeth gangiau eraill.
- **Isddiwylliannau enciliol** – pobl sydd wedi troi eu cefn ar gymdeithas ac sydd wedi methu â llwyddo yn y strwythurau cyfreithlon ac anghyfreithlon. Mae'r defnydd o gyffuriau yn amlwg yn yr isddiwylliannau hyn.

Cwestiwn

Beth sy'n debyg ac yn wahanol am yr isddiwylliannau enciliol a syniad Merton o encilio fel ffordd o addasu i straen?

Rhyngweithiadaeth

Yn ôl rhyngweithiadwyr, mae ein rhyngweithio â'n gilydd yn seiliedig ar *ystyron* neu labeli. Er enghraifft, mae 'troseddol' yn label y gall rhai pobl (fel swyddogion yr heddlu) ei roi ar y ffordd mae pobl eraill (fel dynion ifanc) yn rhyngweithio â'i gilydd. Mae 'trosedd' a 'throseddwyr' yn lluniadau cymdeithasol – cysyniadau rydyn ni'n eu creu drwy ein rhyngweithio cymdeithasol.

Damcaniaeth labelu

Mae damcaniaeth labelu yn nodi nad yw unrhyw weithred yn wyrdroëdig nac yn droseddol ynddi ei hun. Mae'n dod yn droseddol pan fydd cymdeithas yn creu rheolau ac yn eu gorfodi ar bobl eraill. Er enghraifft, fyddai'r weithred o ysmygu canabis ddim yn 'cyfrif' fel trosedd heblaw bod cymdeithas yn llunio deddf sy'n ei gwneud yn drosedd ac yn gorfodi'r gyfraith honno ar ysmygwyr canabis. Felly, er mwyn deall troseddoldeb, rhaid i ni ganolbwyntio ar sut mae gweithredoedd a phobl benodol yn cael eu labelu'n droseddol yn y lle cyntaf.

Gorfodi'r gyfraith mewn ffordd wahaniaethol

Mae rhyngweithiadwyr yn dadlau bod asiantaethau rheolaeth gymdeithasol fel yr heddlu yn labelu grwpiau penodol yn droseddwyr. Mae hyn yn arwain at orfodi gwahaniaethol – lle mae'r gyfraith yn cael ei gorfodi'n fwy llym yn erbyn un grŵp nag yn erbyn grŵp arall. Yn ôl Piliavin a Briar, roedd penderfyniadau'r heddlu i arestio yn seiliedig ar stereoteipiau am ymddygiad, gwisg, rhywedd, dosbarth cymdeithasol ac ethnigrwydd unigolyn, a'r amser a'r lle. Roedd dynion ifanc a oedd yn cael eu stopio yn hwyr yn y nos mewn ardaloedd â chyfraddau trosedd uchel yn fwy tebygol o gael eu harestio.

Baner Canada yn dangos deilen ganabis yn lle'r ddeilen fasarn *(maple leaf)* swyddogol: rhan o'r ymgyrch i gyfreithloni'r cyffur.

Yn yr un modd, fel mae Uned 1, Testun 1.5 wedi'i ddangos, nododd Cicourel fod yr heddlu yn defnyddio teipeiddiadau (stereoteipiau) o'r 'tramgwyddwr nodweddiadol'. Mae pobl ifanc dosbarth gweithiol a rhai sy'n perthyn i leiafrifoedd ethnig yn fwy tebygol o gyfateb i'r teipeiddiadau a chael eu stopio, eu harestio a'u cyhuddo.

Labelu a'r broffwydoliaeth hunangyflawnol

Fel mae Edwin Lemert wedi dadlau, mae labelu yn achosi trosedd a gwyredd. Drwy labelu pobl benodol fel rhai gwyrdroëdig, mae cymdeithas yn eu hannog i ddod yn fwy gwyrdroëdig. Mae Lemert yn esbonio hyn drwy wahaniaethu rhwng gwyredd sylfaenol ac eilaidd:

- **Gwyredd sylfaenol** Gweithredoedd sydd heb eu labelu'n gyhoeddus. Maen nhw'n aml yn bethau dibwys ac fel arfer nid yw pobl yn cael eu dal, e.e. teithio ar drafnidiaeth gyhoeddus heb dalu. Dydy'r bobl sy'n cyflawni'r gweithredoedd hyn ddim fel arfer yn eu hystyried eu hunain yn droseddwyr.
- **Gwyredd eilaidd** Yn deillio o labelu. Os yw pobl yn trin y troseddwr yn nhermau ei label yn unig, dyma fydd ei *statws meistr* neu'r hunaniaeth sy'n ei reoli. Mae'r unigolyn yn cael ei weld fel lleidr, er enghraifft, ac mae'r label hwn yn dod yn bwysicach na phob statws arall sydd ganddo, fel tad, capelwr, cydweithiwr, etc.

O ganlyniad, efallai bydd y gymdeithas yn gwrthod y troseddwr ac yn ei orfodi i droi at droseddwyr eraill, gan ymuno ag isddiwylliant gwyrdroëdig. Mae'r carchar yn enghraifft eithafol o hyn: mae'r troseddwr yn cael ei eithrio o gymdeithas arferol a'i roi gyda phobl eraill sy'n cadarnhau ei hunaniaeth droseddol, yn rhoi modelau rôl troseddol iddo ac yn dysgu sgiliau troseddol iddo.

Mae'r hyn sydd wedi digwydd yn *broffwydoliaeth hunangyflawnol*: mae'r unigolyn bellach yn ymddwyn yn union fel y label a roddwyd iddo. Canlyniad hyn yw bod rhagor o droseddu yn fwy tebygol.

GWEITHGAREDD / **Clip fideo**

Labelu   Ewch i Hwb: www.hwb.gov.wales/

Sbiral ymhelaethu gwyredd

Enghraifft arall o'r ymagwedd ryngweithiadol yw'r sbiral ymhelaethu gwyredd. Proses yw hon lle mae ymateb yn llym mewn ymgais i reoli gwyredd yn achosi mwy o wyredd yn hytrach na llai. Mae hyn yn arwain at fwy o ymdrechion i reoli'r gwyredd, a mwy o wyredd eto o ganlyniad i hynny, ac yn y blaen.

Mods a'r rocers Gwelwyd enghraifft o'r sbiral ymhelaethu gwyredd yn Uned 1, Testun 1.5, yn astudiaeth Cohen o'r mods a'r rocers. Gwelwyd:

- **Gorbwysleisio gan y cyfryngau**, gan achosi pryder cynyddol ymhlith y cyhoedd.
- **Entrepreneuriaid moesol** yn galw am ymateb llym. Ymateb yr heddlu oedd arestio mwy o bobl ifanc, gan arwain at fwy o bryder.
- **Y mods a'r rocers wedi'u labelu mewn ffordd negyddol** fel 'diawliaid y werin', a gwnaeth hyn ymyleiddio'r bobl ifanc, gan arwain at fwy o wyredd.

Yr hipis Roedd enghraifft o sbiral ymhelaethu gwyredd hefyd i'w gweld yn astudiaeth Jock Young o hipis a oedd yn defnyddio canabis. Ar y dechrau, doedd y defnydd o gyffuriau ddim yn ganolog i ffordd o fyw yr hipis, ac ni wnaeth yr awdurdodau ymyrryd (gwyredd sylfaenol). Fodd bynnag, yn dilyn cyrchoedd ac arestiadau gan yr heddlu, ac ymdrech i labelu'r hipis yn bobl a oedd yn gaeth i gyffuriau, gwnaethon nhw encilio i grwpiau caeedig. Yno, gwnaethon nhw ddatblygu isddiwylliant gwyrdroëdig, a'r defnydd o gyffuriau caled oedd y prif weithgarwch (proffwydoliaeth hunangyflawnol). Mae hyn yn dangos sut mae prosesau rheoli (gweithredoedd yr heddlu) sy'n ceisio sicrhau ymddygiad cyfreithlon yn gallu achosi'r gwrthwyneb.

Rhyngweithiadaeth ac ystadegau troseddu

Mae rhyngweithiadwyr yn gwrthod y defnydd o ystadegau troseddu yr heddlu. Maen nhw'n dadlau bod yr ystadegau yn mesur yr hyn mae'r *heddlu* yn ei wneud yn hytrach na'r hyn mae *troseddwyr* yn ei wneud.

Er enghraifft, os yw'r heddlu'n penderfynu mai dynion dosbarth gweithiol yw'r troseddwyr nodweddiadol, byddan nhw'n treulio mwy o amser yn mynd ar ôl y grŵp hwn na throseddwyr coler wen, dosbarth canol. O ganlyniad, bydd yr ystadegau yn llawn o ddynion dosbarth gweithiol, oherwydd stereoteipiau'r heddlu. Felly, mae eu hystadegau yn lluniad cymdeithasol, ac nid ydyn nhw'n fesur gwirioneddol o nifer y troseddau sy'n cael eu cyflawni.

Damcaniaeth Marcsaidd o drosedd a chyfraith

Mae Marcsaeth yn ddamcaniaeth strwythurol. Mae Marcswyr yn dadlau bod strwythur anghyfartal cymdeithas gyfalafol yn siapio ymddygiad pobl. Un elfen o hyn yw ymddygiad troseddol a'r ffordd mae cymdeithas yn delio â hyn.

Mae Marcswyr yn dadlau bod cymdeithas gyfalafol wedi'i rhannu yn ddau ddosbarth:

- **y dosbarth cyfalafol sy'n rheoli** neu'r *bourgeoisie,* sy'n berchen ar ddulliau cynhyrchu (busnesau, banciau, tir etc.)
- **y dosbarth gweithiol** neu'r *proletariat* – mae'r cyfalafwyr yn ecsbloetio llafur y grŵp hwn i wneud elw.

Mae holl sefydliadau cymdeithas gyfalafol yn gwarchod yr anghydraddoldeb a'r ecsbloetio hwn. Mae hyn yn arbennig o wir am y gyfraith a'r system cyfiawnder troseddol. Ym marn Marcswyr, mae'r gyfraith, y llysoedd a'r heddlu yn ffordd o gadw aelodau'r dosbarth gweithiol yn eu lle.

Mae tair prif elfen yn perthyn i'r safbwynt Marcsaidd ar drosedd a'r gyfraith, sef: mae cyfalafiaeth yn achosi trosedd; mae deddfu a gorfodi'r gyfraith yn dangos tuedd; ac mae trosedd a'r gyfraith yn cyflawni swyddogaethau ideolegol.

Mae cyfalafiaeth yn achosi trosedd

Ym marn Marcswyr, mae trosedd yn anorfod mewn cymdeithas gyfalafol, gan fod cyfalafiaeth yn system *droseddogenig* (yn achosi trosedd). Mae sawl rheswm dros hyn:

- Mae ecsbloetio'r dosbarth gweithiol yn gwthio llawer o bobl i sefyllfa o dlodi, ac efallai mai trosedd yw'r unig ffordd o oroesi.
- Mae cyfalafiaeth yn gwthio nwyddau ar bobl yn barhaus drwy hysbysebu, gan arwain at droseddau iwtilitaraidd (e.e. dwyn) er mwyn cael gafael arnyn nhw.
- Mae anghydraddoldeb yn achosi ymddieithrio a rhwystredigaeth, gan arwain at droseddau sydd ddim yn iwtilitaraidd (e.e. trais a fandaliaeth).
- Mae cyfalafiaeth yn achosi trosedd ymhlith y cyfalafwyr eu hunain. Mae cyfalafiaeth yn system 'pawb drosto'i hun' ac mae elw fel cymhelliad yn annog trachwant. Mae hyn yn annog cyfalafwyr i gyflawni troseddau corfforaethol (e.e. efadu trethi, torri deddfau iechyd a diogelwch) i gael mantais.

Deddfu a gorfodi'r gyfraith

Yn ôl Marcswyr, mae deddfu a gorfodi'r gyfraith yn gwarchod buddiannau'r dosbarth cyfalafol.

Deddfu Mae William Chambliss yn dadlau bod deddfau'n cael eu llunio i amddiffyn eiddo preifat pobl gyfoethog. Er enghraifft, mae deddfau'n bodoli sy'n atal pobl ddigartref rhag sgwatio mewn tai gwag, ond does dim deddfau sy'n atal pobl gyfoethog rhag bod yn berchen ar sawl tŷ. Prin iawn yw'r deddfau sy'n herio dosbarthiad anghyfartal cyfoeth.

> ### Cwestiwn
>
> Pa ddeddfau fyddai'n gallu cael eu cyflwyno i ddosbarthu cyfoeth yn fwy cyfartal?

Gorfodi'r gyfraith mewn ffordd ddewisol Mae Marcswyr yn cytuno â rhyngweithiadwyr bod y gyfraith yn cael ei gorfodi mewn ffordd ddewisol – yn erbyn y dosbarth gweithiol ond nid yn erbyn y dosbarthiadau cymdeithasol uwch. Mae troseddau corfforaethol a choler wen y cyfoethog yn llawer llai tebygol o gael eu herlyn na throseddau 'stryd' y dosbarth gweithiol:

- O'r 200 o gwmnïau a oedd wedi torri deddfau diogelwch, nododd Carson mai dim ond tri chwmni gafodd eu herlyn.
- Er bod esgeuluster y cyflogwr yn gyfrifol am nifer mawr o farwolaethau yn y gwaith, dim ond un cwmni yn y DU gafodd ei erlyn yn llwyddiannus am laddiad corfforaethol mewn cyfnod o wyth mlynedd.
- Mae'r gosb am droseddau corfforaethol yn aml yn llai llym – er enghraifft, dirwyon yn hytrach na dedfryd o garchar – er eu bod gallu achosi niwed mawr.

Swyddogaethau ideolegol trosedd a'r gyfraith

Mae Marcswyr yn dadlau bod syniadau am drosedd a'r gyfraith yn *ideoleg* – set o syniadau sy'n cuddio anghydraddoldeb cymdeithas gyfalafol. Er enghraifft:

- Mae gorfodaeth ddewisol yn rhoi'r argraff mai bai'r dosbarth gweithiol yw trosedd. Mae hyn yn creu rhaniadau ymhlith y dosbarth gweithiol, ac yn annog gweithwyr i feio troseddwyr dosbarth gweithiol am eu problemau, yn hytrach na chyfalafiaeth.
- Mae hyn hefyd yn tynnu'r sylw oddi wrth y troseddau llawer mwy difrifol ymhlith y dosbarth sy'n rheoli.
- Mae rhai deddfau o fudd i weithwyr i ryw raddau, e.e. deddfau iechyd a diogelwch. Fodd bynnag, mae Pearce yn dadlau bod y deddfau hyn hefyd o fudd i gyfalafiaeth drwy roi wyneb 'gofalgar' i'r drefn.

Mae'r syniadau hyn yn annog y dosbarth gweithiol i dderbyn cyfalafiaeth yn hytrach na'i herio drwy greu cymdeithas sy'n fwy cydradd.

Realaeth y dde a throsedd

Mae gan realwyr y dde safbwynt gwleidyddol adain dde a cheidwadol. Iddyn nhw, mae trosedd, yn enwedig trosedd stryd, yn broblem gynyddol. Prif flaenoriaeth realwyr y dde yw dod o hyd i atebion ymarferol i leihau trosedd. Yn eu barn nhw, y ffordd orau o wneud hyn yw drwy reoli a chosbi, yn hytrach nag adsefydlu troseddwyr neu fynd i'r afael ag achosion fel tlodi.

Achosion trosedd

Mae realwyr y dde yn gwrthod y safbwynt Marcsaidd bod ffactorau fel tlodi yn achosi trosedd. Yn hytrach, maen nhw'n dadlau bod trosedd yn deillio o dri ffactor: gwahaniaethau biolegol rhwng unigolion; cymdeithasoli annigonol; a'r ffaith bod troseddu yn ddewis rhesymegol.

Gwahaniaethau biolegol rhwng unigolion

Yn ôl Wilson a Herrnstein, mae gwahaniaethau biolegol yn golygu bod rhai unigolion yn fwy tebygol o droseddu. Yn eu barn nhw, mae nodweddion personoliaeth sy'n gysylltiedig â throseddoldeb – fel bod yn ymosodol, cymryd risgiau neu ddeallusrwydd isel – yn gynhenid (wedi eich geni â nhw).

Cymdeithasoli annigonol

Gall cymdeithasoli effeithiol leihau'r siawns y bydd unigolyn yn troseddu drwy ddysgu hunanreolaeth a gwerthoedd cywir iddo. I realwyr y dde, y teulu cnewyllol yw'r cyfrwng cymdeithasoli gorau.

Fodd bynnag, yn ôl Murray, mae budd-daliadau lles hael yn tanseilio uned y teulu cnewyllol. Mae'n honni bod hyn wedi arwain at gynnydd graddol yn nifer y teuluoedd rhiant sengl sy'n dibynnu ar fudd-daliadau. Does dim angen i'r tad aros yn y cartref bellach na bod yn gyfrifol am gynnal ei deulu gan fod y wladwriaeth yn gwneud hyn drosto.

Yr isddosbarth Mae Murray'n dadlau bod dibynnu ar fudd-daliadau yn creu 'isddosbarth' sy'n methu cymdeithasoli eu plant yn iawn. Oherwydd bod tadau yn absennol, does dim disgyblaeth na model rôl gwyrw addas gan fechgyn, gan nad ydyn nhw'n gweld dyn sy'n gweithio'n galed i gynnal ei deulu. O ganlyniad, mae bechgyn yn troi at fodelau rôl tramgwyddus mewn gangiau stryd, ac mae dynion ifanc yn ennill statws drwy droseddu yn hytrach na thrwy gynnal eu teuluoedd.

Mae troseddu yn ddewis rhesymegol

Un rhan bwysig o realaeth y dde yw *damcaniaeth dewis rhesymegol*. Mae hyn yn tybio bod pobl yn fodau rhesymegol ag ewyllys rydd. Mae penderfynu cyflawni trosedd yn ddewis sy'n seiliedig ar ystyriaeth resymegol o'r canlyniadau: hynny yw, pwyso a mesur y costau/risgiau yn erbyn y gwobrau/buddion. Os yw'n ymddangos bod gwobrau trosedd yn fwy na'r risgiau, bydd pobl yn fwy tebygol o droseddu.

Mae realwyr y dde yn dadlau bod y gyfradd troseddu yn uchel oherwydd bod costau trosedd yn ymddangos yn isel. Dydy troseddwyr ddim yn disgwyl cael eu dal, nac yn disgwyl derbyn cosbau llym hyd yn oed ar ôl derbyn euogfarn.

Damcaniaeth gweithgaredd arferol Felson Mae hyn yn cyflwyno syniad tebyg. Er mwyn i drosedd ddigwydd, mae Felson yn dadlau bod angen tri ffactor: (i) troseddwr â chymhelliad, (ii) targed addas (dioddefwr neu eiddo) ac (iii) absenoldeb 'gwarchodwr abl' (e.e. swyddog yr heddlu neu gymydog). I Felson, mae troseddwyr yn gweithredu'n rhesymegol, felly mae presenoldeb gwarchodwr yn debygol o'u hatal.

Fodd bynnag, os yw damcaniaeth dewis rhesymegol yn gywir, gall troseddwyr weithredu'n rhesymegol a throi at fan arall lle mae'r targed yn haws. Yr enw ar hyn yw ailgyfeirio – dydy troseddu ddim yn lleihau, mae'n symud.

Cwestiwn

Pam gallai realaeth y dde esbonio troseddau fel bwrgleriaeth neu ddwyn o siopau yn well na throseddau treisgar fel ymosod?

Realaeth y chwith a throsedd

Mae gan realwyr y chwith safbwynt gwleidyddol adain chwith a sosialaidd. Iddyn nhw, anghydraddoldeb mewn cymdeithas gyfalafol sydd wrth wraidd trosedd. Maen nhw'n dadlau mai'r prif ddioddefwyr yw grwpiau difreintiedig: y dosbarth gweithiol, lleiafrifoedd ethnig a menywod. Mae'r cyfraddau troseddu uchaf i'w cael mewn ardaloedd dosbarth gweithiol lle mae lefelau uchel o ddiweithdra ac amddifadedd. Mae tystiolaeth hefyd nad yw'r heddlu bob amser yn ystyried troseddau yn erbyn y grwpiau hyn o ddifrif. Yn ôl realwyr y chwith, y ffordd o leihau trosedd yw drwy wneud cymdeithas yn fwy teg a chydradd.

Achosion trosedd

Mae Lea ac Young yn nodi tri ffactor cysylltiedig sy'n achosi trosedd: amddifadedd cymharol, isddiwylliant ac ymyleiddio *(marginalisation)*.

Amddifadedd cymharol

Ym marn realwyr y chwith, amddifadedd cymharol yw prif achos trosedd – pan fydd unigolyn yn teimlo'n amddifad neu'n dlawd *o gymharu â phobl eraill*. Mae Lea ac Young yn dadlau bod dau ffactor yn creu ymdeimlad o amddifadedd cymharol:

- Ar un llaw, mae'r cyfryngau'n rhannu negeseuon drwy'r amser sy'n annog pobl i fod eisiau eiddo materol, gan hybu'r hyn mae Young yn ei alw'n 'ddiwylliant sy'n gaeth i Gucci, BMW a Nike'.
- Ar y llaw arall, mae cymdeithas yn dod yn fwy anghyfartal oherwydd toriadau i fudd-daliadau, diweithdra, ansicrwydd swyddi a chyflogau isel.

Ar un pegwn, dydy llawer o bobl heddiw byth yn mynd i allu fforddio'r ffordd o fyw sy'n cael ei phortreadu gan y cyfryngau. Ar y pegwn arall, mae pêl-droedwyr, bancwyr ac unigolion eraill yn derbyn mwy o wobrau nag y maen nhw, ym marn nifer, yn eu haeddu. Gan fod hyn yn ymddangos yn annheg, mae rhai yn troi at droseddu i gael yr hyn maen nhw'n ei haeddu, yn eu barn nhw.

Cwestiwn

Pa nodweddion tebyg gallwch chi eu gweld rhwng y syniadau hyn a rhai Merton am lwyddiant ariannol, cyfleoedd wedi'u rhwystro a straen?

Mae Young yn nodi bod 'amddifadedd cymharol tuag i lawr' hefyd yn bodoli erbyn hyn: mae pobl mwy breintiedig yn dal dig yn erbyn pobl llai breintiedig sydd, iddyn nhw, yn byw ar draul pobl eraill. Gall hyn esbonio rhai troseddau casineb yn erbyn grwpiau di-rym, er enghraifft ceiswyr lloches neu bobl anabl.

Isddiwylliant

Ym marn realwyr y chwith, isddiwylliant yw'r ffordd mae grŵp yn datrys problem amddifadedd cymharol. Mae rhai isddiwylliannau yn troi at drosedd i ddatrys y broblem.

Mae isddiwylliannau troseddol yn rhannu nodau materol cymdeithas, ond gan fod cyfleoedd cyfreithlon wedi'u rhwystro (er enghraifft, yn methu cael swyddi sy'n talu'n dda), maen nhw'n troi at drosedd. Weithiau bydd pobl ifanc yng nghanol dinasoedd yn methu cael swyddi sy'n talu'n dda, oherwydd gwahaniaethu neu ansawdd gwael yr addysg maen nhw wedi'i derbyn. Oherwydd hyn, mae trosedd yn cynnig ffordd arall o gael y nwyddau maen nhw'n eu dymuno.

Fodd bynnag, dydy pob isddiwylliant ddim yn troi at drosedd. Bydd rhai yn troi at grefydd i gael cysur ac esboniad am eu hamddifadedd (e.e. mai dyma yw ewyllys Duw). Gall hyn annog cydymffurfiad yn hytrach na throseddoldeb.

Ymyleiddio

Yn ôl Lea ac Young, grwpiau ymylol yw rhai sydd heb sefydliadau sy'n cynrychioli eu buddiannau, a does dim nodau penodol ganddyn nhw. Er enghraifft, mae pobl ifanc ddi-waith yn grŵp ymylol iawn.

Yn wahanol i weithwyr, sydd â nodau clir (e.e. cyflogau uwch) a sefydliadau i roi llais i'w cwynion (fel undebau llafur), does gan bobl ifanc ddi-waith ddim nodau clir na sefydliadau i'w cynrychioli. Yn hytrach, maen nhw'n teimlo'n ddi-rym, yn rhwystredig ac yn chwerw, ac maen nhw'n mynegi hyn drwy droseddau fel trais a therfysg.

Damcaniaethau gwyliadwriaeth

Ystyr gwyliadwriaeth yw monitro pobl i reoli troseddu. Mae damcaniaethau gwyliadwriaeth yn edrych ar ddulliau gwyliadwriaeth, gan gynnwys technoleg fel camerâu teledu cylch cyfyng (*CCTV: Closed-circuit Television*), tagio, a chronfeydd data sy'n cynhyrchu proffiliau o unigolion a grwpiau.

Foucault: y panoptigon

Yn ôl Foucault, yn y gymdeithas fodern, rydyn ni'n cael ein rheoli fwyfwy drwy hunan-wyliadwriaeth. Enw Foucault ar hyn yw 'grym disgyblu'. I brofi hyn, mae'n cyfeirio at ddyluniad carchardai o'r enw'r panoptigon (sy'n golygu 'gweld popeth').

Yn y panoptigon, gall y swyddogion weld celloedd y carcharorion o un man gwylio canolog (e.e. tŵr gwylio) ond nid yw'r carcharorion yn gallu gweld y swyddogion. Felly, gan nad ydyn nhw'n gwybod a oes rhywun yn eu gwylio, rhaid i'r carcharorion ymddwyn fel pe bai rhywun yn eu gwylio drwy'r amser. Fel hyn, mae gwyliadwriaeth yn troi yn hunan-wyliadwriaeth ac mae disgyblaeth yn troi yn hunan-ddisgyblaeth: mae rheolaeth yn anweledig, y tu mewn i feddwl y carcharor ei hun.

Mae Foucault yn dadlau bod sefydliadau eraill (e.e. ysbytai meddwl, baracs y fyddin, gweithleoedd ac ysgolion) wedi dilyn y patrwm hwn. Mae grym disgyblu a hunan-wyliadwriaeth bellach wedi ymdreiddio i bob rhan o gymdeithas ac yn cyrraedd pob unigolyn.

GWEITHGAREDD	Clip fideo
Foucault	Ewch i Hwb: www.hwb.gov.wales/

Sawl camera teledu cylch cyfyng (CCTV) sy'n monitro eich ymddygiad *chi*?

Gwyliadwriaeth synoptig

Yn ôl Mathiesen, yn ogystal â gwyliadwriaeth oddi uchod, fel yn y panoptigon, mae gwyliadwriaeth oddi isod hefyd yn bodoli erbyn hyn. Yr enw mae'n ei roi ar hyn yw'r 'synoptigon' – lle mae pawb yn gwylio pawb.

Er enghraifft, gall modurwyr a beicwyr fonitro ymddygiad pobl eraill drwy ddefnyddio camerâu ar y dangosfwrdd neu'r helmed. Bydd gweld camera yn rhybuddio modurwyr a beicwyr eraill eu bod dan wyliadwriaeth, ac yn golygu eu bod yn ymarfer hunan-ddisgyblaeth.

Cwestiwn

Pa sefyllfaoedd eraill gallwch chi feddwl amdanyn nhw lle rydych chi'n cael eich monitro neu'n monitro pobl eraill?

Cyfiawnder actiwaraidd a phroffilio

Mae'r term 'actiwaraidd' yn dod o'r diwydiant yswiriant; actiwari yw rhywun sy'n cyfrifo'r risg y bydd digwyddiadau penodol yn digwydd. Er enghraifft, beth yw'r tebygrwydd y bydd rhywun yn torri i mewn i'ch tŷ yn y 12 mis nesaf?

I Feeley a Simon, mae cyfiawnder actiwaraidd yn fath newydd o wyliadwriaeth. Ei nod yw rhagweld ac atal troseddu yn y dyfodol. Mae'n defnyddio gwybodaeth ystadegol i leihau trosedd drwy lunio proffiliau o droseddwyr tebygol.

PROFI EICH HUN

Cwestiwn ymarfer

Disgrifiwch yn fyr **un** ddamcaniaeth gymdeithasegol o droseddoldeb. (4 marc)

> *Ffynhonnell: arholiad CBAC Troseddeg Uned 2 2020*

Cyngor

Dewiswch un o'r damcaniaethau cymdeithasegol o droseddoldeb canlynol: damcaniaeth swyddogaethol Durkheim; damcaniaeth straen Merton; damcaniaeth isddiwylliannol; damcaniaeth labelu; Marcsaeth; realaeth y dde; realaeth y chwith; damcaniaethau gwyliadwriaeth (e.e. Foucault).

Gwnewch yn siŵr eich bod yn defnyddio termau allweddol y ddamcaniaeth rydych chi wedi'i dewis ac yn llunio eich ateb o'u cwmpas. Er enghraifft:

Ar gyfer damcaniaeth isddiwylliannol: ymateb grŵp i fethiant; rhwystredigaeth statws; hierarchaeth statws amgen; trosedd sydd ddim yn iwtilitaraidd; isddiwylliannau troseddol, gwrthdaro ac enciliol.

Ar gyfer damcaniaeth labelu: mae trosedd yn lluniad cymdeithasol; gorfodi'r gyfraith mewn ffordd wahaniaethol; stereoteipio gan yr heddlu; proffwydoliaeth hunangyflawnol; gwyredd sylfaenol ac eilaidd; statws meistr; sbiral ymhelaethu gwyredd.

Ar gyfer damcaniaethau eraill, edrychwch yn ôl drwy'r testun hwn a gwnewch restr o dermau allweddol pob damcaniaeth i'w defnyddio yn eich ateb.

Mae hwn yn gwestiwn byr a byddai'n syniad da ymarfer ysgrifennu un neu ddau ateb arall, pob un ar ddamcaniaeth gymdeithasegol wahanol.

Dadansoddi sefyllfaoedd troseddoldeb

Man cychwyn

Gan weithio ar eich pen eich hun:

1. Ysgrifennwch frawddeg yr un ar gyfer y tair damcaniaeth fiolegol sy'n esbonio pam mae pobl yn troseddu.

2. Nawr gwnewch yr un peth ar gyfer tair damcaniaeth unigolyddol a thair damcaniaeth gymdeithasegol o drosedd.

Rhannwch eich atebion â'r dosbarth a nodwch unrhyw bwyntiau nad oeddech chi wedi'u cynnwys.

Roedd y tri thestun blaenorol yn edrych ar ddamcaniaethau sy'n ceisio esbonio troseddoldeb. Yn y testun hwn, byddwn ni'n cymhwyso'r damcaniaethau hyn at astudiaethau achos sy'n ymdrin â sefyllfaoedd troseddoldeb penodol. Mae rhai o'r astudiaethau achos yn sefyllfaoedd go iawn, ond mae rhai eraill yn senarios sy'n debyg i'r rhai a allai godi yn arholiad Uned 2.

Achos Eddie

Mae Eddie yn 13 oed. Nid yw'n gwneud yn dda yn yr ysgol, ac mae'r athrawon wedi'i roi yn y set waelod ar gyfer y rhan fwyaf o bynciau. Mae'r athrawon yn meddwl bod Eddie braidd yn 'dwp'. Maen nhw naill ai yn ei anwybyddu, neu maen nhw'n dweud y drefn wrtho pan nad yw'n gallu dilyn y wers ac yn dechrau camymddwyn i ddifyrru ei ffrindiau, neu oherwydd ei fod wedi diflasu. Mae'n casáu'r ysgol ac yn teimlo bod yr athrawon yn edrych i lawr arno. Mae'n gwybod ei fod yn mynd i fethu, ac mae'n edrych ymlaen at adael.

Mae Eddie'n ffrindiau gyda bechgyn eraill sydd hefyd yn casáu'r ysgol. Maen nhw'n aml yn colli'r ysgol gyda'i gilydd ac yn cwrdd yn y ganolfan siopa, lle maen nhw wedi dod i adnabod rhai bechgyn hŷn. Enw un o'r bechgyn hŷn yw Aled. Mae Aled yn hyderus iawn; derbyniodd euogfarn yn ddiweddar am fân droseddau fandaliaeth, ac mae'n hoffi brolio am hyn. Mae Eddie a'r lleill yn ei edmygu ac yn meddwl bod cofnod troseddol Aled yn fathodyn anrhydedd.

Mae Eddie eisiau bod fel Aled gan fod ffrindiau Eddie i gyd yn gweld Aled fel rhyw fath o arweinydd. Mae Eddie'n penderfynu cael can o baent ac mae'n chwistrellu graffiti ar wal yr ysgol.

Cymhwyso damcaniaethau at achos Eddie

Gellir cymhwyso esboniadau cymdeithasegol at achos Eddie, gan gynnwys damcaniaethau labelu ac isddiwylliannol, yn ogystal ag ymagweddau unigolyddol fel damcaniaeth dysgu cymdeithasol.

Damcaniaeth labelu

Roedd athrawon Eddie wedi eu labelu'n 'dwp', ac roedd yr ysgol wedi ei osod yn y setiau gwaelod, gan awgrymu nad oedd llawer o ffydd ganddyn nhw ynddo a'u bod yn disgwyl iddo fethu. Mae hyn wedi dod yn broffwydoliaeth hunangyflawnol. Mae Eddie'n gwybod bod yr ysgol yn ei ystyried yn fethiant: dydy e ddim yn hoffi'r ysgol (wedi'r cwbl, dydy'r ysgol ddim yn ei hoffi ef); mae'n diflasu, yn camymddwyn, yn mynd i drafferth ac yn colli'r ysgol. Mae methiant addysgol yn aml yn gysylltiedig ag ymddygiad troseddol, ac efallai mai dyma achos sylfaenol troseddoldeb Eddie.

Damcaniaeth isddiwylliannol

Mae damcaniaeth isddiwylliannol Cohen yn nodi bod bechgyn dosbarth gweithiol yn tangyflawni ac yn methu ag ennill statws yn yr ysgol (er enghraifft, drwy fod yn y setiau gwaelod fel Eddie). Oherwydd hyn, maen nhw'n trio ennill statws drwy ymuno ag isddiwylliant gwyrdroëdig gyda bechgyn mewn sefyllfa debyg (ffrindiau Eddie sydd hefyd yn colli'r ysgol). Mae'r isddiwylliant yn troi gwerthoedd cymdeithas brif-ffrwd wyneb i waered. Er enghraifft, mae cymdeithas yn rhoi gwerth ar barchu eiddo, ond mae'r isddiwylliant yn fandaleiddio eiddo, fel mae Eddie ac Aled yn ei wneud. Drwy gyflawni gweithredoedd o'r fath, mae'r bechgyn yn ennill statws yn hierarchaeth statws amgen yr isddiwylliant. Roedd euogfarn droseddol Aled yn fathodyn anrhydedd, nid cywilydd, ac mae'r bechgyn eraill yn ei edmygu.

Damcaniaeth dysgu cymdeithasol

Yn ôl y ddamcaniaeth hon, rydyn ni'n fwy tebygol o ddynwared ymddygiad model os ydyn ni'n gweld yr ymddygiad hwnnw yn cael ei atgyfnerthu mewn ffordd gadarnhaol. Mae Eddie'n gweld bod y bechgyn eraill yn gwobrwyo Aled ac yn edmygu ei ymddygiad troseddol, felly mae'n penderfynu ei ddynwared drwy chwistrellu graffiti. Mae unigolyn yn fwy tebygol o ddynwared model os oes ganddo statws uwch ond yn rhywun y gall y dynwaredwr uniaethu ag ef: mae Aled yn fodel da gan ei fod ychydig yn hŷn ond mae'n hawdd uniaethu ag ef mewn ffyrdd eraill gan ei fod mewn sefyllfa debyg i Eddie.

Achos y Ford Pinto

O'r 1970au, roedd cwmni ceir Ford yn UDA mewn cystadleuaeth ffyrnig â chynhyrchwyr ceir bach yn Japan ac Ewrop. Galwodd Lee Iacocca, pennaeth Ford, ar y cwmni i gynhyrchu car bach a fyddai'n costio llai na $2,000. Er mwyn bodloni'r gofynion hyn, penderfynodd y dylunwyr roi'r tanc tanwydd yng nghefn y car newydd, y Pinto.

Er bod dyluniad y Pinto yn cydymffurfio â rheoliadau diogelwch ceir y llywodraeth, dangosodd profion Ford fod y tanc tanwydd mewn perygl o fynd ar dân pe bai cefn y car mewn gwrthdrawiad. Cynhaliodd Ford ddadansoddiad cost-budd i gyfrifo'r niwed tebygol o ganlyniad i'r nam hwn. Roedd yr amcangyfrifon yn awgrymu y byddai'n arwain at 180 o farwolaethau a 180 o anafiadau llosg difrifol, yn ogystal â 2,100 o geir wedi'u llosgi'n llwyr. Cyfrifodd Ford y byddai'n rhatach talu iawndal am y marwolaethau a'r anafiadau (cyfanswm o $49m) nag ailddylunio'r car a datrys y broblem, a fyddai'n costio $11 y car (cyfanswm o $137m).

Yn 1978, cafodd Ford ei erlyn am esgeuluster troseddol yn dilyn marwolaeth tair merch ysgol pan aeth car Pinto ar dân yn dilyn gwrthdrawiad â chefn y cerbyd. Fodd bynnag, cafodd y cwmni ei ryddfarnu – yn ôl yr erlynydd, yr unig reswm dros hyn oedd adnoddau cyfreithiol enfawr Ford, a olygodd fod llawer o dystiolaeth hollbwysig wedi'i chadw allan o'r treial.

| GWEITHGAREDD | Clip fideo |

Trosedd gorfforaethol 1   Ewch i Hwb: www.hwb.gov.wales/

Cymhwyso damcaniaethau at achos Pinto

Mae damcaniaethau cymdeithasegol fel damcaniaeth straen, realaeth y dde a Marcsaeth wedi cael eu cymhwyso at achos y Ford Pinto.

Damcaniaeth straen

Mae damcaniaeth straen Merton fel arfer yn cael ei defnyddio i esbonio troseddau dosbarth gweithiol, ond gellir ei chymhwyso at droseddau corfforaethol hefyd. Dadleuodd Merton fod diwylliant America yn rhoi gwerth ar gyfoeth materol neu 'lwyddiant ariannol', a bydd unrhyw un sy'n methu cael cyfoeth drwy ddulliau cyfreithlon yn tueddu i fabwysiadu dulliau anghyfreithlon – rhywbeth mae Merton yn ei alw'n 'arloesi'.

Yn achos Ford, roedd cystadleuaeth gan gwmnïau tramor yn effeithio ar elw'r cwmni, felly er mwyn cadw ei le yn y farchnad, penderfynodd y cwmni gynhyrchu car rhad, er ei fod yn gwybod am y peryglon tân. Gwnaethon nhw hefyd ddewis talu iawndal am farwolaethau ac anafiadau yn hytrach na gwario $11 ychwanegol ar bob car i'w wneud yn fwy diogel.

Realaeth y dde

Gellir cymhwyso damcaniaeth dewis rhesymegol realwyr y dde at yr achos hwn. Mae'r ddamcaniaeth yn nodi bod troseddwyr yn pwyso a mesur y risgiau a'r gwobrau, neu'r costau a'r buddion, cyn penderfynu troseddu ai peidio. Roedd dadansoddiad cost-budd Ford yn dangos y byddai'n rhatach, ac felly yn rhesymegol o safbwynt elw, i dalu iawndal yn hytrach na chywiro'r nam.

GWEITHGAREDD / **Cymhwyso damcaniaeth Marcsaidd at achos y Ford Pinto**

Gan weithio gyda phartner:

1. Edrychwch yn ôl ar Destun 2.3 i'ch atgoffa eich hun o'r safbwynt Marcsaidd ar drosedd a'r gyfraith.
2. Ym mha ffyrdd gallai syniadau Marcsaidd am drosedd a'r gyfraith gael eu cymhwyso at achos y Ford Pinto?

Achos Cai

Mae Cai yn lleidr oportiwnistaidd ac yn dwyllwr, er nad yw bob amser yn llwyddiannus. Fel lleidr, mae bob amser yn edrych am bethau i'w bachu yn gyflym pan na fydd swyddog diogelwch y siop yn edrych neu'n canolbwyntio, ac yn edrych i weld a yw ffenestr car ar agor a bag wedi ei adael ar y sedd.

Mae Cai yn ad-droseddwr *(repeat offender)*. Mae'n gymdeithasol a gall fod yn ddymunol iawn, ond mae ganddo feddwl uchel ohono'i hun; mae'n ddigywilydd, yn hyderus ac yn hunanbwysig. Does ganddo ddim cydymdeimlad â'r dioddefwyr mae'n eu twyllo – iddo ef, maen nhw'n ffyliaid sy'n haeddu popeth sy'n digwydd iddyn nhw; eu bai nhw yw'r cyfan. Cafodd Cai ei fagu mewn teulu difreintiedig, ac mae'n casáu pobl gyfoethog sydd ddim yn sylweddoli pa mor freintiedig ydyn nhw. 'Maen nhw'n haeddu popeth sy'n digwydd iddyn nhw – a mwy', meddai.

Yr unig beth sydd ar feddwl Cai yw osgoi cael ei ddal – nid yw'n oedi i feddwl a yw ei weithredoedd yn anfoesol. 'Yn y byd hwn,' meddai, 'mae pawb drosto'i hun. Rhaid i chi roi eich hun yn gyntaf.' Fodd bynnag, mae'n tueddu i gael ei ddal gan nad yw'n dda iawn yn asesu pa mor debygol ydyw o gael ei ddal. Mae'n rhy fyrbwyll ac aflonydd i ystyried pethau'n ofalus, mae'n rhy optimistaidd am ei siawns o lwyddo, mae'n mwynhau cymryd risgiau ac mae'n diystyru'r rhwystrau.

Cymhwyso damcaniaethau at achos Cai

Gellir cymhwyso sawl damcaniaeth unigolyddol a chymdeithasegol at achos Cai.

Damcaniaethau gwybyddol

Mae damcaniaeth personoliaeth droseddol Yochelson a Samenow yn dadlau bod troseddoldeb yn digwydd yn sgil camgymeriadau a thueddiadau ym mhrosesau meddwl troseddwyr, gan gynnwys hunanbwysigrwydd, gor-optimistiaeth, unigrywiaeth (y teimlad eu bod nhw'n arbennig), beio'r dioddefwr a dweud celwydd. Mae'r holl nodweddion hyn yn perthyn i bersonoliaeth Cai. Mae'r camgymeriadau hyn yn arwain at ymddygiad troseddol: mae troseddu'n haws os ydych chi'n credu, fel Cai, fod dioddefwyr yn haeddu'r hyn sy'n digwydd iddyn nhw.

Mae damcaniaeth datblygiad moesol Kohlberg yn dadlau nad yw rhai unigolion wedi datblygu o'r cam 'cyn-gonfensiynol' neu gyn-foesol sy'n nodweddiadol o blant ifanc. Yn y cam hwn, mae'r unigolyn yn diffinio'r hyn sy'n gywir ac yn anghywir yn ôl yr hyn sy'n arwain at gosb neu wobr. Dydy Cai heb ddatblygu o'r cam hwn; mae'n meddwl bod troseddu'n dderbyniol os gallwch chi osgoi cael eich dal, beth bynnag yw'r goblygiadau i bobl eraill.

Damcaniaeth personoliaeth Eysenck

Mae Eysenck yn dadlau mai math penodol o bersonoliaeth allblyg-niwrotig sy'n achosi troseddoldeb. Mae pobl allblyg yn fyrbwyll, yn gymdeithasol, yn optimistaidd, yn chwilio am gyffro ac yn cymryd risgiau – nodweddion sy'n perthyn i Cai. Gan eu bod nhw bob amser yn chwilio am gyffro, mae pobl fel hyn yn aml yn mynd i drafferth gyda'r gyfraith. Mae gan bobl niwrotig lefelau gorbryder uchel ac mae'n fwy anodd eu cyflyru drwy gosbi, felly dydyn nhw ddim yn dysgu o'u camgymeriadau. Mae Cai yn ad-droseddwr ac mae'n ymddangos nad yw wedi dysgu o gosb flaenorol.

Realaeth y dde

Yn ôl damcaniaeth gweithgaredd arferol, mae troseddwyr yn bobl oportiwnistaidd sy'n troseddu pan nad yw'r 'targed' (y pethau mae Cai yn eu dwyn o siopau a cheir) wedi'u diogelu gan 'warchodwr abl' (er enghraifft, pan nad yw'r swyddog diogelwch yn edrych). Yn yr un modd, mae damcaniaeth dewis rhesymegol yn dadlau bod troseddwyr yn pwyso a mesur y risgiau a'r gwobrau cyn penderfynu troseddu ai peidio. Mae Cai yn ceisio gwneud hyn, ond mae'n rhy fyrbwyll ac optimistaidd i wneud dewisiadau cwbl resymegol felly mae'n aml yn cael ei ddal.

Marcsaeth

Yn ôl Marcsaeth, troseddoldeb yw cynnyrch cyfalafiaeth, sy'n seiliedig ar wrthdaro dosbarthiadau cymdeithasol. Daw Cai o gefndir difreintiedig, ac mae ei agwedd tuag at ei ddioddefwyr cyfoethog – sy'n ymddangos fel gelyn iddo – yn dangos rhyw fath o ymwybyddiaeth o ddosbarth cymdeithasol. Byddai Marcswyr hefyd yn dadlau nad yw hunanoldeb Cai ('rhoi eich hun yn gyntaf') yn annisgwyl: mae cyfalafiaeth yn magu meddylfryd cystadleuol, 'pawb drosto'i hun'.

Achos Dylan

Mae Dylan yn 18 oed. Aeth i ysgol a oedd yn 'methu', gadawodd heb lawer o gymwysterau, ac mae bellach yn gweithio fel sgaffaldiwr yng nghwmni ei ewythr, lle mae wedi bod yn helpu ers ei fod yn 13. Yn anffodus, mae'r gwaith yn achlysurol ac yn ansicr, ac nid yw'n swydd reolaidd. Mae Dylan yn ddyn ifanc mawr – mae'r gwaith yn drwm ac mae ei gyhyrau wedi datblygu. Mae'r gwaith yn gallu bod yn beryglus hefyd. Un tro, pan oedd yn 14, cafodd ei daro ar ei ben gan bolyn sgaffald, ond mae'n ddyn caled ac ni aeth i'r ysbyty.

Mae Dylan yn edrych yn galed hefyd, ac yn ddiweddar mae pobl wedi dechrau pigo arno mewn tafarndai a chlybiau. Mae Dylan yn fyr ei dymer ac mae'n tueddu i ymateb yn ymosodol pan fydd yn cael ei herio. Mae'n dechrau cael tipyn o enw i'w hun. Ar rai o'r achlysuron hyn, mae rhywun wedi galw'r heddlu. Mae'r heddlu yn tueddu i weld Dylan fel 'boi caled' ac yn rhoi'r bai arno, hyd yn oed os nad yw wedi dechrau'r ffeit.

Mae Dylan yn aml yn brin o arian. Mae'n hoffi'r dillad a'r esgidiau poblogaidd sy'n cael eu hysbysebu ym mhobman, ac mae wedi dechrau dwyn o siopau er mwyn cael y ffasiwn diweddaraf.

Brandiau dillad chwaraeon: deniadol ond drud. I rai pobl, dwyn yw'r unig ffordd o gael gafael arnyn nhw.

Cymhwyso damcaniaethau at achos Dylan

Gellir cymhwyso sawl damcaniaeth gymdeithasegol o droseddoldeb at achos Dylan, gan gynnwys y canlynol.

Damcaniaeth labelu

Mae Dylan wedi cael enw drwg am ei dymer, ac mae'r heddlu wedi'i labelu'n 'foi caled' ac yn berson trafferthus. Efallai fod hyn yn rhannol oherwydd maint ei gorff, sydd o bosibl yn rhoi'r argraff ei fod yn gallu 'edrych ar ôl ei hun'. Gallai hyn olygu bod yr heddlu'n fwy tebygol o arestio a chyhuddo Dylan, a gallai hyn ddod yn broffwydoliaeth hunangyflawnol yn y pen draw. Fel dyn ifanc dosbarth gweithiol, mae Dylan hefyd yn cyfateb i ddeipeiddiad neu stereoteip yr heddlu o'r 'troseddwr nodweddiadol'.

Realaeth y chwith

Byddai realwyr y chwith yn defnyddio cysyniad amddifadedd cymharol i esbonio pam mae Dylan yn dwyn o siopau. Mae'n gweld hysbysebion am nwyddau deniadol ond nid yw'n ennill llawer o arian yn ei swydd ansicr felly mae'n troi at drosedd.

Damcaniaeth straen

Byddai damcaniaeth Merton yn cynnig safbwynt tebyg. Mae'n debyg y byddai mynychu ysgol sy'n 'methu' hefyd yn golygu bod cyfleoedd cyfreithlon – fel cymwysterau da a swydd sy'n talu'n dda – wedi'u rhwystro i Dylan. Felly, mae'n 'arloesi' drwy ddwyn o siopau i gael nwyddau sy'n ddeniadol yn gymdeithasol.

Marcsaeth

Yn debyg i ddamcaniaeth straen a realaeth y chwith, mae Marcsaeth yn cynnig safbwynt strwythurol. Er mwyn gwneud elw, mae cyfalafiaeth yn annog pobl i ddefnyddio'r pethau mae'n eu cynhyrchu, ond mae safle Dylan yn strwythur dosbarth y gymdeithas gyfalafol yn golygu mai'r unig ffordd y gall gael y nwyddau hyn yw drwy droseddu.

GWEITHGAREDD / Cymhwyso damcaniaethau biolegol at achos Dylan

Gan weithio gyda phartner:

1. Edrychwch yn ôl ar Destun 2.1 i'ch atgoffa eich hun o'r damcaniaethau biolegol o droseddoldeb.
2. Ym mha ffyrdd gallai damcaniaethau biolegol gael eu cymhwyso at achos Dylan?

Achos Corfforaeth Enron

Ar ei anterth, Enron oedd y seithfed cwmni mwyaf yn UDA. Roedd y cwmni'n gweithredu mewn ffyrdd anghyfreithlon, e.e. yn cuddio ei ddyledion ac yn cyhoeddi gwybodaeth anghywir am ei elw gyda'r nod o godi pris cyfrannau'r cwmni (a gynyddodd tua 1000% rhwng 1990 a 2000). Ond erbyn diwedd 2001, roedd pris cyfran wedi gostwng o $90.75 i 26 sent. Aeth y cwmni i'r wal – arweiniodd hyn at golledion mawr i'r cyfranddalwyr, a chollodd y gweithwyr eu swyddi a'u pensiynau gan fod y pensiynau wedi'u buddsoddi yng nghyfrannau Enron.

Roedd chwyddo pris cyfrannau Enron o fudd personol i'r cadeirydd Kenneth Lay, y prif swyddog gweithredol Jeffrey Skilling ac uwch swyddogion eraill. Roedd taliadau bonws y bobl hyn yn dod ar ffurf cyfrannau yn y cwmni, a gwnaethon nhw werthu'r cyfrannau hyn ar y pris artiffisial o uchel, gan wneud elw o gannoedd o filiynau o ddoleri. Ddyddiau yn unig cyn i'r cwmni fynd i'r wal, talodd Enron $55m mewn taliadau bonws i 500 o uwch swyddogion.

Yn fewnol, roedd diwylliant y cwmni yn rhoi pwyslais mawr ar deyrngarwch i'r sefydliad, ac yn allanol roedd Enron yn ymddangos yn gwmni parchus iawn: roedd Lay yn cyfrannu'n hael at elusennau, ac roedd ganddo gysylltiadau gwleidyddol ar y lefel uchaf, er enghraifft gydag Arlywydd America, George W. Bush. Mae'n bosibl bod hyn wedi cyfrannu at y teimlad yn fewnol fod arferion busnes y cwmni yn gyfreithlon. Roedd llawer o'r troseddwyr gwaethaf yn y cwmni yn bobl farus, hunanbwysig a oedd yn cymryd risgiau heb unrhyw synnwyr o foesoldeb.

Derbyniodd Lay euogfarn am ddeg cyhuddiad o dwyll, ond bu farw cyn derbyn ei ddedfryd. Cafodd Skilling ddedfryd o 14 blynedd yn y carchar am dwyll a chynllwynio. Yn y cyfamser, roedd yr iawndal a gafodd y cyfranddalwyr gwerth tua degfed o'r hyn roedden nhw wedi'i golli. Derbyniodd y gweithwyr tua $3,000 o iawndal yn unig i ddigolledi eu pensiynau – cyfran fach iawn o'r hyn roedden nhw wedi'i dalu i mewn i'r gronfa bensiwn.

GWEITHGAREDD / **Clip fideo**

Trosedd gorfforaethol 2   Ewch i Hwb: www.hwb.gov.wales/

Cymhwyso damcaniaethau at achos Enron

Mae damcaniaethau cymdeithasegol ac unigolyddol o droseddoldeb, fel y rhai canlynol, wedi cael eu cymhwyso at achos swyddogion gweithredol Enron.

Marcsaeth

Byddai Marcswyr yn dadlau bod trachwant amlwg, natur gystadleuol a diffyg moeseg Lay, Skilling a'r swyddogion gweithredol eraill yn deillio o'r feddylfryd hunanol, 'pawb drosto'i hun' sydd wedi'i hannog gan gyfalafiaeth. Yn yr un modd, mae'r ffaith eu bod wedi ecsbloetio gweithwyr y cwmni (a gollodd eu swyddi a'u pensiynau) yn dangos y gwrthdaro buddiannau rhwng cyfalafwyr a gweithwyr.

Damcaniaeth cysylltiadau gwahaniaethol

Byddai Sutherland yn esbonio troseddoldeb yr uwch swyddogion gweithredol drwy archwilio diwylliant mewnol y cwmni. Mae'n dadlau y gall unigolion ddysgu ymddygiad troseddol yn y gwaith, lle mae grwpiau cyfoedion yn cyflwyno agweddau a gwerthoedd troseddol iddyn nhw. Roedd diwylliant cyffredinol Enron yn seiliedig ar anonestrwydd a oedd yn normaleiddio troseddoldeb ac yn galluogi uwch swyddogion gweithredol i gyfiawnhau eu hymddygiad.

Damcaniaeth labelu

Gellir cymhwyso damcaniaeth labelu i esbonio'r ffaith mai delwedd gyhoeddus barchus Enron oedd wedi galluogi penaethiaid y cwmni i osgoi cael eu cosbi a'u labelu'n negyddol am gyfnod mor hir, a hynny oherwydd bod y cwmni yn ymddangos y tu hwnt i bob amheuaeth.

Eysenck

Mae damcaniaeth personoliaeth Eysenck yn awgrymu bod Lay, Skilling a'r swyddogion gweithredol eraill yn debygol o fod yn bobl allblyg.

Mae eu hymddygiad – hynny yw, tuedd i gael pleser o 'gyfalafiaeth y casino', gamblo â buddsoddiadau a chynilion cyfranddalwyr a gweithwyr i lenwi eu pocedi eu hunain, a'u rhagdybiaeth y byddai prisiau cyfrannau'n parhau i godi'n ddi-ben-draw – yn cyfateb i rai o nodweddion allweddol pobl allblyg: ymddygiad ymosodol, cymryd risgiau, chwilio am gyffro ac optimistiaeth.

Cyn-brif swyddog cyllid Enron, Andrew Fastow, mewn cyffion.

Achos Megan

Roedd Megan newydd droi'n 3 blwydd oed pan gafodd ei derbyn i sefydliad gofal. Cyn hynny, roedd ei bywyd cartref wedi bod yn gythryblus. Roedd rhieni Megan, a oedd yn fân ladron ac yn ddefnyddwyr cyffuriau, yn esgeuluso ei hanghenion corfforol ac emosiynol, ac roedd ei thad yn aml yn colli ei dymer ac yn ymddwyn yn dreisgar. Roedd y ddau riant wedi bod yn absennol o'r cartref am gyfnodau hir; roedd ei mam wedi bod mewn clinig adsefydlu cyffuriau ac roedd ei thad wedi bod yn y carchar am werthu cyffuriau. Yn ôl adroddiadau'r gweithwyr cymdeithasol, roedd Megan yn oeraidd ac yn encilgar yn emosiynol *(emotionally withdrawn)*.

Yn y pen draw, cafodd Megan ei hanfon at rieni maeth, ond doedd hi ddim wedi closio atyn nhw a chwalodd y berthynas yn fuan iawn – patrwm a ddigwyddodd dro ar ôl tro dros y blynyddoedd canlynol. Fodd bynnag, llwyddodd Megan i ffurfio rhyw fath o berthynas â theulu ei ffrind Ellie (troseddwyr gyrfa adnabyddus yn yr ardal leol) a symudodd i fyw gyda nhw.

Yn 11 oed, dechreuodd Megan gamddefnyddio gwahanol sylweddau, gan gynnwys alcohol, a oedd yn ei helpu hi i 'ddianc', meddai hi. Mae Megan bellach yn 15 oed, a dydy hi ddim yn mynd i'r ysgol yn aml iawn. Mae hi hefyd wedi dod i sylw'r system cyfiawnder ieuenctid sawl gwaith am bob math o droseddau gan gynnwys dwyn o siopau (cafodd ei dal gyda chwaer hŷn Ellie, Laura, yn dwyn colur) a sawl achos o ymosod. Mae lefelau uchel o drosedd yn yr ardal ers blynyddoedd, ac mae'r heddlu a'r gwasanaethau cymdeithasol yn poeni bod Megan yn dysgu 'cyfrinachau'r grefft' gan deulu ei ffrind.

Cymhwyso damcaniaethau at achos Megan

Gellir cymhwyso sawl damcaniaeth er mwyn helpu i esbonio agweddau gwahanol ar achos Megan, fel y damcaniaethau canlynol.

Amddifadedd mamol

Roedd Megan yn ifanc iawn pan gafodd ei gwahanu wrth ei rhieni a'i rhoi mewn gofal, a chyn hynny roedd ei rhieni yn absennol am gyfnodau hir. Mae'n bosibl ei bod hi wedi methu â ffurfio ymlyniad llwyddiannus â'i mam na'i thad. Mae adroddiadau'r gweithwyr cymdeithasol yn cefnogi hyn, sy'n ei disgrifio hi fel rhywun oeraidd ac encilgar yn emosiynol. Gallai hyn fod yn arwydd o 'seicopathi dideimlad' – cyflwr roedd Bowlby wedi'i weld mewn lladron ifanc a oedd hefyd wedi profi amddifadedd mamol.

Esboniadau biolegol

O ystyried ymddygiad gwyrdroëdig ei rheini, mae'n bosibl bod Megan wedi etifeddu ymddygiad troseddol ac ymosodol a'i thuedd i gamddefnyddio sylweddau. Gallai ffactorau biocemegol fel alcohol chwarae rhan hefyd, gan ei fod yn aml yn ysgogi ymddygiad ymosodol.

Damcaniaeth isddiwylliannol

Mae'r ddamcaniaeth hon yn canolbwyntio ar sut gall unigolion gael eu cymdeithasoli i isddiwylliant gwyrdroëdig. Byddai'n bosibl esbonio troseddoldeb Megan drwy ddefnyddio damcaniaeth Cloward ac Ohlin. Gan fod Megan wedi methu â chyflawni nodau prif-ffrwd yn sgil cyfleoedd wedi'u rhwystro (dydy hi ddim yn mynd i'r ysgol bellach), mae hi'n cael ei recriwtio i isddiwylliant troseddol lle gall hi ddysgu sgiliau troseddol. Mae cysylltiad Megan â theulu Ellie yn rhoi'r cyfle hwn iddi (cafodd ei dal yn dwyn gyda chwaer Ellie).

Damcaniaeth cysylltiadau gwahaniaethol

Mae'r ddamcaniaeth hon yn canolbwyntio ar gymdeithasoli mewn grwpiau wyneb yn wyneb, fel y teulu. Os yw unigolyn yn dod i gysylltiad ag agweddau sy'n ffafrio torri'r gyfraith – fel sydd wedi digwydd i Megan gyda'i rhieni a theulu Ellie – mae'r unigolyn yn fwy tebygol o fabwysiadu ymddygiad troseddol ei hun.

Damcaniaeth dysgu cymdeithasol

Mae Bandura yn dadlau ein bod ni'n dysgu ymddygiad drwy arsylwi a yw pobl eraill yn cael eu gwobrwyo neu eu cosbi am ymddwyn fel hyn. Mae'n debyg y bydd Megan wedi gweld teulu Ellie yn elwa o weithgarwch troseddol, ac efallai fod hyn wedi ei hannog i'w dynwared. Mae damcaniaeth dysgu cymdeithasol hefyd yn pwysleisio pwysigrwydd modelau – y bobl rydyn ni'n debygol o'u dynwared o ran ymddygiad. Mae'n bosibl bod Laura, merch sy'n hŷn na Megan, wedi bod yn fodel o'r fath.

GWEITHGAREDD / Cymhwyso seicdreiddio at achos Megan

Gan weithio gyda phartner:

1. Edrychwch yn ôl ar Destun 2.2 i'ch atgoffa eich hun o safbwynt seicdreiddio ar droseddoldeb.
2. Ym mha ffyrdd gallai seicdreiddio gael ei gymhwyso at achos Megan?

PROFI EICH HUN

Senario

Mae Gareth yn symud i'r ddinas i chwilio am waith ar ôl colli ei swydd fel weldiwr. Mae'n dod o hyd i waith ond nid yw'n talu'r isafswm cyflog hyd yn oed. Mae'r cwmni'n mynd i'r wal, ac mae Gareth yn colli ei swydd. Yn fuan wedyn, mae landlord Gareth yn codi'r rhent ac yn dweud wrtho bod rhaid iddo adael gan nad yw'n gallu talu. Mae Gareth yn dechrau byw ar y stryd, gan gardota a dwyn er mwyn aros yn fyw. Mae pobl barchus y gymdeithas yn ei anwybyddu ac mae'r heddlu'n tarfu arno. Ei unig ffrindiau bellach yw'r alltudion eraill, ac mae rhai ohonyn nhw'n camddefnyddio sylweddau. Cyn bo hir, mae Gareth yn gaeth i gyffuriau hefyd.

Cwestiwn ymarfer

Mae llawer o gymdeithasegwyr wedi ceisio esbonio troseddoldeb. Sut byddai (i) Marcsaeth a (ii) unrhyw ddamcaniaeth gymdeithasegol arall o droseddoldeb yn Nhestun 2.3 yn esbonio achos Gareth?

Cyngor

Nodwch syniadau allweddol Marcsaeth a'r ddamcaniaeth arall rydych chi wedi'i dewis i weld sut gallen nhw gael eu cymhwyso at achos Gareth.

Er enghraifft, byddai Marcsaeth yn canolbwyntio ar y canlynol: y ffaith bod cyfalafiaeth yn seiliedig ar ecsbloetio (e.e. cyflog isel Gareth), yn droseddogenig ac yn achosi i bobl dlawd gyflawni troseddau (Gareth yn dwyn); y ffaith bod pobl gyfoethog yn torri'r gyfraith hefyd (peidio â thalu'r isafswm cyflog); a'r ffaith bod y gyfraith yn cael ei gorfodi mewn ffordd ddewisol (tarfu gan yr heddlu).

Ar gyfer rhan (ii), efallai byddwch chi eisiau defnyddio'r ddamcaniaeth rydych chi wedi'i dewis yn eich ateb i'r Cwestiwn Ymarfer ar ddiwedd Testun 2.3.

Gwerthuso effeithiolrwydd damcaniaethau troseddegol i esbonio achosion troseddoldeb

Man cychwyn

Gan weithio gyda phartner, edrychwch eto ar Destun 3.1 i ystyried sut gall damcaniaethau gwahanol gael eu defnyddio i esbonio mathau gwahanol o droseddau. Ar ôl i chi ateb y cwestiynau isod, rhannwch eich atebion â'r dosbarth i gymharu eich ymatebion.

1. Pa ddamcaniaeth, yn eich barn chi, sydd fwyaf defnyddiol i esbonio troseddau coler wen? Rhowch resymau dros eich ateb.
2. Pa ddamcaniaeth, yn eich barn chi, sydd fwyaf defnyddiol i esbonio sut gall teulu a magwraeth achosi ymddygiad troseddol? Rhowch resymau dros eich ateb.

Gwerthuso damcaniaethau o droseddoldeb

Mae Testun 2.1, 2.2 a 2.3 wedi archwilio damcaniaethau gwahanol o droseddoldeb. Yn y testun hwn, byddwn ni'n gwerthuso effeithiolrwydd y damcaniaethau hyn.

Beth yw gwerthuso? Mae gwerthuso damcaniaeth o droseddoldeb yn golygu pwyso a mesur y dadleuon a'r dystiolaeth o blaid ac yn erbyn, ac edrych ar feirniadaeth sy'n cynnig safbwyntiau gwahanol. Gallwn ni hefyd ofyn a yw'r ddamcaniaeth yn esbonio pob math o droseddoldeb, neu rai mathau yn unig. Dylen ni gofio hefyd fod cryfderau a chyfyngiadau gan bob damcaniaeth wrth geisio esbonio troseddoldeb.

Gwerthuso damcaniaethau biolegol

Gellir grwpio'r damcaniaethau biolegol yn bedwar prif fath: damcaniaethau ffisiolegol, damcaniaethau genetig, anhwylderau ac anafiadau i'r ymennydd, ac esboniadau biocemegol. Byddwn ni nawr yn gwerthuso'r damcaniaethau hyn, felly efallai byddai'n syniad i chi gymryd golwg sydyn yn ôl ar Destun 2.1 i'ch atgoffa eich hun.

Damcaniaethau ffisiolegol (1) Lombroso

Syniad allweddol Roedd Lombroso'n dadlau bod troseddwyr yn wahanol yn gorfforol i bobl sydd ddim yn droseddwyr, er enghraifft o ran nodweddion wyneb.

Cryfderau

- Lombroso oedd y person cyntaf i astudio trosedd mewn ffordd wyddonol, gan ddefnyddio mesuriadau gwrthrychol i gasglu tystiolaeth. Cyn hynny, roedd trosedd wedi'i ystyried yn fater moesol neu grefyddol.
- Dangosodd ymchwil Lombroso pa mor bwysig yw archwilio cofnodion clinigol a hanesyddol troseddwyr.
- Roedd ei waith diweddarach yn ystyried ffactorau cymdeithasol ac amgylcheddol i ryw raddau, nid ffactorau etifeddol yn unig.
- Drwy ddadlau nad yw troseddwyr yn dewis troseddu, mae Lombroso yn ein helpu ni i ganolbwyntio ar sut gallen ni atal troseddu pellach yn hytrach na chosbi troseddwyr yn unig.

125

Cyfyngiadau

- Ers gwaith ymchwil Lombroso, nid yw unrhyw astudiaeth wedi gallu dangos cysylltiad rhwng nodweddion wyneb a throseddoldeb.
- Ni wnaeth Lombroso gymharu ei ganfyddiadau am garcharorion â grŵp rheolydd o bobl nad oedd yn droseddwyr. Pe bai wedi gwneud hyn, mae'n bosibl y byddai wedi gweld yr un nodweddion ymhlith y boblogaeth gyffredinol; os felly, byddai ei esboniad yn annilys.
- Drwy ddisgrifio troseddwyr fel 'anwariaid cyntefig', mae Lombroso yn cymharu cymdeithasau anorllewinol â throseddwyr. Mae hyn yn fath o hiliaeth.

GWEITHGAREDD / **Ymchwil**

Beirniadaeth o syniadau Lombroso   Ewch i Hwb: www.hwb.gov.wales/

Damcaniaethau ffisiolegol (2) Sheldon

Syniad allweddol Dadl Sheldon oedd bod cysylltiad rhwng somatoteip (math o gorff) a throseddoldeb: mae mesomorffiaid yn fwy tebygol o droseddu na mathau eraill.

Cryfderau

- Mae astudiaethau eraill wedi cynhyrchu yr un canfyddiadau â gwaith Sheldon. Roedd 60% o'r troseddwyr yn astudiaeth Glueck a Glueck yn bobl â chyrff mesomorffig.
- Y tramgwyddwyr mwyaf difrifol yn sampl Sheldon oedd y rhai â'r cyrff mwyaf mesomorffig.

Cyfyngiadau

- Yn ôl Glueck a Glueck, nid bioleg yn unig yw'r ffordd orau o esbonio troseddoldeb, ond yn hytrach cyfuniad o ffactorau biolegol, seicolegol ac amgylcheddol.
- Gall troseddwyr ddatblygu corff mesomorffig gan fod angen iddyn nhw fod yn fawr yn gorfforol i lwyddo. Os felly, mae troseddoldeb yn achosi somatoteip, yn hytrach na bod somatoteip yn achosi troseddoldeb.
- Mae'n bosibl mai dosbarth cymdeithasol sy'n achosi troseddu a somatoteip mesomorffig mewn gwirionedd. Mae'r rhan fwyaf o droseddwyr sy'n derbyn euogfarn yn wrywod dosbarth gweithiol ac sy'n fwy tebygol o fod mewn swyddi corfforol lle maen nhw'n datblygu corff athletaidd.
- Efallai fod labelu yn chwarae rhan. Weithiau bydd pobl â chyrff mesomorffig yn cael eu labelu'n bobl drafferthus gan eu bod yn cyfateb i'r stereoteip o'r 'boi caled', gan arwain at broffwydoliaeth hunangyflawnol. Fel arall, bydd y bobl hyn yn denu mwy o sylw gan yr heddlu ac yn cael eu dal yn amlach na somatoteipiau eraill.
- Nid yw Sheldon yn cydnabod bod pobl â chyrff endomorffig ac ectomorffig yn troseddu hefyd, nac yn ystyried a yw pobl â chyrff mesomorffig yn cyflawni troseddau eraill heblaw am rai treisgar.

> **Cwestiwn**
>
> Yn eich barn chi, beth yw prif wendid damcaniaethau ffisiolegol o droseddoldeb?

Damcaniaethau genetig (1) astudiaethau o efeilliaid

Syniad allweddol Mae damcaniaethau genetig yn dadlau bod gan drosedd achosion genynnol. Mae gefeilliaid unfath (MS) yr un fath yn enynnol, felly os yw un yn droseddwr, dylai'r llall fod yn droseddwr hefyd.

Cryfderau

- Oherwydd bod gefeilliaid MS yr un fath yn enynnol, mae'n rhesymegol i ni archwilio a yw eu hymddygiad troseddol yr un fath hefyd.
- Mae astudiaethau o efeilliaid yn cefnogi esboniadau genynnol i ryw raddau. Yn ôl Ishikawa a Raine, roedd gan efeilliaid unfath gyfradd cydgordiad uwch na gefeilliaid heb fod yn unfath.

(Mae'r gyfradd cydgordiad yn mesur y tebygrwydd y bydd y ddau efell yn droseddwyr, os yw un ohonyn nhw'n droseddwr.)

Cyfyngiadau

- Os mai genynnau yn unig oedd achos troseddoldeb, byddai gefeilliaid unfath yn dangos cydgordiad 100%, ond mae astudiaethau wedi dangos mai'r gyfradd yw tua 50% neu lai.
- Mae'n bosibl bod cyfraddau cydgordiad uwch rhwng gefeilliaid unfath oherwydd eu bod yn rhannu'r un cartref, ysgol, etc. Efallai mai'r amgylchedd maen nhw'n ei rannu sy'n achosi'r nodweddion tebyg o ran eu hymddygiad troseddol, yn hytrach na genynnau unfath.
- Mae rhieni'n trin gefeilliaid unfath yn fwy tebyg na gefeilliaid heb fod yn unfath. Hefyd, mae'r berthynas rhwng gefeilliaid unfath yn aml yn agosach na gefeilliaid heb fod yn unfath, felly efallai bydd troseddoldeb un gefell yn dylanwadu ar y llall i ddod yn droseddwr hefyd. Gall y ffactorau amgylcheddol hyn arwain at nodweddion tebyg o ran ymddygiad.
- Mae'n anodd ystyried a mesur effaith genynnau ar wahân i effeithiau amgylcheddol.
- Mewn astudiaethau cynnar, doedd dim ffordd o wybod i sicrwydd a oedd gefeilliaid yn unfath yn enynnol mewn gwirionedd, gan nad oedd profion DNA yn bodoli.

Damcaniaethau genetig (2) astudiaethau mabwysiadu

Syniad allweddol Mae cymharu lefel troseddoldeb plant mabwysiedig â lefel troseddoldeb eu rhieni biolegol a'u rhieni mabwysiadol yn ein galluogi ni i weld i ba raddau mae genynnau yn dylanwadu ar droseddoldeb.

Cryfderau

- Mae astudiaethau mabwysiadu yn goresgyn prif broblem astudiaethau o efeilliaid sef bod gefeilliaid biolegol unfath yn cael eu magu yn yr un cartref, sy'n golygu bod asesu dylanwad genynnau ar wahân i ddylanwad yr amgylchedd yn amhosibl.
- Mae dyluniad yr ymchwil yn rhesymegol. O ran egwyddor, mae'n ein galluogi ni i asesu pwysigrwydd cymharol 'natur' (y genynnau wedi'u hetifeddu gan rieni biolegol) yn erbyn 'magwraeth' (amgylchedd y teulu mabwysiadol).
- Mae canfyddiadau astudiaethau mabwysiadu yn cefnogi esboniadau genynnol i ryw raddau. Maen nhw'n dangos bod pobl fabwysiedig yn fwy tebygol o fod â chofnod troseddol os oes gan eu rheini biolegol gofnod troseddol.

Cyfyngiadau

- Mae Gottfredson a Hirschi yn dadlau bod astudiaethau mabwysiadu yn dangos nad yw genynnau'n effeithio ar droseddoldeb rhyw lawer.
- Mae plant mabwysiedig weithiau'n cael eu magu mewn amgylchedd sy'n debyg i un eu teulu biolegol, gyda theuluoedd o'r un dosbarth cymdeithasol ac ethnigrwydd, yn yr un ardal, etc. Bydd amgylcheddau tebyg yn arwain at ymddygiad tebyg.
- Dydy llawer o blant ddim yn cael eu mabwysiadu'n syth ar ôl cael eu geni, ac maen nhw'n byw gyda'u teulu biolegol am gyfnod. Mae'n bosibl mai'r amgylchedd cynnar hwn yw'r prif reswm dros eu troseddoldeb.

Cwestiwn

Pam gallai cyfraddau cydgordiad uchel rhwng gefeilliaid unfath fod o ganlyniad i ffactorau eraill heblaw am rai genynnol? Pa esboniadau eraill sy'n bosibl?

Damcaniaethau genetig (3) syndrom XYY

Syniad allweddol Mae rhai dynion wedi'u geni â chromosom gwyrw Y ychwanegol, sy'n gallu achosi ymddygiad treisgar.

Cryfderau

- Yn ôl Jacob et al., mae cysylltiad rhwng syndrom XYY a throseddwyr wedi'u carcharu am ymddygiad treisgar.
- Dangosodd gwaith Price a Whatmore fod rhai cysylltiadau rhwng y syndrom a throseddau eiddo.

Cyfyngiadau

- Hyd yn oed os yw'r syndrom gan rai troseddwyr treisgar, dydy hyn ddim yn profi mai dyma sy'n achosi'r trais.
- Mae dynion XYY yn dal ac yn llydan, felly maen nhw'n cyfateb i'r stereoteip o 'droseddwr treisgar' ac mae'r llysoedd yn eu labelu felly. O ganlyniad, maen nhw'n fwy tebygol o gael dedfryd o garchar. Oherwydd hyn, mae dynion XYY wedi'u gorgynrychioli mewn samplau o garcharorion, ac felly mae pwysigrwydd y syndrom wedi'i orbwysleisio fel achos posibl o drosedd.
- Fel arall, mae'n bosibl bod dynion XYY wedi'u gorgynrychioli yn y carchar gan fod gan lawer ohonyn nhw lefel deallusrwydd isel, sy'n golygu eu bod yn fwy tebygol o gael eu dal. Mae samplau o garcharorion yn gamarweiniol, felly.
- Mae'r syndrom yn brin iawn (mae'n effeithio ar tua 1 o bob 1,000 o ddynion), felly ni all esbonio llawer o drosedd.

Anhwylderau ac anafiadau i'r ymennydd

Syniad allweddol Gall anhwylderau, clefydau ac anafiadau i'r ymennydd achosi problemau sy'n arwain at newid personoliaeth, moesau neu hunanreolaeth, gan arwain at ymddygiad troseddol.

Cryfderau

- Mewn rhai achosion eithafol, mae afiechyd neu anaf i'r ymennydd wedi arwain at newidiadau mawr i bersonoliaeth ac ymddygiad unigolyn, gan gynnwys troseddoldeb.
- Mae rhywfaint o gydberthyniad rhwng darlleniadau EEG annormal (sy'n mesur gweithgarwch yr ymennydd) a throseddoldeb seicopathig.
- Mae carcharorion yn fwy tebygol na phobl sydd ddim yn garcharorion o fod ag anaf i'r ymennydd.

Cyfyngiadau

- Mae troseddau sydd wedi'u hachosi gan afiechyd neu anaf i'r ymennydd yn brin. Mae personoliaeth wreiddiol yr unigolyn yn ffactor pwysicach o ran a yw'n troseddu ai peidio.
- Nid yw'n glir bod gweithgarwch annormal yn yr ymennydd yn achosi troseddoldeb seicopathig. Mae patrymau EEG normal gan rai seicopathiaid, a phatrymau EEG annormal gan rai pobl normal.
- Gallai tebygrwydd uwch carcharorion o fod ag anaf i'r ymennydd fod o ganlyniad i'w troseddoldeb (e.e. eu tuedd i ymladd), yn hytrach nag achosi eu troseddoldeb.

Esboniadau biocemegol

Syniad allweddol Mae ffactorau biocemegol yn gallu ysgogi ymddygiad troseddol drwy effeithio ar gemeg yr ymennydd a phrosesau meddyliol.

Cryfderau

- Mae hormonau rhyw, lefelau siwgr gwaed a chamddefnyddio sylweddau yn gallu effeithio ar hwyliau, ymosodedd a'r gallu i resymu.
- Mae lefelau testosteron a throseddu ymhlith dynion ar eu huchaf o amgylch yr un oedran, sy'n awgrymu bod hormonau yn effeithio ar ymddygiad troseddol.
- Mae alcohol yn achosi ymddygiad byrbwyll a llai o hunanreolaeth, gan arwain at ymddygiad troseddol, yn enwedig trais. Mae cysylltiad cryf rhwng crac cocên a throseddau treisgar.
- Mae'r llysoedd yn cydnabod pwysigrwydd ffactorau biocemegol. Yn ôl y gyfraith ar fabanladdiad, os yw mam yn lladd ei baban o ganlyniad i iselder ôl-eni neu fwydo o'r fron, mae hyn yn amddiffyniad rhannol ar gyfer llofruddiaeth. Mae tyndra cyn mislif wedi cael ei dderbyn fel rhan o amddiffyniad menywod wedi'u cyhuddo o ddwyn o siop.

Cyfyngiadau

- Gall prosesau biocemegol olygu bod rhai unigolion yn fwy tebygol o droseddu, ond mae'n bosibl y bydd angen 'ysgogiad' amgylcheddol er mwyn iddyn nhw droseddu mewn gwirionedd.
- Yn ôl Scarmella a Brown, nid yw testosteron yn cael llawer iawn o effaith ar lefelau ymosodedd ymhlith y rhan fwyaf o ddynion.
- Nododd Schalling fod lefelau testosteron uchel mewn dynion ifanc yn arwain at ymosodedd geiriol, ond nid trais corfforol.

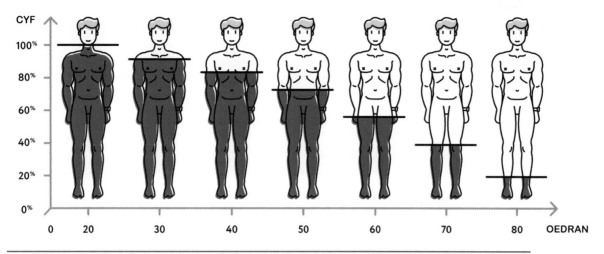

Mae lefel testosteron dynion yn gostwng gydag oedran – ond yn llawer arafach na'r gyfradd troseddu ymhlith dynion.

- Efallai mai unigrwydd a'r cyfrifoldeb o ofalu am faban newydd sy'n arwain at fabanladdiad, yn hytrach na hormonau.

Beirniadaeth o ddamcaniaethau biolegol

Ffactorau amgylcheddol Mae damcaniaethau biolegol yn anwybyddu ffactorau amgylcheddol. Gall bioleg unigolyn roi nodweddion troseddol *posibl* iddo (e.e. ymosodedd), ond bydd angen ysgogiad amgylcheddol er mwyn i'r unigolyn gyflawni gweithred droseddol.

Tuedd y sampl Mae ymchwilwyr yn aml yn defnyddio astudiaethau o droseddwyr sydd wedi derbyn euogfarn, ond nid yw'r rhain o reidrwydd yn gynrychiadol o'r troseddwyr na chafodd eu dal, felly nid yw'n bosibl cyffredinoli am bob troseddwr ar sail yr astudiaethau hyn.

Tuedd o ran rhywedd Mae'r rhan fwyaf o waith ymchwil biolegol yn canolbwyntio ar ddynion, felly nid yw'n esbonio troseddoldeb menywod.

Mae trosedd yn lluniad cymdeithasol Mae'r hyn sy'n cael ei ystyried yn drosedd yn amrywio yn dibynnu ar y diwylliant a'r cyfnod, felly nid yw chwilio am esboniadau cyffredinol, fel mae damcaniaethau biolegol yn ei wneud, yn gwneud synnwyr.

Gwerthuso damcaniaethau unigolyddol

Gellir grwpio'r damcaniaethau unigolyddol yn bedwar prif fath: damcaniaeth seicodynamig; damcaniaeth personoliaeth Eysenck; damcaniaethau dysgu; a damcaniaethau gwybyddol. Byddwn ni nawr yn gwerthuso'r damcaniaethau hyn, felly efallai byddai'n syniad i chi gymryd golwg sydyn yn ôl ar Destun 2.2 i'ch atgoffa eich hun.

Damcaniaethau seicodynamig (1) Freud

Syniad allweddol Mae damcaniaeth seicdreiddio Freud yn esbonio ymddygiad troseddol o safbwynt cymdeithasoli cynnar diffygiol sy'n atal yr unigolyn rhag datrys gwrthdaro anymwybodol rhwng yr id a'r uwch-ego.

Cryfderau

- Mae'r ddamcaniaeth yn pwysleisio pwysigrwydd cymdeithasoli cynnar a pherthnasoedd teuluol wrth ddeall ymddygiad troseddol.
- Mae esboniadau seicdreiddio wedi dylanwadu rywfaint ar bolisïau o ran delio â throsedd a gwyredd.

129

Cyfyngiadau

- Mae beirniaid yn amau bod 'meddwl anymwybodol' yn bodoli – sut bydden ni'n gwybod amdano os yw'n anymwybodol?
- Mae esboniadau seicdreiddio yn anwyddonol ac yn oddrychol – maen nhw'n derbyn honiadau'r seicdreiddiwr ei fod yn deall sut mae meddwl anymwybodol yr unigolyn yn gweithio er mwyn darganfod gwrthdaro mewnol a chymhelliad.

Damcaniaethau seicodynamig (2) Bowlby

Syniad allweddol Mae Bowlby yn pwysleisio pwysigrwydd y cyswllt rhwng y rhiant a'r plentyn. Mae'n nodi bod amddifadedd mamol yn achosi troseddoldeb.

Cryfderau

- Dangosodd ymchwil Bowlby fod canran uwch o'i sampl o 44 o dramgwyddwyr ifanc wedi dioddef amddifadedd mamol (39%) na grŵp rheolydd o unigolion nad oedd yn dramgwyddwyr (5%).
- Mae ei waith yn dangos bod angen ystyried rôl y berthynas rhwng rhiant a phlentyn wrth esbonio troseddoldeb.

Cyfyngiadau

- Roedd astudiaeth Bowlby yn ôl-weithredol – hynny yw, roedd rhaid i dramgwyddwyr a'u mamau gofio digwyddiadau'r gorffennol yn gywir. Gall hyn fod yn broblem, yn enwedig os oes rhaid cofio profiadau emosiynol.
- Mae Bowlby'n rhoi esboniad am ymddygiad tramgwyddol 39% o'r plant – sef amddifadedd mamol – ond nid yw'n esbonio pam roedd y 61% sy'n weddill yn dramgwyddwyr. Mae'n rhaid nad amddifadedd yw'r unig achos.
- Gwnaeth Bowlby astudiaeth ddiweddarach o 60 o blant a oedd wedi cael eu gwahanu oddi wrth eu rhieni am gyfnodau hir cyn eu bod yn 5 oed, ac nid oedd unrhyw dystiolaeth o 'seicopathi dideimlad'.
- Mae Bowlby yn gorbwysleisio i ba raddau mae profiadau plentyndod cynnar yn cael effaith barhaol ar ymddygiad diweddarach. (Mae gwaith Freud hefyd wedi derbyn y feirniadaeth hon.)
- Yn ôl Sammons a Putwain, nid yw'r syniad o gysylltiad rhwng amddifadedd mamol a throseddoldeb yn cael ei dderbyn yn gyffredinol bellach.

Damcaniaeth personoliaeth Eysenck

Syniad allweddol I Eysenck, troseddoldeb yw canlyniad personoliaeth allblyg-niwrotig (A uchel, N uchel). Mae pobl allblyg yn chwilio am ysgogiad ac felly'n torri rheolau, tra bod gorbryder pobl niwrotig yn eu hatal rhag dysgu o gosb. Mae personoliaethau seicotig (S uchel) hefyd yn fwy tebygol o droseddu.

Cryfderau

- Mae'r ddamcaniaeth yn ddefnyddiol i esbonio sut gallai rhai tueddiadau mesuradwy gynyddu'r risg y bydd rhywun yn troseddu.
- Mae Eysenck yn rhagfynegi y bydd sgoriau A, N ac S uchel yn gysylltiedig â throseddoldeb, ac mae rhai astudiaethau yn cefnogi ei ragfynegiadau: mae troseddwyr yn tueddu i fod yn bobl allblyg, niwrotig a seicotig.

Cyfyngiadau

- Edrychodd Farrington ar nifer o astudiaethau gwahanol. Roedd yr astudiaethau hyn yn dangos bod carcharorion yn niwrotig ac yn seicotig, ond ddim yn allblyg.
- Mae'n bosibl bod y raddfa A (allblygedd) yn mesur dau beth gwahanol: pa mor fyrbwyll a chymdeithasol yw'r unigolyn. Mae troseddwyr yn fyrbwyll iawn (does ganddyn nhw ddim llawer o hunanreolaeth), ond dydyn nhw ddim yn gymdeithasol iawn (maen nhw'n bobl unig).
- Mae tystiolaeth am garcharorion yn dangos cydberthyniad rhwng math o bersonoliaeth a throseddoldeb, ond dydy hyn ddim yn profi bod y math o bersonoliaeth yn *achosi* troseddoldeb. Gallai fod i'r gwrthwyneb yn llwyr: gallai byw yn y carchar achosi i bobl droi'n niwrotig.
- Mae'n bosibl nad yw troseddwyr sydd wedi derbyn euogfarn (y bobl sy'n sail i'r ddamcaniaeth) yn nodweddiadol o droseddwyr yn gyffredinol. Er enghraifft, gall troseddwyr llai byrbwyll (N isel) fod yn llai tebygol o gael eu dal.

- Defnyddiodd Eysenck holiaduron hunanadrodd, sydd ddim o reidrwydd yn rhoi canlyniadau dilys: gall pobl ddweud celwydd wrth ateb cwestiynau personol.

Cwestiwn

Ar sail damcaniaeth Eysenck, bydden ni'n disgwyl y byddai pobl allblyg yn fwy tebygol o gyflawni mathau penodol o droseddau. Os felly, pa fathau a pham?

Damcaniaethau dysgu (1) cysylltiadau gwahaniaethol

Syniad allweddol Mae Sutherland yn dadlau ein bod ni'n dysgu ymddygiad troseddol drwy gymdeithasoli mewn grwpiau cymdeithasol ag agweddau a gwerthoedd sy'n ffafrio torri'r gyfraith.

Cryfderau

- Mae'r ffaith bod trosedd yn aml yn rhedeg yn y teulu yn cefnogi'r ddamcaniaeth. Mae pobl yn fwy tebygol o ddod yn droseddwyr eu hunain os yw eu rhieni yn droseddwyr, efallai oherwydd eu bod wedi dysgu gwerthoedd a thechnegau troseddol yn y teulu.
- Yn ôl ymchwil Matthews, mae tramgwyddwyr ifanc yn fwy tebygol o fod â ffrindiau sy'n cyflawni gweithredoedd gwrthgymdeithasol, gan awgrymu eu bod yn dysgu'r ymddygiad wrth grwpiau cyfoedion.
- Weithiau bydd agweddau cydweithwyr yn normaleiddio troseddau coler wen, gan alluogi troseddwyr i gyfiawnhau eu hymddygiad.

Cyfyngiadau

- Dydy pawb sy'n dod i gysylltiad â 'dylanwadau troseddol' ddim yn dod yn droseddwyr. Efallai byddan nhw'n dysgu *sut* i gyflawni trosedd gan deulu neu gyfoedion, ond dydyn nhw byth yn troseddu eu hunain.

Damcaniaethau dysgu (2) dysgu gweithredol

Syniad allweddol Yn ôl damcaniaeth dysgu gweithredol (neu ymddygiadaeth), os yw ymddygiad penodol – gan gynnwys ymddygiad troseddol – yn arwain at ganlyniad derbyniol (atgyfnerthu), mae'n debygol o gael ei ailadrodd. Os yw'n arwain at ganlyniad annerbyniol (cosb), mae'n annhebygol o gael ei ailadrodd.

Cryfderau

- Mae astudiaethau Skinner o'r ffordd mae anifeiliaid yn dysgu yn dangos eu bod nhw'n dysgu o brofiad drwy atgyfnerthu. Mae rhai o'r ffyrdd mae pobl yn dysgu yn debyg i hyn.
- Gellir cymhwyso hyn at droseddu. Yn ôl Jeffery, os yw trosedd yn arwain at fwy o wobr na chosb i'r unigolyn, yna bydd yn fwy tebygol o droseddu.

Cyfyngiadau

- Mae damcaniaeth dysgu gweithredol yn seiliedig ar astudiaethau o ddysgu mewn anifeiliaid. Nid yw'n fodel digonol ar gyfer y ffordd mae pobl yn dysgu ymddygiad troseddol.
- Mae'r ddamcaniaeth yn anwybyddu prosesau mewnol fel meddwl, gwerthoedd personol ac agweddau. Mae'n esbonio ymddygiad troseddol yn nhermau gwobrau a chosbau allanol yn unig.
- Mae gan fodau dynol ewyllys rydd, a gallwn ni ddewis sut rydyn ni'n gweithredu. Er enghraifft, gallwn ni ddewis gwneud rhywbeth sy'n achosi dioddefaint i ni er mwyn helpu rhywun arall.

Astudiodd Skinner sut roedd llygod mawr yn dysgu. A yw bodau dynol yn dysgu yn yr un ffordd?

Damcaniaethau dysgu (3) dysgu cymdeithasol

Syniad allweddol Mae Bandura yn dadlau ein bod ni'n dysgu ymddygiad drwy arsylwi pobl eraill a'u dynwared. Os byddwn ni'n gweld model yn cael ei wobrwyo am weithredu mewn ffordd wyrdroëdig, does dim rhaid i ni gael y wobr ein hunain er mwyn dynwared yr ymddygiad hwnnw.

Cryfderau

- Yn wahanol i Skinner, mae Bandura yn ystyried y ffaith bod pobl yn fodau cymdeithasol. Rydyn ni'n dysgu o brofiadau pobl eraill, ac nid o'n profiadau ein hunain yn unig.
- Yn astudiaeth Bandura, roedd plant a welodd ymddygiad ymosodol yn cael ei wobrwyo wedi dynwared yr ymddygiad hwnnw. Mae hyn yn dangos pwysigrwydd modelau rôl.

Cyfyngiadau

- Mae'r ddamcaniaeth yn seiliedig ar astudiaethau mewn labordai. Mae labordai yn lleoliadau artiffisial ac efallai nad yw'r canfyddiadau yn adlewyrchu sefyllfaoedd go iawn.
- Mae'r ddamcaniaeth yn rhagdybio mai profiadau dysgu yn unig sy'n pennu ymddygiad pobl, ac mae'n anwybyddu rhyddid yr unigolyn i ddewis. Mae hyn hefyd yn gwrthdaro â safbwyntiau cyfreithiol am drosedd, sy'n rhagdybio bod gennym ni ewyllys rydd i droseddu.
- Nid yw'n hawdd dynwared pob ymddygiad rydyn ni'n ei weld. Efallai byddwn ni'n gwylio ffilm lle mae'r cymeriad yn agor sêff i gael yr arian, ond nid yw'r sgiliau gennym ni i'w ddynwared.

Cwestiwn

Yn eich barn chi, pa fath o nodweddion sydd eu hangen ar fodel er mwyn i rywun yn ei arddegau ddynwared ymddygiad y model hwnnw?

Damcaniaethau gwybyddol (1) personoliaeth droseddol

Syniad allweddol Mae damcaniaeth Yochelson a Samenow yn dadlau mai camgymeriadau a thueddiadau ym mhatrymau meddwl troseddwyr sy'n achosi ymddygiad troseddol.

Cryfderau

- Mae'r syniad nad yw patrymau meddwl troseddwyr yn normal wedi arwain at waith ymchwil pellach. Er enghraifft, mae Rhestren Seicolegol Arddulliau Meddwl Troseddol yn holiadur sy'n ceisio datgelu a oes gan unigolyn batrymau meddwl troseddol.
- Mae triniaethau llwyddiannus, o'r enw therapi ymddygiadol gwybyddol, wedi cael eu datblygu ar sail y syniad bod modd defnyddio triniaeth i gywiro prosesau meddwl troseddwyr.

Cyfyngiadau

- Ni wnaeth Yochelson a Samenow ddefnyddio grŵp rheolydd o bobl nad oedd yn droseddwyr i weld a yw pobl 'normal' yn gwneud yr un camgymeriadau meddwl hefyd.
- Doedd eu sampl ddim yn gynrychiadol: doedd dim menywod ac roedd y rhan fwyaf o'r dynion mewn ysbyty meddwl gan eu bod yn sâl yn feddyliol. Ond, mae Yochelson a Samenow yn honni bod *pob* troseddwr yn gwneud yr un camgymeriadau meddwl â'r sampl hwn.
- Roedd cyfradd athreuliad (gadael) y sampl yn uchel. Erbyn y diwedd, dim ond 30 dyn oedd ar ôl.

Damcaniaethau gwybyddol (2) datblygiad moesol

Syniad allweddol Mae'n dadlau bod troseddwyr wedi aros ar lefel anaeddfed o ddatblygiad moesol, ac yn methu gwneud dewisiadau moesol cywir, sy'n arwain at ymddygiad troseddol.

Cryfderau

- Mae rhai astudiaethau yn dangos bod datblygiad moesol tramgwyddwyr yn fwy tebygol o fod yn anaeddfed, fel mae'r ddamcaniaeth yn ei rhagfynegi.
- I Thornton a Reid, roedd y ddamcaniaeth yn fwy cywir yn achos troseddau fel dwyn a lladrata (sy'n aml yn cynnwys rhesymu) nag yn achos troseddau treisgar (sy'n aml yn fyrbwyll).

Cyfyngiadau

- Mae Kohlberg yn canolbwyntio ar *feddwl* moesol yn hytrach nag *ymddygiad* moesol. Mae'n hollol bosibl i rywun feddwl yn foesol a gweithredu'n anfoesol ar yr un pryd.

GWEITHGAREDD / **Trafodaeth**

Gwerthuso damcaniaethau gwybyddol   Ewch i Hwb: www.hwb.gov.wales/

Beirniadaeth o ddamcaniaethau unigolyddol

Natur artiffisial Mae ymchwilwyr yn aml yn defnyddio arbrofion mewn labordai, ond mae'n bosibl nad yw'r ffordd mae rhywun yn ymddwyn mewn labordy yn adlewyrchu'r ffordd byddai'n ymddwyn mewn gwirionedd.

Tuedd y sampl Mae ymchwilwyr yn aml yn defnyddio astudiaethau o droseddwyr sydd wedi derbyn euogfarn, ond nid yw'r rhain o reidrwydd yn gynrychiadol o'r troseddwyr na chafodd eu dal, felly nid yw'n bosibl cyffredinoli am bob troseddwr ar sail yr astudiaethau hyn.

Anwybyddu ffactorau cymdeithasol Dydyn nhw ddim yn rhoi digon o ystyriaeth i'r ffactorau cymdeithasol sy'n gallu achosi ymddygiad troseddol, fel tlodi a gwahaniaethu.

Gwerthuso damcaniaethau cymdeithasegol

Gellir grwpio'r damcaniaethau cymdeithasegol yn 5 prif fath: damcaniaethau swyddogaethol ac isddiwylliannol; rhyngweithiadaeth a damcaniaeth labelu; Marcsaeth; realaeth y chwith a realaeth y dde; a damcaniaethau gwyliadwriaeth. Byddwn ni nawr yn gwerthuso'r damcaniaethau hyn, felly efallai byddai'n syniad i chi gymryd golwg sydyn yn ôl ar Destun 2.3 i'ch atgoffa eich hun.

Damcaniaethau swyddogaethol ac isddiwylliannol

Swyddogaetholdeb (1) Durkheim

Syniad allweddol Mae normau a gwerthoedd cyffredin yn dod â'r gymdeithas ynghyd, ond mae rhyffaint o dorri rheolau yn anorfod gan nad yw pob unigolyn wedi cael ei gymdeithasoli'n ddigonol.

Cryfderau

- Durkheim oedd y cyntaf i gydnabod y gall trosedd gynnig swyddogaethau cadarnhaol i gymdeithas, e.e. atgyfnerthu'r ffin rhwng yr hyn sy'n gywir ac anghywir drwy uno pobl yn erbyn y troseddwr.

Cyfyngiadau

- Mae Durkheim yn honni bod angen rhyffaint o wyredd ar gymdeithas er mwyn iddi weithredu, ond nid yw'n cynnig unrhyw ffordd o wybod faint sydd ei angen.
- Er bod trosedd yn swyddogaethol i rai, nid yw'n swyddogaethol i ddioddefwyr.

Swyddogaetholdeb (2) Merton

Syniad allweddol Os yw cyfleoedd pobl i gyflawni nodau cymdeithasol drwy ddulliau cyfreithlon wedi'u rhwystro, bydd unigolion yn troi at ddulliau troseddol.

Cryfderau

- Mae Merton yn dangos sut mae ymddygiad normal a gwyrdroëdig yn deillio o'r un nodau. Mae cydymffurfwyr ac arloeswyr yn ceisio cael 'llwyddiant ariannol', ond drwy ddulliau gwahanol.

- Mae Merton yn esbonio'r patrymau sydd i'w gweld mewn ystadegau swyddogol: troseddau eiddo yw'r rhai mwyaf cyffredin gan fod cymdeithas yn rhoi cymaint o werth ar gyfoeth; mae cyfraddau troseddu ymhlith y dosbarth gweithiol yn uwch gan fod ganddyn nhw lai o gyfle i gael cyfoeth mewn ffordd gyfreithlon.

Cyfyngiadau

- Mae Merton yn anwybyddu troseddau pobl gyfoethog ac yn goramcangyfrif nifer y troseddau ymhlith y dosbarth gweithiol.
- I Merton, gwyredd yw ymateb unigolyn – nid yw'n cydnabod gwyredd grwpiau isddiwylliannol tramgwyddus.
- Mae Merton yn canolbwyntio ar droseddau iwtilitaraidd (e.e. dwyn) ac yn anwybyddu troseddau heb gymhelliad economaidd (e.e. fandaliaeth).

Damcaniaethau isddiwylliannol

Syniad allweddol Os yw'r cyfleoedd cyfreithlon sydd ar gael i unigolyn wedi'u rhwystro, bydd yn troi at isddiwylliannau gwyrdroëdig fel ffordd amgen o ennill statws.

Cryfderau

- Mae'r damcaniaethau hyn yn dangos sut mae isddiwylliannau yn cyflawni swyddogaeth i'w haelodau, sef cynnig atebion i'r broblem o fethu â chyflawni nodau prif-ffrwd mewn ffordd gyfreithlon.
- Mae Cloward ac Ohlin yn dangos sut mae ardaloedd daearyddol gwahanol yn cynnig cyfleoedd *anghyfreithlon* gwahanol ac isddiwylliannau gwahanol (troseddol, gwrthdaro ac enciliol).

Cyfyngiadau

- Fel Merton, maen nhw'n anwybyddu troseddau pobl gyfoethog ac yn goramcangyfrif nifer y troseddau ymhlith y dosbarth gweithiol.
- Maen nhw'n rhagdybio bod pawb yn anelu at nodau prif-ffrwd ar y dechrau, ac yn troi at isddiwylliant pan fyddan nhw'n methu eu cyflawni. Ond dydy rhai pobl ddim yn anelu at y nodau hynny yn y lle cyntaf; efallai fod rhesymau eraill yn eu denu at drosedd.
- Dydy isddiwylliannau go iawn ddim mor syml ag y mae Cloward ac Ohlin yn ei honni. Mae gan rai isddiwylliannau nodweddion o'r tri math: troseddol, gwrthdaro ac enciliol.

Cwestiynau

1. Beth sy'n eich argyhoeddi fwyaf am yr esboniadau isddiwylliannol o droseddoldeb?
2. Pa fathau o droseddau a throseddwyr mae'r damcaniaethau hyn yn methu eu hesbonio?

Rhyngweithiadaeth a damcaniaeth labelu

Syniad allweddol Bydd gweithred yn dod yn drosedd pan fydd rhywun yn ei labelu'n drosedd. Er mwyn deall trosedd, rhaid i ni ganolbwyntio ar sut mae gweithredoedd a phobl benodol yn cael eu labelu'n droseddol.

Cryfderau

- Mae damcaniaeth labelu yn dangos nad yw'r gyfraith yn set o reolau sefydlog i'w cymryd yn ganiataol, ond yn lluniad i'w esbonio.
- Mae'n canolbwyntio ar y ffordd mae'r heddlu'n creu trosedd drwy ddefnyddio labeli yn seiliedig ar eu stereoteipiau ('teipeiddiadau') o'r 'troseddwr nodweddiadol'. Mae'r dull hwn o orfodi'r gyfraith mewn ffordd ddewisol o bosibl yn esbonio pam mae'r dosbarth gweithiol a grwpiau lleiafrifol wedi'u gorgynrychioli yn yr ystadegau troseddu.
- Mae'n dangos sut gall ymdrechion i reoli gwyredd ysgogi sbiral ymhelaethu gwyredd (e.e. mewn panig moesol) a chreu *mwy* o wyredd.

Cyfyngiadau

- Mae'n awgrymu, yn anghywir, fod gyrfa wyrdroëdig yn anorfod unwaith y bydd rhywun wedi cael ei labelu. (Yr enw ar hyn yw penderfyniaeth – fel pe bai'r canlyniad wedi'i benderfynu ymlaen llaw.)

- Mae'r pwyslais ar effeithiau negyddol labelu yn rhoi statws 'dioddefwr' i'r troseddwr, ac yn anwybyddu'r dioddefwr *go iawn*.
- Nid yw'n esbonio pam mae pobl yn cyflawni gwyredd sylfaenol *cyn* iddyn nhw gael eu labelu.
- Nid yw'n esbonio o ble mae'r grym i labelu yn dod. Mae'n canolbwyntio ar bobl swyddogol fel yr heddlu sy'n *defnyddio'r* labeli, yn hytrach nag ar y dosbarth cyfalafol sy'n *creu'r* rheolau.
- Nid yw'n esbonio pam mae'r labeli yn cael eu rhoi i grwpiau penodol (e.e. y dosbarth gweithiol) ond nid i grwpiau eraill.

Cwestiwn

Awgrymwch resymau sy'n esbonio pam mae pobl dosbarth gweithiol ac aelodau o grwpiau lleiafrifol ethnig yn fwy tebygol o gael eu labelu'n droseddwyr.

Y safbwynt Marcsaidd ar drosedd a chyfraith

Syniad allweddol Mae cyfalafiaeth yn droseddogenig: dyma sydd wrth wraidd trosedd. Mae pob dosbarth cymdeithasol yn troseddu, ond mae gorfodi'r gyfraith mewn ffordd ddewisol yn golygu bod trosedd yn ymddangos fel pe bai'n broblem ymhlith y dosbarth gweithiol yn unig.

Cryfderau

- Mae'n dangos sut mae tlodi ac anghydraddoldeb yn achosi troseddau dosbarth gweithiol, a sut mae cyfalafiaeth yn hybu trachwant ac yn annog troseddau dosbarth uwch.
- Mae'n dangos bod deddfu a dulliau gorfodi'r gyfraith yn dangos tuedd yn erbyn y dosbarth gweithiol ac o blaid pobl bwerus. Er enghraifft, nid yw troseddau corfforaethol yn cael eu herlyn yn aml.

Cyfyngiadau

- Mae'n canolbwyntio ar ddosbarth cymdeithasol ac yn anwybyddu'r berthynas rhwng trosedd ac anghydraddoldebau eraill fel rhywedd ac ethnigrwydd.
- Mae'n goramcangyfrif nifer y troseddau ymhlith y dosbarth gweithiol: dydy pobl dlawd ddim i gyd yn troi at drosedd.
- Dydy cyfraddau troseddu pob cymdeithas gyfalafol ddim yn uchel; e.e. mae cyfradd lladdiadau Japan 5 gwaith yn llai na'r gyfradd yn UDA. (Fodd bynnag, mae Marcswyr yn nodi bod cyfraddau troseddu yn uwch mewn cymdeithasau cyfalafol heb lawer o ddarpariaethau lles, fel UDA.)

Realaeth y dde

Syniad allweddol Mae realwyr y dde yn seilio eu safbwyntiau ar ddamcaniaeth dewis rhesymegol: mae troseddwyr yn pwyso a mesur y risgiau a'r gwobrau cyn penderfynu troseddu ai peidio.

Cryfderau

- Mae sawl astudiaeth yn cefnogi damcaniaeth dewis rhesymegol. Cyflwynodd Rettig senario i'w fyfyrwyr lle roedd cyfle i gyflawni trosedd. Casgliad Rettig oedd bod y gosb byddai'r myfyrwyr yn ei derbyn yn dylanwadu ar eu penderfyniad i gyflawni'r drosedd ai peidio.
- Yn ei waith ymchwil, gwelodd Feldman fod pobl yn gwneud penderfyniadau rhesymegol: os oedd y wobr yn fawr a'r risg yn isel, roedden nhw'n dweud y byddai'n werth cyflawni'r drosedd.
- Roedd Bennett a Wright wedi cyfweld â phobl oedd wedi'u cael yn euog o fwrgleriaeth. Cyn gweithredu, roedd y lladron hyn yn ystyried y wobr bosibl, yr anawsterau wrth dorri i mewn i'r adeilad, a'r risg o gael eu dal. Risg oedd y ffactor pwysicaf a oedd yn dylanwadu ar eu penderfyniad i gyflawni'r drosedd.
- Gall realaeth y dde esbonio rhai mân droseddau oportiwnistaidd fel dwyn.

Cyfyngiadau

- Roedd astudiaethau Rettig a Feldman yn arbrofion; mae'n bosibl na fyddai'r canlyniadau yn berthnasol i droseddwyr go iawn.
- Roedd Bennett a Wright wedi astudio lladron aflwyddiannus (h.y. wedi cael eu dal). Dydyn ni ddim yn gwybod a yw lladron llwyddiannus yn meddwl yn yr un ffordd.

- Dydy pob trosedd ddim yn deillio o benderfyniadau rhesymegol. Mae troseddau treisgar yn aml yn rhai byrbwyll. Mae troseddwyr sydd dan ddylanwad cyffuriau neu alcohol hefyd yn annhebygol o ystyried y risgiau a'r gwobrau cyn troseddu.

Realaeth y chwith

Syniad allweddol Mae trosedd yn broblem go iawn, yn ôl realwyr y chwith. Y prif ddioddefwyr yw grwpiau difreintiedig. Anghydraddoldeb yw prif achos trosedd; mae'n annog amddifadedd cymharol.

Cryfderau

- Mae realaeth y chwith yn pwysleisio mai tlodi, anghydraddoldeb ac amddifadedd cymharol yw achosion strwythurol sylfaenol trosedd.
- Mae'n tynnu sylw at realiti troseddau stryd, a sut maen nhw'n effeithio ar grwpiau difreintiedig.

Cyfyngiadau

- Mae Henry a Milovanovic yn dadlau bod realaeth y chwith yn derbyn diffiniad yr awdurdodau o drosedd, sef mai trosedd yw troseddau stryd sy'n cael eu cyflawni gan bobl dlawd. Nid yw'n esbonio troseddau coler wen a throseddau corfforaethol, ac mae'n anwybyddu'r niwed mae troseddau pobl bwerus yn ei achosi i bobl dlawd.
- Mae'n goramcangyfrif nifer y troseddau dosbarth gweithiol: dydy pawb sy'n profi amddifadedd cymharol ac ymyleiddio ddim yn troi at drosedd.
- Nid yw canolbwyntio ar ardaloedd yng nghanol dinasoedd â chyfraddau trosedd uchel yn gynrychiadol, ac mae'n gwneud i drosedd ymddangos yn fwy o broblem nag ydyw mewn gwirionedd.

Cwestiwn

Pa esboniad o droseddoldeb sy'n eich argyhoeddi fwyaf – realaeth y dde neu realaeth y chwith? Rhowch eich rhesymau.

Damcaniaethau gwyliadwriaeth

Syniad allweddol Mae Foucault yn dadlau bod pobl yn arfer hunan-wyliadwriaeth yn ein cymdeithas heddiw. Mae gwyliadwriaeth electronig hefyd yn rhan o'n bywydau. Mae gwyliadwriaeth wedi dod yn fwyfwy pwysig o ran rheoli troseddu.

Cryfderau

- Mae gwaith Foucault wedi ysgogi ymchwil ar wyliadwriaeth a grym disgyblu, yn enwedig y syniad o 'panoptigon electronig' sy'n defnyddio technolegau modern i'n monitro.
- Mae ymchwilwyr wedi nodi mathau eraill o wyliadwriaeth, fel cyfiawnder actiwaraidd a phroffilio.

Cyfyngiadau

- Mae Foucault yn gorbwysleisio effaith y rheolaeth. Er enghraifft, mae Goffman yn dangos sut mae carcharorion mewn rhai carchardai a chleifion mewn ysbytai meddwl yn gallu gwrthsefyll dulliau rheoli.
- Mae'n bosibl nad yw goruchwyliaeth yn newid ymddygiad pobl i'r un graddau ag y mae Foucault yn honni. Er enghraifft, mae astudiaethau'n dangos nad yw CCTV bob amser yn atal trosedd gan nad yw rhai troseddwyr yn cymryd sylw o'r camerâu.

Beirniadaeth o ddamcaniaethau cymdeithasegol

Yr achos sylfaenol Mae cymdeithasegwyr yn anghytuno ynghylch achos trosedd – e.e. ffactorau strwythurol yw'r achos yn ôl swyddogaetholdeb a Marcsaeth, ond mae damcaniaeth labelu yn dadlau ei fod yn digwydd o ganlyniad i'r rhyngweithio rhwng yr heddlu a'r bobl a ddrwgdybir.

Goramcangyfrif Dydy damcaniaethau cymdeithasegol ddim yn esbonio pam nad yw pob unigolyn sy'n ddifreintiedig neu'n profi cyfleoedd wedi'u rhwystro yn troseddu.

Ffactorau biolegol a seicolegol Dydy damcaniaethau cymdeithasegol ddim yn esbonio pam mae un person yn cyflawni trosedd ond dydy rhywun arall yn yr un sefyllfa gymdeithasol ddim yn gwneud hynny.

Gwerthuso damcaniaethau trosedd　　Ewch i Hwb: www.hwb.gov.wales/

PROFI EICH HUN

Cwestiwn ymarfer

Beth yw cryfderau a chyfyngiadau damcaniaethau biolegol wrth geisio esbonio achosion troseddoldeb? Darllenwch ateb Yasmin ac yna atebwch y cwestiynau isod.

Ateb Yasmin

Y syniad sylfaenol sy'n sail i'r holl ddamcaniaethau biolegol yw bod troseddwyr yn wahanol yn fiolegol ac mae hyn yn achosi eu troseddoldeb. Roedd damcaniaeth ffisiolegol Lombroso yn mesur nodweddion corfforol troseddwyr (trwyn, breichiau, ac ati), ac yn honni bod ganddyn nhw nodweddion unigryw. Er bod hwn yn ddull gwyddonol, nid oedd grŵp rheolydd o bobl nad oedd yn droseddwyr yn astudiaeth Lombroso.

Mae damcaniaeth Sheldon o somatoteipiau yn dadlau bod gan droseddwyr gorff mesomorffig a chyhyrog. Fodd bynnag, gall hyn fod oherwydd ffactorau amgylcheddol fel gwaith corfforol, neu hyd yn oed labelu.

Mae damcaniaethau genetig yn honni bod genynnau gwahanol gan droseddwyr. Maen nhw'n defnyddio astudiaethau o efeilliaid ac astudiaethau mabwysiadu i brofi effaith genynnau. Mae gan efeilliaid unfath yr un genynnau, felly os yw genynnau yn achosi troseddoldeb, ac os yw un gefell yn droseddwr, bydd y llall hefyd – cyfradd cydgordiad 100%. Er bod astudiaethau yn dangos cyfradd cydgordiad uwch ar gyfer gefeilliaid unfath, mae'r gyfradd yn agosach at 50%. Hefyd, mae gefeilliaid unfath yn aml yn rhannu amgylchedd unfath yn ogystal â genynnau unfath.

Mae astudiaethau mabwysiadu yn cymharu troseddoldeb plant mabwysiedig â'u rhieni biolegol a mabwysiadol. Mae gan riant biolegol yr un genynnau â'r plentyn, felly os oes gan y ddau ohonyn nhw gofnod troseddol ond does dim cofnod troseddol gan y rhiant mabwysiadol, mae'n bosibl mai genynnau yw'r rheswm. Mae astudiaethau'n cefnogi hyn i ryw raddau, ond mae plant mabwysiedig yn aml yn cael eu mabwysiadu gan deuluoedd sy'n debyg i'w teuluoedd biolegol, ac efallai mai'r amgylchedd tebyg hwn yw'r rheswm dros eu troseddoldeb.

Gall ffactorau biocemegol achosi trosedd hefyd. Mae digon o dystiolaeth yn cysylltu alcohol â throseddau treisgar, ac mae cyfraddau troseddu gwrywod ar eu huchaf tua'r un oedran â'u lefel testosteron uchaf. Fodd bynnag, er bod alcohol a thestosteron yn gallu golygu bod rhywun yn fwy tueddol o droseddu, efallai bydd angen 'ysgogiad' amgylcheddol er mwyn iddyn nhw droseddu mewn gwirionedd.

Ar y cyfan, mae damcaniaethau biolegol yn cynnig awgrymiadau defnyddiol ond dydyn nhw ddim yn ddigon ar eu pen eu hunain i esbonio troseddoldeb.

Cwestiynau

Atebwch y cwestiynau canlynol. Cyfeiriwch yn ôl at yr hyn rydych chi wedi'i ddarllen yn y testun hwn.

1. Sut byddai defnyddio 'grŵp rheolydd o bobl sydd ddim yn droseddwyr' yn helpu pe baech chi'n profi damcaniaeth Lombroso?
2. Sut gallai labelu fod yn gyfrifol am yr awgrym bod mesomorffiaid yn cyflawni mwy o droseddau?
3. Beth mae'r 'gyfradd cydgordiad' yn ei fesur mewn astudiaethau o efeilliaid?
4. Mae'n bosibl nad yw astudiaethau mabwysiadu o reidrwydd yn profi bod ffactorau genynnol yn achosi troseddoldeb. Pa esboniad arall mae Yasmin yn ei roi?
5. Pa 'ysgogiadau' amgylcheddol mae Yasmin yn cyfeirio atyn nhw wrth sôn am alcohol a throseddu?
6. Pa esboniadau biolegol o droseddoldeb mae Yasmin yn ymdrin â nhw yn eu hateb? A yw hi wedi anghofio sôn am rai esboniadau?

137

Asesu'r defnydd o ddamcaniaethau troseddegol wrth lywio'r broses o ddatblygu polisi

Man cychwyn

Gan weithio mewn grŵp bach:

1. Dewiswch ddamcaniaeth neu grŵp o ddamcaniaethau rydych chi wedi'u hastudio.
2. Ar sail y syniadau yn y ddamcaniaeth rydych chi wedi'i dewis, awgrymwch rai ffyrdd o atal trosedd.

Rheoli troseddu: dylanwad damcaniaethau

Mae llawer o'r damcaniaethau rydyn ni wedi'u hastudio hyd yn hyn wedi dylanwadu ar bolisïau i reoli troseddu. Yn y testun hwn, byddwn ni'n edrych ar rai o'r ffyrdd mae damcaniaethau biolegol, unigolyddol a chymdeithasegol o droseddoldeb wedi siapio neu ddylanwadu ar bolisïau rheoli troseddu gwahanol.

Damcaniaethau biolegol sy'n dylanwadu ar bolisïau

Mae damcaniaethau biolegol yn dadlau mai rhyw fath o annormaledd corfforol yn yr unigolyn sy'n achosi troseddoldeb. Mae'r damcaniaethau hyn wedi arwain at lunio polisïau rheoli troseddu a chosb sy'n ceisio newid y ffordd mae ymennydd neu gorff troseddwr yn gweithio, a gwella'r cyflwr sy'n achosi ei droseddoldeb.

Prosesau biocemegol

Mae nifer o brosesau a ffactorau biocemegol wedi cael eu cysylltu â throseddoldeb, fel effeithiau'r hormon rhyw gwryw testosteron, camddefnyddio sylweddau a diffygion yn y deiet. Mae polisïau wedi'u llunio ar sail hyn, yn bennaf ar ffurf rhaglenni triniaeth unigol ar gyfer troseddwyr.

Polisïau rheoli troseddu

Mae rhaglenni triniaeth i leihau troseddu weithiau'n defnyddio cyffuriau, deiet a llawdriniaeth i gyflawni'r gwaith.

Triniaethau cyffuriau Defnyddir y triniaethau hyn mewn rhai sefyllfaoedd i drin neu reoli ymddygiad troseddol neu wrthgymdeithasol. Maen nhw'n gwneud hyn drwy effeithio ar brosesau biocemegol y corff.

- **Cam-drin alcohol** Gall hyn ysgogi ymddygiad treisgar. Mae'r cyffur Antabuse yn cael ei ddefnyddio mewn therapi anghymell i drin alcoholiaeth. Mae'n gweithio drwy atal y corff rhag treulio alcohol, gan achosi symptomau annifyr iawn ar unwaith os bydd y defnyddiwr yn yfed y diferyn lleiaf o alcohol.

- **Caethiwed i heroin** Mae pobl yn aml yn gorfod troseddu er mwyn talu am y cyffur. Mae methadon yn cael ei ddefnyddio i drin pobl sy'n gaeth i heroin, fel sylwedd arall i'w ddefnyddio yn y tymor hir yn lle heroin, neu er mwyn atal symptomau diddyfnu *(withdrawal symptoms)*. Drwy gynnig cyffur meddygol amgen sy'n cael ei reoli'n gyfreithiol, mae methadon yn helpu i leihau trosedd.

- **Troseddwyr rhyw** Mae stilbestrol yn fath o 'sbaddu cemegol' *(chemical castration)* sydd wedi cael ei ddefnyddio mewn carchardai i drin troseddwyr rhyw gwryw. Mae stilbestrol yn hormon benyw sy'n atal testosteron fel ffordd o leihau chwant rhywiol dynion. Fodd bynnag, gall achosi sgil effeithiau dwys, gan gynnwys datblygu bronnau, ffemineiddio ac anhwylderau seiciatrig difrifol.

- **Rheoli carcharorion** Mae tawelyddion fel Valium, Librium a Largactil yn aml wedi cael eu defnyddio i dawelu carcharorion trafferthus neu dreisgar.

GWEITHGAREDD / **Clip fideo**

Trin caethiwed i gyffuriau   Ewch i Hwb: www.hwb.gov.wales/

Deiet Gellir addasu deiet er mwyn ceisio newid ymddygiad gwrthgymdeithasol.

- Yn ôl Gesch et al., mae ychwanegu fitaminau, mwynau ac asidau brasterog at ddeiet carcharorion yn arwain at ostyngiad 'rhyfeddol' o ran ymddygiad gwrthgymdeithasol (hyd at 37% yn achos digwyddiadau treisgar).
- Mae fitamin B3 wedi cael ei ddefnyddio i drin rhai mathau o sgitsoffrenia, anhwylder sydd weithiau'n cael ei gysylltu ag ymddygiad treisgar.
- Mae newidiadau i'r deiet wedi cael eu defnyddio i geisio rheoli gorfywiogrwydd (sy'n gallu arwain at droseddu) – er enghraifft, tynnu bwydydd sy'n cynnwys y lliw artiffisial tartrasin o ddeiet plant.

Llawdriniaeth Mae llawdriniaeth wedi cael ei defnyddio i newid ymennydd neu gyrff troseddwyr gyda'r nod o'u hatal rhag troseddu. Dyma rai o'r llawdriniaethau:

- **Sbaddu'n llawfeddygol** Roedd troseddwyr rhyw yn cael eu sbaddu'n llawfeddygol yn y gorffennol mewn ymgais i geisio newid ymddygiad troseddol, er enghraifft yn Denmarc ac UDA. Fodd bynnag, mae'r canlyniadau wedi bod yn gymysg.
- **Lobotomi** Llawdriniaeth fawr sy'n golygu torri'r cysylltiad rhwng llabedau blaen yr ymennydd a'r thalamws. Mae wedi cael ei defnyddio i drin sgitsoffrenia paranoid a throseddwyr â chymhelliad rhywiol neu sy'n ymddwyn yn dreisgar yn ddigymell. Fodd bynnag, gall achosi sgil effeithiau difrifol a does dim llawer o lobotomïau yn cael eu cynnal bellach.

Rheoli torfeydd a throseddau yn erbyn y drefn gyhoeddus Yn ogystal â'r triniaethau unigol uchod, mae polisïau eraill yn defnyddio dulliau sy'n ceisio rheoli grwpiau gan ddefnyddio sylweddau cemegol. Er enghraifft, weithiau bydd nwy dagrau'n cael ei ddefnyddio i reoli torfeydd neu i wasgaru pobl sy'n achosi terfysg. Mae'n gweithio drwy achosi teimladau anghyfforddus neu boenus, gan gynnwys chwydu, anawsterau anadlu a dryswch. Gall hefyd achosi difrod i'r ysgyfaint a marwolaeth mewn rhai achosion.

Damcaniaethau genetig: ewgeneg

Mae damcaniaethau genetig o droseddoldeb wedi dadlau bod y duedd i droseddu yn cael ei throsglwyddo drwy etifeddu 'genyn troseddol'. Mae'r syniad y gellir adnabod genyn o'r fath wedi'i wrthbrofi bellach, ond ar ddechrau'r ugeinfed ganrif roedd mudiad o'r enw ewgeneg yn hyrwyddo'r syniad hwn.

Roedd ewgenegwyr yn poeni'n fawr bod yr hil ddynol mewn perygl o 'ddiraddio' gan fod pobl dlawd yn cael llawer mwy o blant na phobl gefnog. O ganlyniad, roedd pobl dlawd yn trosglwyddo genynnau 'israddol' ar gyfer deallusrwydd isel, gorffwylledd, tlodi a throseddoldeb yn gynt nag yr oedd pobl gefnog yn trosglwyddo eu genynnau 'uwchraddol', gan arwain at 'ddirywiad' o ran deallusrwydd cyfartalog ac ansawdd moesol y boblogaeth.

Anffrwythloni gorfodol

Felly, roedd ewgenegwyr yn dadlau y dylai'r bobl 'anaddas yn enynnol' gael eu hatal rhag cael plant. Roedd ewgenegwyr yn hyrwyddo polisïau fel anffrwythloni gorfodol ar gyfer 'pobl ddiffygiol' fel troseddwyr (gan eu bod o'r farn bod troseddoldeb yn etifeddol) a phobl â salwch meddwl neu anawsterau dysgu.

Cafodd carfanau pwyso eu sefydlu i ymgyrchu dros bolisïau ewgenegwyr, a chyflwynwyd y polisïau hyn mewn sawl gwlad. Er enghraifft, yn 1927 daeth Llys Goruchaf UDA i'r penderfyniad fod anffrwythloni gorfodol ar gyfer 'pobl anaddas' – gan gynnwys pobl ag anawsterau dysgu – yn gyfreithlon 'er mwyn amddiffyn y wladwriaeth a'i hiechyd'. Ymhlith y polisïau ewgeneg eraill mae erthyliadau gorfodol a chyfyngiadau ar yr hawl i briodi.

Polisïau 'purdeb hiliol' y Natsïaid

Yr achos mwyaf eithafol o bolisïau ewgeneg oedd gweithredoedd y Natsïaid (1933–45). Roedd y Natsïaid yn gefnogol iawn o bolisïau ewgeneg, ac roedden nhw eisiau 'puro' yr 'hil Ariaidd oruchaf' drwy ddifa'r bobl roedden nhw'n eu hystyried yn anaddas i gael plant. Ar y dechrau, gwnaethon nhw dargedu pobl ag anableddau corfforol a meddyliol. Cafodd 400,000 o bobl eu hanffrwythloni yn erbyn eu hewyllys a lladdwyd 70,000 dan bolisi ewthanasia'r Natsïaid.

Yr Holocost Yn y pen draw, roedd y Natsïaid yn defnyddio'r polisïau ewgeneg hyn i gyfiawnhau hil-laddiad grwpiau a oedd yn cael eu hystyried yn 'israddol' yn ystod yr Ail Ryfel Byd. Cafodd o leiaf 6 miliwn o Iddewon ac o leiaf 1.5 miliwn o Sipsiwn/Roma eu lladd o dan y polisi hwn. Lladdwyd miloedd yn rhagor o bobl eraill a oedd wedi'u diffinio fel pobl 'wyrdroëdig', gan gynnwys dynion hoyw a lesbiaid, pobl a oedd yn gaeth i gyffuriau ac alcohol, a phobl ddigartref.

GWEITHGAREDD / Trafodaeth

Moeseg polisïau biolegol   Ewch i Hwb: www.hwb.gov.wales/

Damcaniaethau unigolyddol sy'n dylanwadu ar bolisïau

Mae damcaniaethau unigolyddol o droseddu wedi cael eu defnyddio i ddatblygu rhaglenni triniaeth gyda'r nod o leihau ymddygiad troseddol. Yma, byddwn ni'n archwilio rhai o'r rhaglenni hyn.

Seicdreiddio

Mae seicdreiddio yn seiliedig ar ddamcaniaeth personoliaeth Freud sy'n tynnu sylw at y gwrthdaro anymwybodol rhwng yr id (greddfau) a'r uwch-ego (cydwybod). Y rhesymeg yw bod uwch-ego gwan yn achosi troseddoldeb, gan nad oes grym moesol gan yr unigolyn i ffrwyno ei reddfau hunanol. Gall uwch-ego gwan ddeillio o gymdeithasoli annigonol yn gynnar ym mywyd plentyn.

Rheoli troseddu

Mae triniaeth yn broses hir iawn (roedd Freud yn gweld ei gleifion 5 gwaith yr wythnos, yn aml am flynyddoedd). Mae'n golygu dod â'r gwrthdaro anymwybodol a'r emosiynau cudd i'r meddwl ymwybodol er mwyn eu datrys. I gyrraedd y meddwl anymwybodol, roedd Freud yn defnyddio hypnosis a rhyddgysylltu sef rhoi gair i'r claf a fyddai'n ymateb drwy ddweud y gair cyntaf sy'n dod i'w feddwl.

Penderfynodd **Aichhorn** gymhwyso syniadau seicdreiddio wrth drin troseddwyr ifanc yn y sefydliad roedd yn ei oruchwylio. Gan bod eu rhieni yn absennol neu ddim yn poeni amdanyn nhw, doedd y bobl ifanc ddim wedi datblygu perthnasoedd cariadus nac wedi datblygu uwch-ego yn sgil cymdeithasoli annigonol. Mae hyn yn debyg i syniad Bowlby y gall amddifadedd mamol achosi troseddoldeb.

Doedd Aichhorn ddim yn fodlon ag amgylchedd llym y sefydliadau troseddwyr ifanc ar y pryd (yr 1920au) a dechreuodd drin y bobl ifanc drwy gynnig amgylchedd hapus a braf a fyddai'n eu galluogi i ddatblygu uwch-ego.

GWEITHGAREDD / Clip fideo

Seicdreiddio   Ewch i Hwb: www.hwb.gov.wales/

Ydy hyn yn effeithiol?

Nid yw'n ymddangos bod seicdreiddio yn effeithiol iawn. Yn ôl Eysenck, dim ond 44% o gleifion seicdreiddio wedi'u trin am niwrosis a ddangosodd arwyddion o wella, o'u cymharu â 72% o gleifion wedi'u trin gan ysbytai neu feddygon teulu. Os nad yw seicdreiddio yn gweithio ar gyfer niwrosis, mae'n annhebygol y bydd yn gweithio ar gyfer troseddwyr (sydd, yn ôl Eysenck, yn debygol o fod yn bobl niwrotig).

Cost Mae seicdreiddio yn ddrud ac yn cymryd llawer o amser, felly nid yw erioed wedi cael ei ddefnyddio ar raddfa fawr i drin troseddwyr.

Camdriniaeth Mae seicdreiddio yn rhoi'r pŵer i seicdreiddwyr ddiffinio'r hyn sy'n normal neu'n annormal. Er enghraifft, roedd Freud yn meddwl bod cyfunrywioldeb yn annormal. Drwy roi'r pŵer iddyn nhw ddiffinio ymddygiad, gall hyn arwain at gamdriniaeth.

Dysgu gweithredol a rhaglenni atgyfnerthu â thalebau

Mae damcaniaeth dysgu gweithredol (neu ymddygiadaeth) yn nodi bod ymddygiad troseddol yn cael ei ddysgu drwy atgyfnerthu a chosbi. Mae'r ddamcaniaeth wedi cael ei chymhwyso at bolisïau ar gyfer troseddwyr drwy raglenni atgyfnerthu â thalebau. Mae'r rhaglen atgyfnerthu â thalebau yn rhaglen addasu ymddygiad sy'n cael ei defnyddio mewn rhai carchardai.

Rheoli troseddu

Mae rhaglen atgyfnerthu â thalebau yn gweithio fel hyn:

- Mae'r sefydliad yn gwneud rhestr o ymddygiad derbyniol, e.e. ufuddhau i'r rheolau, rhyngweithio'n gadarnhaol â staff.
- Pan fydd y troseddwr yn ymddwyn yn y ffordd dderbyniol, bydd yn ennill taleb.
- Gellir cyfnewid y talebau hyn am wobrau, e.e. bisgedi, galwadau ffôn.
- Drwy'r broses hon o atgyfnerthu dewisol, mae ymddygiad da yn dod yn fwy tebygol ac ymddygiad annerbyniol yn llai tebygol.

Ydy hyn yn effeithiol?

Mae rhai astudiaethau yn dangos gwelliant o ran ymddygiad, ond unwaith bydd yr atgyfnerthu yn dod i ben (pan fydd y troseddwr yn gadael y carchar), mae'r ymddygiad da yn tueddu i ddiflannu. Fodd bynnag, nid yw'r troseddwyr yn ailddechrau troseddu mor fuan â'r rheini sydd heb ddilyn y rhaglen. Mae rhaglenni atgyfnerthu â thalebau hefyd yn helpu i reoli carcharorion.

Mewn rhai carchardai yn UDA, mae swyddogion wedi gwrthod rhoi prydau bwyd i garcharorion ac wedi defnyddio bwyd a diod fel 'gwobrau'. Mae beirniaid yn dadlau bod bwyd a diod yn hawl dynol, nid yn fraint mae'n rhaid ei hennill.

Therapi anghymell a damcaniaeth Eysenck

Mae therapi anghymell yn cymhwyso damcaniaeth personoliaeth Eysenck at driniaethau troseddwyr rhyw. Mae Eysenck yn dweud bod troseddwyr yn tueddu i fod yn allblyg iawn ac yn niwrotig. Mae hyn yn golygu eu bod yn fwy anodd eu cyflyru gan nad ydyn nhw'n debygol o ddysgu drwy gosb.

Felly, mae angen i'r cyflyru fod yn 'gryfach' er mwyn newid ymddygiad troseddwr rhyw:

- Gofynnir i'r troseddwr feddwl am ffantasi rhywiol annerbyniol nes ei fod yn teimlo cynhyrfiad.
- Yna, bydd ysgogiad anghymell cryf (ysgogiad annifyr y byddai'r unigolyn yn dewis ei osgoi) yn cael ei ddefnyddio, fel sioc drydan neu gyffur sy'n codi cyfog.
- Mae'r weithred yn cael ei hailadrodd nes bod y troseddwr yn dod i gysylltu'r cynhyrfiad gwyrdroëdig â'r ysgogiad. Y nod yw atal y meddyliau annerbyniol ac felly atal yr ymddygiad troseddol.

Ydy hyn yn effeithiol?

Nid yw therapi anghymell wedi bod yn llwyddiannus iawn – dim ond yn y tymor byr fel arfer – ac mae pobl wedi beirniadu'r defnydd ohono i geisio 'gwella' pobl hoyw fel enghraifft o gam-drin hawliau dynol.

GWEITHGAREDD / **Clip fideo**

Therapi anghymell   Ewch i Hwb: www.hwb.gov.wales/

Damcaniaethau gwybyddol a CBT

Mae damcaniaethau gwybyddol wedi cael eu cymhwyso at gyfres o raglenni triniaeth i droseddwyr o'r enw therapi ymddygiadol gwybyddol (*CBT: Cognitive Behavioural Therapy*).

Mae damcaniaethau gwybyddol yn nodi bod ein gwybyddiaeth (prosesau meddwl) yn siapio ein hymddygiad, gan gynnwys ymddygiad troseddol. Mae 'gwybyddiaeth ystumiedig' gan droseddwyr sy'n eu harwain i droseddu. Nod rhaglenni CBT yw newid meddyliau ac agweddau troseddwyr er mwyn newid eu hymddygiad. Isod mae dwy enghraifft o raglenni CBT yn y DU.

Sesiwn therapi un-i-un i geisio datrys problemau rheoli dicter.

Think First

Mae Think First yn rhaglen sy'n cynnig sesiynau grŵp ac unigol i ad-droseddwyr sydd ar brawf. Ei nod yw galluogi troseddwyr i reoli eu meddyliau, eu teimladau a'u hymddygiad. Mae'n dysgu sgiliau datrys problemau, meddwl canlyniadol (beth fydd canlyniadau fy ngweithredoedd, i mi ac i eraill?), gwneud penderfyniadau, a gweld pethau o safbwynt rhywun arall (persbectif). Mae hefyd yn cynnig hyfforddiant ar ryngweithio cymdeithasol a rhesymu moesol.

Ydy hyn yn effeithiol? Mae'r rhai sy'n cwblhau'r rhaglen 30% yn llai tebygol o dderbyn ail euogfarn na throseddwyr sy'n cael dedfryd yn y gymuned. Fodd bynnag, dydy cyfradd uchel o bobl ddim yn cwblhau'r rhaglen.

Hyfforddiant Disodli Ymosodedd (ART)

Mae Hyfforddiant Disodli Ymosodedd (*ART: Aggression Replacement Training*) yn rhaglen ar gyfer troseddwyr treisgar neu ymosodol. Dyma'r prif elfennau:

- Hyfforddiant sgiliau rhyngbersonol, e.e. drwy chwarae rôl.
- Technegau rheoli dicter, delio ag emosiynau a chynnig ffyrdd eraill o weithredu i droseddwyr yn hytrach na thrais.
- Hyfforddiant rhesymu moesol sy'n herio eu hagweddau drwy wneud iddyn nhw ystyried problemau moesol.

Ydy hyn yn effeithiol? Mae gwerthusiadau'n dangos bod cyfraddau'r troseddwyr sy'n derbyn ail euogfarn yn is ar y cyfan. Fodd bynnag, yn ôl gwerthusiadau eraill, er bod sgiliau meddwl wedi gwella, nid oedd hyn yn wir am ymddygiad.

GWEITHGAREDD / **Clip fideo**

Therapi ymddygiadol gwybyddol   Ewch i Hwb: www.hwb.gov.wales/

Polisi 'What works'

Dydy pob rhaglen CBT ddim yn llwyddiannus nac yn addas. Er enghraifft, ni fyddai llawer o bwrpas rhoi lleidr sydd ddim yn dreisgar ar raglen ART.

Nod polisi 'What works' y Swyddfa Gartref yw sicrhau bod rhaglenni CBT yn lleihau troseddu, felly bydd ond yn cymeradwyo'r rhaglenni sy'n bodloni meini prawf penodol:

- Cynllun clir a dulliau effeithiol ar gyfer newid ymddygiad troseddwyr
- Dod o hyd i raglen addas ar gyfer troseddwyr o ran natur eu trosedd, y risg o aildroseddu a'u gallu (e.e. efallai bydd angen rhaglen wahanol ar droseddwyr anllythrennog a throseddwyr llythrennog)
- Targedu'r ffactorau risg sy'n arwain at droseddu.

Rhaid i raglen lwyddiannus ddangos ei bod yn gwella sgiliau ac ymddygiad troseddwyr o ddydd i ddydd, ac yn lleihau eu cyfraddau aildroseddu.

Damcaniaethau cymdeithasegol sy'n dylanwadu ar bolisïau

Mae damcaniaethau cymdeithasegol o droseddu wedi cael eu defnyddio i gynnig nifer o bolisïau sy'n ceisio rheoli troseddu.

Merton a damcaniaethau isddiwylliannol

Ym marn Merton, yn America (ac i raddau helaeth yn y DU), y prif nod cymdeithasol yw bod yn gyfoethog. Fodd bynnag, mae cyfleoedd pobl dlawd i wneud hynny drwy ddulliau cyfreithlon (e.e. drwy addysg dda) wedi'u rhwystro. Mae llawer yn addasu i hyn drwy 'arloesi' – defnyddio dulliau anghyfreithlon fel dwyn.

Mae damcaniaethwyr isddiwylliannol (fel Albert Cohen, a Cloward ac Ohlin) hefyd yn dadlau bod cyfleoedd wedi'u rhwystro yn achosi trosedd. Mae isddiwylliannau gwahanol yn delio â hyn drwy ddod yn droseddwyr proffesiynol, ymuno â gangiau neu encilio o gymdeithas.

Polisïau rheoli troseddu a chosb

Mae damcaniaeth straen Merton yn cynnig sylfaen ar gyfer polisïau rheoli a lleihau troseddau. Byddai'n bosibl gwneud strwythur cymdeithas yn fwy cyfartal drwy'r dulliau hyn:

- **Polisïau i fynd i'r afael â thlodi** Byddai mwy o fudd-daliadau lles, cyflogau da a sicrwydd swyddi yn lleihau trosedd drwy roi cyfle mwy cyfartal i bawb lwyddo drwy ddulliau cyfreithlon.
- **Cyfleoedd cyfartal mewn ysgolion** Byddai trin disgyblion dosbarth gweithiol yn gyfartal yn lleihau eu cyfradd methiant, ac yn golygu eu bod yn llai tebygol o ddioddef rhwystredigaeth statws ac ymuno ag isddiwylliannau tramgwyddus.
- **Addysg mewn carchardai** Oedran darllen dros hanner carcharorion y DU yw 11. Byddai addysg well mewn carchardai yn helpu'r carcharorion i ennill sgiliau i gael swydd dda a pheidio troseddu.

A yw'r polisïau hyn yn effeithiol?

Mae tystiolaeth yn dangos bod polisïau gwrth-dlodi yn cael effaith gadarnhaol. Mae cymdeithasau sy'n gwario mwy ar les yn carcharu llai o bobl. Mae cyfraddau troseddu uwch gan gymdeithasau lle mae mwy o anghydraddoldeb, fel UDA.

GWEITHGAREDD / Ymchwil

Gwella budd-daliadau

Ewch i Hwb: www.hwb.gov.wales/

Damcaniaeth labelu

Mae damcaniaeth labelu yn dadlau bod trosedd yn deillio o broffwydoliaeth hunangyflawnol. Drwy labelu rhywun yn droseddwr, mae perygl y bydd yn ymddwyn yn unol â'r label ac yn cyflawni rhagor o droseddau a rhai mwy difrifol. Mae damcaniaeth labelu wedi dylanwadu ar ddatblygiad sawl polisi rheoli troseddu.

Dad-droseddoli

Byddai dad-droseddoli mân droseddau fel bod ym meddiant canabis yn golygu bod llawer llai o bobl yn cael eu labelu'n droseddwyr. Mae cofnod troseddol yn gallu atal unigolyn rhag cael swydd, gan arwain at wyredd eilaidd (troseddu pellach).

Polisïau dargyfeirio

Nod y polisïau hyn yw cadw troseddwr allan o'r system gyfiawnder er mwyn osgoi ei labelu'n droseddwr. Mae rhai polisïau dargyfeirio yn anffurfiol, e.e. yr heddlu'n penderfynu peidio â chyhuddo rhywun. Mae eraill yn ffurfiol, e.e. gofyn i droseddwr fynychu rhaglen rheoli dicter i osgoi cael ei erlyn.

Cywilyddio ail-integreiddiol

Mae Braithwaite yn nodi dau fath o 'gywilyddio' neu labelu:

- **Cywilyddio dadintegreiddiol** *(disintegrative shaming)*, lle mae'r drosedd a'r troseddwr yn cael eu labelu'n ddrwg ac mae'r troseddwr yn cael ei gau allan o gymdeithas. Gall hyn wthio'r troseddwr i gyflawni gwyredd eilaidd.

- **Cywilyddio ail-integreiddiol** *(reintegrative shaming)*, sy'n labelu'r weithred ond nid y gweithredwr – hynny yw, dweud 'mae ef wedi gwneud rhywbeth drwg', yn hytrach na dweud 'mae e'n berson drwg'. Mae'n osgoi stigmateiddio'r troseddwr fel rhywun drwg ond hefyd yn ei annog i edifarhau, gan annog pobl eraill i'w adael yn ôl i mewn i gymdeithas.

A yw'r polisïau hyn yn effeithiol?

Mae tystiolaeth yn dangos bod polisïau rheoli troseddu sy'n seiliedig ar ddamcaniaeth labelu yn gallu delio'n llwyddiannus â mân droseddau a throseddwyr ifanc. Mae osgoi labelu pobl yn droseddwyr a'u cadw allan o'r system gyfiawnder yn golygu nad ydyn nhw'n cael eu gwthio i yrfa wyrdroëdig.

Realaeth y dde

I realwyr y dde, mae troseddwyr yn gwneud dewis rhesymegol i droseddu. Mae'r safbwynt hwn wedi arwain at dri phrif bolisi rheoli troseddu a chosb.

1 Atal troseddu sefyllfaol (SCP)

Nod polisïau atal troseddu sefyllfaol *(SCP: Situational Crime Prevention)* yw lleihau'r cyfleoedd ar gyfer trosedd drwy gynyddu'r risgiau neu'r anawsterau sy'n gysylltiedig â chyflawni'r drosedd a lleihau'r gwobrau. Mae SCP yn seiliedig ar ddamcaniaeth dewis rhesymegol: y syniad bod troseddwyr yn ymddwyn yn rhesymegol, ac yn pwyso a mesur risgiau a gwobrau unrhyw gyfle i droseddu.

Mae mesurau 'caledu targedau' yn rhan o SCP – er enghraifft cloi ceir, cyflogi gweithwyr diogelwch, ac addasu'r amgylchedd i 'atal troseddu drwy ddylunio' ardal.

Caledu targedau, Pont Westminster, yn dilyn ymosodiad terfysgol pan gafodd car ei yrru ar y palmant, gan ladd chwech o bobl.

A yw SCP yn effeithiol?

Un broblem yw ailgyfeirio. Os yw troseddwyr yn weithredwyr rhesymegol, pan maen nhw'n dod o hyd i darged rhy anodd, byddan nhw'n mynd i chwilio am un haws. Er enghraifft, gallan nhw gyflawni trosedd ar amser neu mewn lle gwahanol, defnyddio dull gwahanol neu ddewis targed (dioddefwr) gwahanol. Gall hyn olygu bod targedau sy'n fwy agored i niwed (yr henoed, pobl dlawd neu bobl anabl) yn dioddef yn amlach gan fod targedau eraill wedi cael eu caledu.

2 Atal troseddu amgylcheddol

Mae damcaniaeth 'ffenestri wedi'u torri' Wilson a Kelling yn dadlau bod ardal flêr ac anhrefnus yn rhoi'r argraff nad oes neb yn poeni amdani. Mae hyn yn denu troseddwyr, sy'n dod i'r casgliad na fydd yr heddlu'n ymchwilio i'w gweithgareddau yno. Bydd achosion o droseddau difrifol yn cynyddu yn yr ardal, a bydd trigolion sy'n ufudd i'r gyfraith yn gadael, os gallan nhw.

Mae Wilson a Kelling yn dadlau o blaid polisi mewn dwy ran:

- **Strategaeth gwella'r amgylchedd** Rhaid rhoi sylw ar unwaith i bob arwydd o anhrefn – tynnu graffiti, trwsio ffenestri wedi'u torri, etc.
- **Strategaeth plismona goddef dim** (*ZTP: Zero Tolerance Policing*) – cymryd safbwynt llym, 'goddef dim' tuag at bob trosedd, hyd yn oed y rhai lleiaf. Dylai'r heddlu ganolbwyntio ar fynd i'r afael â throseddau 'ansawdd bywyd', fel cardota ymosodol, puteindra a fandaliaeth.

A yw ZTP yn effeithiol?

- Roedd gostyngiad mewn trosedd ar ôl i ZTP gael ei gyflwyno yn Efrog Newydd yn yr 1990au, ond mae'n bosibl bod hyn oherwydd ffactorau eraill: roedd gostyngiad mewn trosedd yn rhai o ddinasoedd eraill UDA a oedd *heb* fabwysiadu ZTP.
- Yn ôl Males a Macallair, roedd cyrffyw ZTP yn gallu *cynyddu* trosedd ieuenctid: drwy symud pobl ifanc sy'n ufudd i'r gyfraith o'r strydoedd, mae'n dod yn amgylchedd ffafriol i drosedd.
- Gall ZTP arwain at dargedu lleiafrifoedd ethnig oherwydd hiliaeth ymhlith yr heddlu, a gwrthdaro oherwydd 'plismona milwrol' llawdrwm.
- Nid yw ZTP ac SCP yn mynd i'r afael ag achosion strwythurol trosedd fel anghydraddoldeb. Hefyd, maen nhw'n canolbwyntio ar droseddau stryd cyffredin, gan anwybyddu troseddau pobl bwerus: troseddau coler wen a throseddau gwladol.

3 Poblyddiaeth gosbol a charcharu

Mae realwyr y dde yn dadlau bod troseddwyr yn gwneud dewis rhesymegol i droseddu drwy bwyso a mesur costau a buddion y weithred. Felly, dylai cosbau mwy llym fod yn ddigon i atal troseddwyr.

'Mae carchardai yn gweithio' Yn yr 1990au, dechreuodd llywodraethau awgrymu bod angen cosbau mwy llym, gan ddadlau bod 'carchardai yn gweithio'. Ym marn realydd y dde, mae gan garchar ddwy swyddogaeth:

- **Analluogi** *(incapacitation)* Dydy troseddwyr ddim yn gallu niweidio'r cyhoedd – mae'r carchar yn mynd â nhw 'o'r golwg'.
- **Ataliaeth** *(deterrence)* Mae troseddwyr yn meddwl ddwywaith cyn troseddu wrth weld pobl yn cael cosbau llym.

Roedd gwleidyddion yn credu bod cosbau llym yn boblogaidd, felly rhoddwyd yr enw 'poblyddiaeth gosbol' ar y polisi hwn. Er enghraifft, yn 1997 cyflwynodd y Ceidwadwyr Ddeddf Troseddu (Dedfrydau), a oedd yn cyflwyno dedfrydau gorfodol o gyfnodau gofynnol ar gyfer ad-droseddwyr:

- dedfrydau oes awtomatig am ail drosedd rywiol neu dreisgar ddifrifol
- o leiaf saith mlynedd am drydedd euogfarn o fasnachu cyffuriau Dosbarth A
- o leiaf tair blynedd am drydedd euogfarn o ladrata o dŷ.

Daeth Tony Blair a'r llywodraeth Llafur Newydd i rym yn 1997. Gan addo y bydden nhw'n 'taclo troseddu ac yn taclo achosion troseddu', gwnaethon nhw gyflwyno mesurau fel gorchmynion ymddygiad gwrthgymdeithasol (*ASBOs: Antisocial Behaviour Orders*) a chyrffyw.

Mae poblyddiaeth gosbol *(penal populism)* wedi arwain at gynnydd yn nifer y carcharorion – o 45,000 yn 1993 i 80,000 erbyn 2021. Mae Cymru a Lloegr yn carcharu cyfran fwy o'r boblogaeth nag unrhyw wlad arall yng ngorllewin Ewrop. Yn y cyfamser, mewn carchardai yn 2020, roedd 76 hunanladdiad, 5 lladdiad, 65,000 achos o hunan-niweidio a 9,800 ymosodiad ar staff.

Carchar nodweddiadol. A yw'r 'carchar yn gweithio' mewn gwirionedd?

A yw'r carchar yn effeithiol?

Analluogi Mae'n bosibl dweud bod carchar yn 'gweithio' dros dro – dydy troseddwyr ddim yn gallu cyflawni troseddau yn erbyn y cyhoedd pan fyddan nhw yn y carchar. Fodd bynnag, gallan nhw droseddu yn erbyn eu cyd-garcharorion a'r staff.

Adsefydlu *(rehabilitation)* Un o swyddogaethau carchar yw adsefydlu troseddwyr. Fodd bynnag, oherwydd toriadau i gyllidebau a'r ffaith bod carchardai'n orlawn, dydy carcharorion ddim yn derbyn cyfleoedd addysg, hyfforddiant sgiliau na rhaglenni triniaeth a fyddai'n eu helpu nhw i ddod yn ddinasyddion sy'n ufudd i'r gyfraith.

Atgwympo Nid yw carchar yn effeithiol o ran atal atgwympo (ad-droseddu): mae 48% o oedolion wedi'u cael yn euog eto o fewn blwyddyn ar ôl eu rhyddhau.

Ataliaeth Mae realwyr y dde yn dadlau bod y risg o fynd i'r carchar yn atal pobl sy'n ystyried troseddu, gan eu bod nhw'n gwneud dewis rhesymegol i droseddu. Fodd bynnag, mae cyfraddau troseddu'n dangos nad yw'r risg o fynd i'r carchar yn ddigon i atal troseddwyr.

GWEITHGAREDD / **Clip fideo**

A yw'r carchar yn gweithio?   Ewch i Hwb: www.hwb.gov.wales/

Realaeth y chwith

Yn ôl realwyr y chwith, strwythur anghyfartal ac annheg cymdeithas sydd wrth wraidd trosedd. Mae eu damcaniaeth wedi cael ei chymhwyso at tri phrif bolisi i leihau trosedd.

1 Polisïau i leihau anghydraddoldeb

Mae realwyr y chwith yn galw am newidiadau strwythurol mawr i fynd i'r afael â gwahaniaethu ac anghydraddoldeb o ran cyfleoedd a gwobrau, ac i ddarparu swyddi da a thai i bawb. Byddai hyn yn lleihau amddifadedd cymharol – prif achos trosedd.

2 Plismona democrataidd

Mae'r heddlu yn colli cefnogaeth y cyhoedd, yn enwedig mewn ardaloedd tlotach lle mae llawer o bobl yn amheus ohonyn nhw. Oherwydd hyn, dydyn nhw ddim yn derbyn gwybodaeth ac mae'n rhaid iddyn nhw ddibynnu ar 'blismona militaraidd', fel stopio a chwilio. Mae hyn yn arwain at fwy o ddiffyg cydweithio, gan olygu nad ydyn nhw'n gallu mynd i'r afael â throsedd yn effeithiol.

Er mwyn adennill cefnogaeth y cyhoedd, rhaid i'r heddlu gynnwys cymunedau lleol wrth benderfynu ar eu blaenoriaethau. Rhaid iddyn nhw ganolbwyntio ar droseddau sy'n targedu pobl dan anfantais, fel trais domestig a throseddau casineb, yn hytrach na throseddau fel bod ym meddiant cyffuriau meddal.

Mae polisïau plismona realwyr y chwith wedi cael rhywfaint o lwyddiant:

- Mae plismona yn y gymdogaeth a swyddogion cymorth cymunedol yr heddlu *(PCSOs: Police Community Support Officers)* wedi cael eu cyflwyno i feithrin perthynas well â chymunedau.
- Dydy bod ym meddiant canabis ddim yn flaenoriaeth i nifer o heddluoedd bellach.
- Mae trais domestig a throseddau casineb yn fwy o flaenoriaeth erbyn hyn.

3 Dull gweithredu amlasiantaeth

Mae realwyr y chwith yn dadlau bod rhaid i sawl asiantaeth arall yn ogystal â'r heddlu gyfrannu at ddulliau rheoli troseddu: ysgolion, gwasanaethau ieuenctid, adrannau tai, gwasanaethau cymdeithasol, y gwasanaeth prawf a'r GIG. Gall cynghorau lleol wella cyfleusterau ar gyfer pobl ifanc er mwyn cynnig rhywbeth arall i'w wneud yn lle troseddu.

Mae **No Knives, Better Lives** yn enghraifft o ddull gweithredu amlasiantaeth, 'cyd-gysylltiedig' sy'n ceisio lleihau troseddau cyllell. Mae pob math o asiantaethau yn rhan o'r cynllun, gan gynnwys ysgolion, gwasanaethau hamdden ac ieuenctid y cynghorau lleol, a mudiadau gwirfoddol, yn ogystal â'r heddlu.

Polisïau Llafur Newydd

Mae rhai o'r polisïau sy'n cael eu ffafrio gan realwyr y chwith yn adlewyrchu ymagwedd y llywodraethau Llafur Newydd rhwng 1997 a 2010, a oedd yn ceisio 'taclo troseddu, a thaclo achosion troseddu'. Er enghraifft, roedd Llafur wedi clustnodi cyllid i wella ardaloedd difreintiedig drwy'r rhaglen 'Cymunedau sy'n Gofalu' – enghraifft o fynd i'r afael ag achosion troseddu.

GWEITHGAREDD / Ymchwil

Realaeth y dde a'r chwith   Ewch i Hwb: www.hwb.gov.wales/

Damcaniaethau gwyliadwriaeth

Mae damcaniaethau gwyliadwriaeth wedi dylanwadu ar ddau brif bolisi rheoli troseddu: camerâu teledu cylch cyfyng (CCTV) a phroffilio.

CCTV

Mae CCTV yn ffurf fodern o'r panoptigon: system wyliadwriaeth lle gall swyddogion carchar wylio carcharorion yn ddiarwybod i'r carcharorion. Mae Foucault yn dadlau bod hyn yn achosi i garcharorion fonitro a rheoleiddio eu hymddygiad eu hunain.

A yw CCTV yn effeithiol?

Fel y panoptigon, mae CCTV yn gweithio os yw troseddwyr yn credu eu bod yn cael eu gwylio ac felly yn peidio â gweithredu. Yn ôl Gill a Loveday, ychydig iawn o garcharorion oedd yn cael eu hatal rhag gweithredu gan CCTV. Daeth Norris i'r casgliad nad yw CCTV yn cael llawer o effaith o gwbl heblaw am ailgyfeirio trosedd.

Mae CCTV wedi bod yn llwyddiannus mewn rhai achosion, er enghraifft wrth adnabod David Copeland, terfysgwr adain dde a gafwyd yn euog o ymgyrch bomiau hoelion. Fodd bynnag, dydy camerâu ddim yn aml yn dal rhywun yn y fan a'r lle. Mae beirniaid yn awgrymu mai gwir swyddogaeth CCTV yw rhoi sicrwydd i'r cyhoedd, er nad yw'n gwneud llawer o wahaniaeth i'w diogelwch.

Stereoteipio Yn ôl Norris ac Armstrong, mae gweithredwyr CCTV yn defnyddio stereoteipiau hiliol, gan gadw llygad penodol ar bobl ifanc du.

'Ymgripiad gwyliadwriaeth' yw pan fydd technoleg gafodd ei chyflwyno ar gyfer un diben yn cael ei hymestyn at ddiben arall. Cafodd camerâu adnabod rhifau cerbydau yn awtomatig eu cyflwyno yn Ninas Llundain yn ystod ymgyrch fomio yr IRA yn 1990–93, ond methodd y system ag adnabod un bomiwr. Yn hytrach, cafodd y camerâu eu defnyddio i adnabod cerbydau heb eu trethu. Mae beirniaid yn dadlau bod defnyddio'r dechnoleg yn y ffordd hon yn eithafol ac yn amharu ar breifatrwydd.

GWEITHGAREDD / **Ymchwil**

Y ddadl am wyliadwriaeth   Ewch i Hwb: www.hwb.gov.wales/

Proffilio

Ystyr proffilio yw defnyddio data i lunio darlun ystadegol o droseddwyr tebygol, yn aml gan ddefnyddio ystadegau troseddu swyddogol i wneud hynny. Gellir proffilio unigolion yn ôl nodweddion penodol i benderfynu beth yw lefel y risg maen nhw'n ei gyflwyno.

Er enghraifft, mae gwiriadau diogelwch mewn meysydd awyr yn seiliedig ar 'ffactorau risg' troseddwr. Gan ddefnyddio gwybodaeth sy'n cael ei chasglu am deithwyr (e.e. oedran, rhyw a chenedligrwydd), mae'n bosibl rhoi sgôr risg i bob teithiwr (e.e. bydd sgôr dynion ifanc yn uwch na sgôr menywod hŷn). Mae unrhyw un sy'n cael sgôr uwch na lefel penodol yn gallu cael ei stopio, ei holi a'i chwilio.

A yw proffilio yn effeithiol?

Gall proffilio fod yn wahaniaethol. Bydd proffil sy'n seiliedig ar ystadegau troseddu swyddogol yn dangos bod rhai grwpiau penodol yn fwy tebygol o droseddu, e.e. pobl ifanc du. Gall hyn greu proffwydoliaeth hunangyflawnol:

- Mae'r heddlu'n gweithredu ar sail y proffil drwy stopio pobl ifanc du yn amlach na grwpiau eraill.
- Mae unrhyw bobl ifanc du sy'n troseddu yn fwy tebygol o gael eu dal na throseddwyr o unrhyw grwpiau eraill.
- Felly, mae pobl ifanc du yn parhau i gael eu gorgynrychioli yn yr ystadegau, a bydd hyn yn ymddangos fel pe bai'n cadarnhau'r proffil. Bydd yr heddlu yn parhau i dargedu pobl ifanc du, sy'n creu cylch dieflig.

PROFI EICH HUN

Cwestiwn ymarfer

Gan gyfeirio at **ddwy** enghraifft, aseswch sut mae damcaniaethau cymdeithasegol o droseddoldeb wedi llywio'r broses o ddatblygu polisi.   (9 marc)

Ffynhonnell: arholiad CBAC Troseddeg Uned 2 2020

Cyngor

Dewiswch ddau bolisi o Destun 4.1 ac aseswch sut mae damcaniaethau cymdeithasegol wedi dylanwadu arnyn nhw.

Un ffordd o fynd i'r afael â hyn yw dewis polisïau sy'n adlewyrchu damcaniaeth benodol. Er enghraifft, mae atal troseddu sefyllfaol (SCP), plismona goddef dim, a phoblyddiaeth gosbol/carcharu i gyd yn adlewyrchu syniadau realaeth y dde. Dechreuwch drwy ddisgrifio syniadau allweddol y ddamcaniaeth (e.e. ar gyfer realaeth y dde, bod troseddwyr yn gwneud dewis rhesymegol i droseddu ar ôl pwyso a mesur y risgiau a'r gwobrau).

Yna disgrifiwch y polisi cyntaf, gan esbonio sut mae'n adlewyrchu syniadau realaeth y dde. E.e., mae SCP yn defnyddio caledu targedau i atal troseddwyr drwy gynyddu'r risgiau neu'r costau. Nesaf, aseswch pa mor effeithiol yw hyn; e.e. gall caledu targedau arwain at ailgyfeirio trosedd a thargedu dioddefwyr mwy agored i niwed.

Ewch drwy'r camau hyn eto ar gyfer eich ail bolisi. Cofiwch ddefnyddio'r termau arbenigol perthnasol yn ymwneud â'r ddamcaniaeth a'r polisïau, gan gynnwys enwi unrhyw ddeddfau penodol.

Esbonio sut mae newidiadau cymdeithasol yn effeithio ar y broses o ddatblygu polisi

Gan weithio gyda phartner:

1. Trowch yn ôl at Destun 1.2 ac edrychwch ar yr adran 'Sut mae deddfau'n newid dros amser'. Mae'r adran hon yn ymdrin â 5 maes lle mae deddfau wedi newid: cyfunrywioldeb; cyffuriau; rheoli gynnau; plant; a chosbau corfforol.

2. Gwnewch restr o'r rhesymau y cafodd y deddfau hyn eu newid. A oes unrhyw ffactorau cyffredin? A fyddai'n bosibl disgrifio unrhyw rai o'r rhesymau fel newid o ran gwerthoedd?

Mae'r testun hwn yn ymdrin â'r ffordd mae newidiadau cymdeithasol yn effeithio ar bolisïau a deddfau. Mae'n archwilio sut mae newidiadau diwylliannol o ran normau, gwerthoedd ac agweddau, canfyddiad y cyhoedd o drosedd, a newidiadau demograffig (poblogaeth) wedi effeithio ar bolisïau. Byddwn ni'n edrych ar dair prif enghraifft i ddangos y newidiadau hyn: yfed a gyrru, cysylltiadau hiliol *(race relations)* a hawliau LHDT.

Gwerthoedd, normau a moesau cymdeithasol

Mae gwerthoedd, normau a moesau cymdeithasol i gyd yn agweddau ar ddiwylliant sy'n rheoleiddio ymddygiad pobl.

Gwerthoedd

Fel mae Testun 1.1 wedi'i ddangos, gwerthoedd yw egwyddorion, credoau neu ganllawiau cyffredinol o ran sut dylen ni fyw ein bywydau. Maen nhw'n dweud wrthon ni beth sy'n gywir ac yn anghywir, yn dda ac yn ddrwg. Weithiau bydd gwerthoedd gwahanol gan gymdeithasau gwahanol.

- Er enghraifft, mae cymdeithasau modern fel y DU yn rhoi llawer o werth ar ennill cyfoeth personol.
- I'r gwrthwyneb i hyn, mae cymdeithasau llwythol yn rhoi mwy o werth ar y grŵp nag ar yr unigolyn. Yma, mae'n ddyletswydd ar yr unigolyn i rannu ei gyfoeth ag eraill.

Normau

Normau yw rheolau penodol neu safonau sydd wedi'u derbyn gan gymdeithas yn ymwneud â'r ffordd mae disgwyl i ni ymddwyn mewn sefyllfaoedd penodol. Weithiau bydd y normau hyn yn rheolau anffurfiol, fel peidio â neidio i flaen ciw, neu'n rheolau ffurfiol, ysgrifenedig, fel y ddeddf sy'n dweud na ddylech chi yrru gyda mwy na lefel penodol o alcohol yn eich gwaed.

GWEITHGAREDD / **Clip fideo**

Normau   Ewch i Hwb: www.hwb.gov.wales/

Mae normau penodol yn aml yn seiliedig ar werthoedd cyffredinol. Er enghraifft, mae cymdeithas fodern yn rhoi gwerth ar yr egwyddor bod pob unigolyn yn gydradd. Mae normau penodol yn deillio o'r gwerth hwn – er enghraifft, bod gwahaniaethu yn erbyn rhywun ar sail ei hil, rhyw neu gyfeiriadedd rhywiol yn anghyfreithlon.

149

Moesau

Mae moesau (*mores* yn Saesneg) yn normau sylfaenol sy'n hanfodol, yn llygad cymdeithas, er mwyn cynnal safonau cwrteisi ac ymddygiad parchus. Mewn geiriau eraill, moesau yw rheolau moesol pwysicaf cymdeithas.

Un enghraifft yw'r tabŵ yn erbyn llosgach (perthynas rywiol rhwng perthnasau agos) sydd i'w weld ym mhob cymdeithas. Enghraifft arall yw gwahardd cymryd bywyd person arall, ac eithrio mewn amgylchiadau eithriadol iawn. Mae mynd yn groes i foesau cymdeithas yn debygol o arwain at gosb llym.

Canfyddiad y cyhoedd o drosedd: yfed a gyrru

Fel mae Testun 1.2 wedi'i ddangos, gall deddfau newid dros amser. Mae deddfau'n aml yn newid yn dilyn newidiadau yn niwylliant cymdeithas – ei normau a'i gwerthoedd. Gall unrhyw newid o ran gwerthoedd effeithio ar ganfyddiad y cyhoedd o drosedd: gall gweithred oedd yn dderbyniol ar un adeg gael ei hystyried yn anghywir yn ôl gwerthoedd heddiw.

Mae yfed a gyrru yn enghraifft o hyn. Dros amser, mae safbwyntiau am yfed a gyrru wedi newid ac mae hyn wedi arwain at newid o ran deddfau a pholisïau. Mae'r cyhoedd yn cymryd y mater o ddifrif erbyn hyn ac mae'r deddfau yn ymwneud â'r drosedd wedi dod yn fwy llym.

Yn 1925, cafodd y ddeddf gyntaf ei phasio a oedd yn gwneud gyrru pan yn feddw yn drosedd. Fodd bynnag, doedd dim diffiniad clir o'r term 'meddw' na therfyn cyfreithlon o ran faint o alcohol ddylai fod yng ngwaed y gyrrwr, felly yr heddlu a'r llysoedd oedd yn gyfrifol am benderfynu a oedd rhywun mewn cyflwr i yrru.

Am nifer o flynyddoedd, roedd agweddau'r cyhoedd tuag at yfed a gyrru yn eithaf goddefgar ac nid oedd pobl yn ei hystyried yn drosedd ddifrifol. Doedd dim diddordeb gan lywodraethau yn y mater, a gwnaethon nhw ddim hyd yn oed casglu ffigurau am nifer y marwolaethau a achoswyd gan yfed a gyrru.

Think before you drink before you drive.

Poster cynnar o'r ymgyrch yfed a gyrru, *Pwyllwch!/THINK!*.

Yn y cyfamser, roedd mwy a mwy o bobl yn prynu ceir. Yn 1951, dim ond 15% o gartrefi oedd yn berchen ar gar, ond erbyn 1971 roedd hyn wedi codi i 55%. Arweiniodd hyn at fwy o farwolaethau: o tua 5,000 yn 1950 i 8,000 erbyn yr 1960au.

Canfyddiadau'n newid

O ganlyniad, roedd canfyddiad y cyhoedd o yfed a gyrru yn dechrau newid. Roedd diogelwch y ffyrdd yn dod yn destun pryder i'r cyhoedd ac yn fater pwysig ar yr agenda wleidyddol. Er enghraifft, o 1966 ymlaen, roedd rhaid i bob car newydd fod â gwregysau diogelwch.

Yn sgil pryder y cyhoedd am ddamweiniau wedi'u hachosi gan yfed a gyrru, pasiwyd Deddf Diogelwch ar y Ffyrdd 1967 i gyflwyno terfyn alcohol yn y gwaed o 80mg o alcohol am bob 100ml o waed. Roedd bod mewn rheolaeth o gerbyd modur â lefel alcohol uwch na'r terfyn hwn bellach yn drosedd.

Anadliedyddion

Yn 1968, cafodd yr anadliedyddion (*breathalysers*) cyntaf eu cyflwyno i'w defnyddio wrth ochr y ffordd. Yn dilyn y newid hwn ac ymgyrch hysbysebu fawr gan y llywodraeth, roedd dros 1,100 yn llai o farwolaethau ar y ffyrdd a dros 11,000 yn llai o anafiadau difrifol. Gwelwyd gostyngiad pwysig hefyd yng nghyfran y damweiniau a oedd yn gysylltiedig ag alcohol, o 25% i 15%.

Deddfau llymach

Yn 1983, cafodd y cynllun Troseddwyr Risg Uchel ei gyflwyno ar gyfer gyrwyr â phroblem alcohol oedd ag euogfarn. Mae'r grŵp hwn yn cynnwys gyrwyr sydd wedi cael eu gwahardd fwy nag unwaith am yfed a gyrru. Erbyn hyn, rhaid iddyn nhw gael archwiliad meddygol cyn cael eu trwydded yn ôl.

Yn 1991, cyflwynwyd trosedd newydd sef achosi marwolaeth drwy yrru dan ddylanwad alcohol neu gyffuriau, gyda dedfryd orfodol o garchar am hyd at 5 mlynedd. Yn 2014, cafodd hyn ei gynyddu i 14 mlynedd. Heddiw, y gosb ar gyfer trosedd gyntaf o yfed a gyrru yw hyd at chwe mis yn y carchar, dirwy ddiderfyn a gwaharddiad gyrru am o leiaf blwyddyn, gyda chosbau llymach ar gyfer ad-droseddwyr.

1979	1,640
1989	840
1999	460
2009	380
2019	240

Mae'r deddfau newydd a'r dedfrydau llymach yn adlewyrchu'r ffaith nad yw'r cyhoedd yn goddef yfed a gyrru bellach. Fel mae Tabl 2 yn ei ddangos, mae marwolaethau yn sgil damweiniau yn ymwneud ag alcohol wedi bod yn gostwng dros y tymor hir, yn bennaf oherwydd cyfyngiadau mwy llym ar yfed a gyrru. Erbyn hyn, dim ond tua 5% o ddamweiniau ar y ffyrdd sy'n ymwneud ag alcohol.

Tabl 2 Marwolaethau yn sgil yfed a gyrru

Ymgyrchoedd

Cafodd ymgyrch hysbysebu gyntaf y llywodraeth yn erbyn yfed a gyrru ei darlledu dros 50 mlynedd yn ôl, ac mae'r gostyngiad mewn marwolaethau yn rhannol o ganlyniad i'r ymgyrchoedd hynny. Mae'r ymgyrchoedd weithiau wedi targedu grwpiau penodol sydd fwyaf tebygol o yfed a gyrru, fel dynion ifanc.

Mae'r ymgyrchoedd wedi bod yn ffactor pwysig o ran newid canfyddiad y cyhoedd i weld yfed a gyrru fel trosedd. Er enghraifft, yn 1979, cyfaddefodd hanner y dynion a oedd yn gyrru eu bod yn yfed a gyrru o leiaf unwaith yr wythnos. Fodd bynnag, erbyn 2014, roedd arolwg gan ymgyrch Pwyllwch!/THINK! y llywodraeth yn erbyn yfed a gyrru yn dangos bod newid enfawr wedi bod yn agweddau pobl.

Dangosodd yr arolwg fod 91% o bobl yn cytuno bod yfed a gyrru yn annerbyniol, a dywedodd 92% y bydden nhw'n teimlo cywilydd pe baen nhw'n cael eu dal yn yfed a gyrru.

Fodd bynnag, mae ymgyrchoedd diogelwch y ffyrdd fel Brake yn dadlau bod angen i'r llywodraeth gymryd camau pellach. Mae un o bob wyth marwolaeth ar y ffyrdd yn gysylltiedig â gyrrwr sydd dros y terfyn alcohol, a Chymru a Lloegr sydd â'r terfyn alcohol uchaf yn Ewrop. Mae Brake yn galw am ostwng y terfyn i 20mg. Yn ôl arolwg Brake yn 2016, roedd dros hanner y gyrwyr yn cytuno.

GWEITHGAREDD / **Clip fideo**

Ymgyrchoedd a safbwyntiau'n newid   Ewch i Hwb: www.hwb.gov.wales/

Newidiadau demograffig: mewnfudo a hiliaeth

Yn 1945, roedd llai na 20,000 o breswylwyr y DU yn bobl nad oedd yn wyn. Roedd y ddau brif grŵp o fewnfudwyr yn bobl wyn: y Gwyddelod, a oedd wedi dod am resymau economaidd, a'r Iddewon, a oedd wedi ffoi rhag erledigaeth yn Ewrop.

Newidiadau demograffig Yn ystod yr 1950au a'r 1960au, daeth mewnfudwyr nad oedd yn wyn i Brydain o'r hen drefedigaethau Prydeinig yn y Caribî, isgyfandir India ac Affrica. Yn fwy diweddar, mae pobl wedi dod o Ddwyrain Ewrop. Daeth y rhan fwyaf o'r grwpiau hyn i chwilio am gyfleoedd economaidd, gan lenwi swyddi nad oedd Prydeinwyr yn awyddus i'w gwneud.

O ganlyniad, mae strwythur demograffig (poblogaeth) y DU wedi newid i ddod yn un aml-ethnig, fel mae Tabl 3 yn ei ddangos.

Grŵp ethnig	Poblogaeth (Cyfrifiad 2011)	% y boblogaeth
Gwyn neu Gwyn Prydeinig	55,010,359	87.1
Sipsi/Teithiwr/Teithiwr Gwyddelig	63,193	0.1
Asiaidd neu Asiaidd Prydeinig	4,373,339	6.9
Du neu Du Prydeinig	1,904,684	3.0
Cymysg neu Lluosog	1,250,229	2.0
Grŵp Ethnig Arall	580,374	0.9
Cyfanswm	63,182,178	100

Tabl 3 Amrywiaeth ethnig y DU

Cenhedlaeth Windrush

Fodd bynnag, roedd y mewnfudwyr cyntaf, sef 'cenhedlaeth Windrush' (wedi'u henwi ar ôl *Empire Windrush*, y llong gyntaf i ddod â mudwyr o'r Caribî i Brydain), wedi wynebu gwrthwynebiad. Roedd llawer o bobl wyn yn credu'r stereoteip hiliol fod pobl ddu yn bobl fudr a oedd yn cario afiechydon, neu'n droseddwyr.

Gwahaniaethu Drwy gydol yr 1950au a'r 60au, roedd mewnfudwyr yn aml yn wynebu gwahaniaethu ym maes tai, cyflogaeth a gwasanaethau. Yn 1956, nododd arolwg yn Birmingham mai dim ond 1.5% o bobl wyn fyddai'n fodlon gosod ystafell i denant du. Yn ôl rhaglen ddogfen gan y BBC, roedd eglwysi yn troi teuluoedd du i ffwrdd er mwyn osgoi ypsetio addolwyr gwyn.

Ar y pryd, roedd gwahaniaethu yn erbyn pobl ar sail hil yn gyfreithlon. Arweiniodd hyn at landlordiaid yn manteisio ar y sefyllfa drwy osod tai a oedd yn slymiau i fewnfudwyr. Dim ond swyddi cyflogau isel a sgiliau isel oedd ar gael i fewnfudwyr, hyd yn oed os oedd cymwysterau da ganddyn nhw.

Y Deddfau Cysylltiadau Hiliol

O ganlyniad i wahaniaethu hiliol eang, cafodd Deddf Cysylltiadau Hiliol ei phasio yn 1965. Roedd y ddeddf yn gwahardd gwahaniaethu hiliol mewn mannau cyhoeddus, ac roedd hyrwyddo casineb ar sail 'lliw, hil neu darddiadau ethnig neu genedlaethol' bellach yn drosedd. Pasiwyd Deddf Cysylltiadau Hiliol arall yn 1968 a oedd yn gwahardd gwahaniaethu ym meysydd allweddol cyflogaeth, tai a gwasanaethau cyhoeddus.

Cafodd y ddwy ddeddf eu disodli gan Ddeddf Cysylltiadau Hiliol 1976, a oedd yn cryfhau'r gyfraith yn sylweddol drwy ei hymestyn i ymdrin â gwahaniaethu uniongyrchol ac anuniongyrchol:

- **Gwahaniaethu uniongyrchol** yw pan fydd rhywun yn eich trin chi'n llai ffafriol, er enghraifft oherwydd lliw eich croen.
- **Gwahaniaethu anuniongyrchol** yw pan fydd polisi neu reol yn berthnasol i bawb, ond mae'r effaith yn waeth ar rai grwpiau nag eraill. Er enghraifft, gall cyngor benderfynu bod rhaid i chi fyw yn yr ardal am 5 mlynedd er mwyn cael eich rhoi ar y rhestr aros am dai. Mae hyn yn berthnasol i bawb, ond byddai teulu o ffoaduriaid digartref sydd newydd gyrraedd yr ardal dan anfantais oherwydd y rheol.

Yn 2010, cafodd y Ddeddf Cysylltiadau Hiliol ei disodli gan y Ddeddf Cydraddoldeb, a oedd yn cyfuno'r holl ddeddfau yn ymwneud â gwahaniaethu ar sail hil, rhyw, oedran ac anabledd. Mae'r Comisiwn Cydraddoldeb a Hawliau Dynol yn goruchwylio'r ddeddf.

Newidiadau diwylliannol

Ers yr 1960au, mae newid diwylliannol wedi bod – dirywiad yn y rhagfarn tuag at leiafrifoedd ethnig. Yn ôl Arolwg Agweddau Prydain yn 1987, dywedodd 39% o bobl fod ganddyn nhw ragfarn hiliol, ond erbyn 2017 roedd hyn wedi gostwng i 26%.

Yn yr un modd, yn ôl arolwg British Future yn 2018, dywedodd 66% o bobl dros 65 oed a oedd yn perthyn i leiafrifoedd ethnig fod llai o ragfarn hiliol heddiw nag oedd yn 1968. Dangosodd yr arolwg hefyd fod lleiafrifoedd a'r boblogaeth gyffredinol yn fwy cyfforddus â'r syniad o berthnasoedd hil gymysg a chymdeithas fwy integredig.

Canfyddiad y cyhoedd o drosedd O ganlyniad i newid mewn agweddau, mae newid wedi bod hefyd yng nghanfyddiad y cyhoedd o droseddau gwahaniaethu a chasineb hiliol. Mae pobl yn fwy tebygol o dderbyn y dylai'r rhain fod yn droseddau erbyn hyn.

Rhesymau dros y newid

Mae hyn yn rhannol oherwydd newidiadau yn y gyfraith. Yn ôl rhai seicolegwyr, os ydyn ni'n gorfod newid ein hymddygiad, rydyn ni'n tueddu i newid ein hagweddau i fod yn gyson â hynny.

Felly, os yw'r gyfraith yn cael ei newid i wahardd gwahaniaethu, bydd pobl yn rhoi'r gorau i'w hagweddau rhagfarnllyd er mwyn eu bod nhw'n gyson â'r ffordd mae'n rhaid ymddwyn.

Fodd bynnag, efallai fod ffactorau eraill yn gyfrifol am y ffaith bod llai o ragfarn heddiw. Er enghraifft, yn ôl ymatebion pobl i arolwg British Future, roedd y ffaith bod plant o gefndiroedd gwahanol yn cymysgu yn yr ysgol, a gweithio â phobl o gefndiroedd ethnig eraill, yn bwysicach na'r deddfau o ran gwella cysylltiadau hiliol ym Mhrydain.

Gwahaniaethu yn parhau

Mae'n amlwg bod agweddau ac ymddygiad wedi newid ers y newidiadau demograffig a ddaeth yn sgil mewnfudo. Fodd bynnag, dydy hyn ddim yn golygu bod gwahaniaethu wedi diflannu. Yn ogystal â hiliaeth tuag at bobl sydd ddim yn wyn, mae Islamoffobia, hiliaeth tuag at bobl wyn o ddwyrain Ewrop a Sipsiwn/Roma, a gwrth-Semitiaeth tuag at Iddewon hefyd yn parhau. Yn 2018, cafodd y llywodraeth Geidwadol ei chyhuddo o greu 'amgylchedd elyniaethus' a arweiniodd at allgludo aelodau o 'genhedlaeth Windrush' ar gam, er eu bod wedi byw yn y DU ers degawdau.

1948. Llong *Empire Windrush* yn dod â 802 o fudwyr o drefedigaethau Prydain yn y Caribî.

GWEITHGAREDD / **Clip fideo**

Newidiadau demograffig a pholisi

Ewch i Hwb: www.hwb.gov.wales/

Newidiadau diwylliannol a hawliau LHDT

Mae hawliau pobl lesbiaidd, hoyw, deurywiol a thrawsryweddol (LHDT) yn y DU wedi newid yn ddramatig dros y blynyddoedd diwethaf, yn unol â newidiadau yn niwylliant a gwerthoedd cymdeithas.

Cyn yr 1960au

Am ganrifoedd, roedd gweithgaredd rhywiol rhwng pobl o'r un rhyw yn cael ei gondemnio fel rhywbeth anfoesol neu bechadurus, a'i gosbi'n llym gan y gyfraith. Er enghraifft, roedd Deddf Sodomiaeth 1533 yn golygu bod sodomiaeth rhwng dynion yn arwain at y gosb eithaf, ac roedd dynion yn cael eu dienyddio mor ddiweddar â 1835.

Er bod y gosb eithaf am sodomiaeth wedi cael ei diddymu yn 1861, pasiwyd deddf yn 1885 a oedd ymestyn y deddfau i gynnwys unrhyw fath o weithgaredd rhywiol rhwng dynion. Nid yw gweithgaredd rhywiol rhwng menywod erioed wedi bod yn drosedd yn y DU.

Yn yr ugeinfed ganrif, roedd y gyfraith yn parhau i gael ei gorfodi yn erbyn dynion hoyw. Erbyn 1954, roedd dros 1,000 o ddynion hoyw yn y carchar, ac roedd dynion adnabyddus yn ymddangos gerbron y llys. Un o'r dynion hyn oedd Alan Turing, mathemategydd a ddaeth o hyd i ffordd o ddehongli codau peiriant seiffr y Natsïaid, Enigma. (Mae un amcangyfrif yn awgrymu bod gwaith Turing wedi dod â'r Ail Ryfel Byd i ben ryw ddwy flynedd yn gynharach, gan achub 14 miliwn o fywydau.)

Dad-droseddoli: Deddf 1967

Gwelwyd protestio eang yn sgil erledigaeth unigolion uchel eu parch, felly sefydlwyd pwyllgor dan arweiniad Syr John Wolfenden i adolygu'r ddeddf. Roedd ei adroddiad yn argymell dad-droseddoli gweithgaredd rhywiol preifat rhwng dynion 21 oed neu'n hŷn. Daeth hyn yn ddeddf yn 1967 yng Nghymru a Lloegr. Roedd sefydliadau fel yr Ymgyrch dros Gydraddoldeb Cyfunrywiol wedi chwarae rhan bwysig wrth lobïo dros y newid.

Gwerthoedd ac agweddau yn newid

Mae agweddau tuag at gyfunrywioldeb wedi newid yn sylweddol dros y degawdau diwethaf. Heddiw mae tua dau o bob tri o'r boblogaeth yn ystyried nad oes dim o'i le mewn perthnasoedd rhwng pobl o'r un rhyw, o'i gymharu ag un o bob pump neu lai yn yr 1980au. Mae'r rhan fwyaf o'r bobl bellach o'r farn y dylai oedolion cydsyniol gael yr hawl i wneud fel maen nhw'n ei ddymuno yn breifat, ac nad yw hwn yn fater i'r heddlu na'r llysoedd.

Mae'r newid mewn agweddau hefyd yn gysylltiedig â thri newid diwylliannol: unigolyddiaeth, hawliau cyfartal a seciwlareiddio.

Unigolyddiaeth

Unigolyddiaeth yw'r gred y dylai unigolion gael yr hawl i ddewis sut maen nhw'n byw eu bywydau, cyn belled nad ydyn nhw'n achosi niwed i eraill. Mae unigolyddiaeth bellach yn un o werthoedd allweddol ein diwylliant heddiw, ac mae'r egwyddor i'w gweld mewn sawl agwedd ar fywyd a'r gyfraith, fel ysgariad ac erthyliad yn ogystal â dewisiadau rhywiol.

Hawliau cyfartal

Un newid mawr arall yn niwylliant Prydain yw twf y syniad o hawliau cyfartal. Mae hyn i'w weld yn achos twf hawliau menywod, a thriniaeth gyfartal i bawb, beth bynnag eu hil, lliw neu grefydd. Mae'r holl bethau hyn bellach wedi'u diogelu mewn deddfau cydraddoldeb. Mae'r symudiad tuag at hawliau cyfartal i bobl LHDT yn rhan o'r duedd hon.

Seciwlareiddio

Mae hyn yn cyfeirio at y dirywiad yn nylanwad crefydd ar fywydau pobl, eu hagweddau a'u gwerthoedd. Mae crefyddau wedi gwrthwynebu cyfunrywioldeb yn gyffredinol, ac weithiau mewn ffordd dreisgar. Fodd bynnag, erbyn heddiw mae gan grefydd lawer llai o ddylanwad nag yn y gorffennol – mae llai na hanner pobl Prydain yn credu yn Nuw bellach. O ganlyniad, mae gwrthwynebiad crefyddol at gyfunrywioldeb yn llawer llai dylanwadol. Mae agwedd rhai eglwysi wedi newid, ac mae nifer yn caniatáu offeiriaid hoyw erbyn hyn.

Newidiadau cyfreithiol pellach

O ganlyniad i'r newidiadau hyn yn niwylliant a gwerthoedd cymdeithas, mae cynnydd parhaus wedi bod o ran dod â gwahaniaethu i ben a sicrhau cydraddoldeb cyfreithiol i bawb, beth bynnag eu cyfeiriadedd rhywiol. Mae nifer o newidiadau allweddol wedi bod i'r gyfraith:

- **Oedran cydsynio cyfartal** Yn 1994, cafodd yr oedran cydsynio ei ostwng o 21 i 18, ac yn 2000 cafodd ei wneud yn gyfartal â rhyw heterorywiol sef 16 oed.
- **Partneriaethau sifil** Wedi'u cyflwyno yn 2005 ar gyfer cyplau o'r un rhyw, gan roi cydnabyddiaeth ac amddiffyniad cyfreithiol i berthnasoedd rhwng pobl o'r un rhyw. Yn 2019, cafodd partneriaethau sifil eu cyflwyno i gyplau heterorywiol fel dewis amgen i briodas.
- **Priodasau rhwng pobl o'r un rhyw** Yn y gorffennol, y diffiniad cyfreithiol o briodas oedd uniad rhwng dyn a menyw. Newidiodd hyn yng Nghymru a Lloegr yn sgil Deddf Priodasau (Cyplau o'r un rhyw) 2013.

Hawliau trawsryweddol

Am nifer o flynyddoedd, y farn gyffredin oedd bod trawsrywioldeb yn gyflwr meddygol. Ond mae agweddau a gwerthoedd wedi newid yn gyflym iawn dros y blynyddoedd diwethaf, ac mae'r rhan fwyaf o bobl bellach yn derbyn hawl unigolion i hunan-adnabod eu rhywedd.

Mae Deddf Cydnabod Rhywedd 2004 yn galluogi pobl i wneud cais am dystysgrif cydnabod rhywedd. Bydd hyn yn eu galluogi i newid eu rhywedd yn gyfreithiol, cael tystysgrif geni newydd a chael cydnabyddiaeth gyfreithiol o'u rhywedd. Er mwyn cael tystysgrif cydnabod rhywedd, rhaid eu bod nhw wedi treulio dwy flynedd yn trawsnewid, a rhaid iddyn nhw wneud cais i banel cydnabod rhywedd a rhoi tystiolaeth feddygol eu bod wedi cael diagnosis o ddysfforia rhywedd.

Ers i Ddeddf 2004 gael ei phasio, mae ymgyrchwyr wedi bod yn galw am yr hawl i hunanddatgan hunaniaeth rhywedd yn gyfreithiol heb orfod mynd gerbron panel neu roi tystiolaeth feddygol. Fodd bynnag, yn 2020, penderfynodd y llywodraeth Geidwadol wrthod y syniad o hunanddatgan, a rhaid i unigolion wneud cais i'r panel a rhoi tystiolaeth feddygol o hyd.

Gwahaniaethu yn parhau

Er gwaethaf newidiadau cyfreithiol, mae pobl LHDT yn dal i wynebu gwahaniaethu. Yn ôl Stonewall, mudiad sy'n ymgyrchu dros hawliau LHDT, mae un o bob pump o bobl hoyw a dau o bob pump o bobl drawsryweddol yn dioddef trosedd casineb neu ddigwyddiad o'r fath bob blwyddyn oherwydd eu rhywioldeb neu hunaniaeth.

GWEITHGAREDD / **Clip fideo**

Effaith newid diwylliannol ar bolisi   Ewch i Hwb: www.hwb.gov.wales/

PROFI EICH HUN

Cwestiwn ymarfer

Trafodwch sut mae newidiadau cymdeithasol yn gallu effeithio ar ddatblygiad polisi.   (9 marc)

Ffynhonnell: arholiad CBAC Troseddeg Uned 2 2017

Cyngor

Mae angen i chi ganolbwyntio ar sut a pham mae cymdeithas wedi newid, a sut mae hyn wedi effeithio ar ddatblygiad polisi.

Cymerwch un neu ddwy enghraifft, fel cysylltiadau hiliol, cyfunrywioldeb, yfed a gyrru neu feysydd eraill lle mae newidiadau cymdeithasol wedi effeithio ar bolisïau. Defnyddiwch y termau 'gwerthoedd, normau a moesau' yn eich ateb. Disgrifiwch unrhyw bolisïau neu ddeddfau sydd wedi cael eu cyflwyno, ac esboniwch y newidiadau cymdeithasol a arweiniodd at y deddfau neu'r polisïau newydd hyn.

Ar gyfer cysylltiadau hiliol, disgrifiwch ddeddfwriaeth 1965, 1968, 1976 a 2010. Trafodwch newidiadau demograffig a ddigwyddodd yn sgil mewnfudo, newidiadau diwylliannol fel dirywiad rhagfarn, derbyn perthnasoedd 'cymysg', y profiad o fynd i'r ysgol neu weithio gydag aelodau o grwpiau ethnig eraill, a pharodrwydd i weld gwahaniaethu a chasineb hiliol fel troseddau.

Ar gyfer cyfunrywioldeb, dylech chi gynnwys dad-droseddoli (1967), oedran cydsynio (1994 a 2000), partneriaethau sifil (2004) a phriodasau rhwng pobl o'r un rhyw (2014). Defnyddiwch newidiadau fel unigolyddiaeth, hawliau cyfartal, a seciwlareiddio. Gallech chi gyfeirio at newidiadau yn ymwneud â hawliau trawsryweddol hefyd.

Trafod sut mae ymgyrchoedd yn effeithio ar y broses o lunio polisi

Man cychwyn

Gan weithio gyda phartner, edrychwch ar yr ymgyrchoedd y gwnaethoch chi eu hastudio ar gyfer Uned 1, Testunau 2.1 a 2.2.

1. Nodwch unrhyw enghreifftiau o'r mathau canlynol o ymgyrchoedd: ymgyrchoedd papur newydd; ymgyrchoedd gan unigolion; ymgyrchoedd carfanau pwyso.

2. Pa rai o'r ymgyrchoedd oedd yn ceisio newid polisïau a deddfau?

3. Pam gallai'r ffyrdd hyn o ymgyrchu fod yn llwyddiannus?

Rhannwch eich atebion â gweddill y dosbarth.

Mae ymgyrchoedd yn aml yn ceisio effeithio ar y broses o lunio polisi, er enghraifft drwy newid y gyfraith er mwyn creu trosedd newydd. Weithiau bydd papur newydd, unigolyn neu garfan bwyso yn arwain yr ymgyrch. Yn y testun hwn, byddwn ni'n edrych ar rai enghreifftiau o sut gall ymgyrchoedd o'r fath effeithio ar y broses o lunio polisi.

Ymgyrchoedd papur newydd sydd wedi effeithio ar y broses o lunio polisi

Gall papurau newydd chwarae rhan bwysig yn y broses o lunio polisi, yn enwedig drwy ymgyrchoedd i newid y gyfraith. Mae'r ddwy enghraifft ganlynol yn dangos sut gall papurau newydd helpu i siapio'r gyfraith drwy ysgogi barn y cyhoedd er mwyn i'r llywodraeth weithredu.

Deddf Sarah

Fel mae Uned 1, Testun 2.1 wedi'i ddangos, cafodd y Cynllun Datgelu Troseddwyr Rhyw yn erbyn Plant, neu 'Ddeddf Sarah', ei gyflwyno yn 2011 yn dilyn ymgyrch lwyddiannus. Roedd yr ymgyrch yn galw am alluogi rheini, gofalwyr ac eraill i ofyn i'r heddlu a oedd gan droseddwr rhyw sydd wedi derbyn euogfarn unrhyw gyswllt â phlentyn penodol. Cafodd yr ymgyrch ei sefydlu ar ôl i Roy Whiting herwgydio a llofruddio Sarah Payne, wyth oed, yng Ngorllewin Sussex ym mis Gorffennaf 2000. Roedd Whiting wedi'i gael yn euog yn 1995 am herwgydio merch wyth oed arall ac ymosod yn anweddus arni.

Rôl *News of the World*

Cafodd yr ymgyrch dros Ddeddf Sarah ei hyrwyddo gan bapur newydd *News of the World* a'i chefnogi gan rieni Sarah, a oedd yn argyhoeddedig o'r dechrau bod troseddwr rhyw wedi llofruddio eu merch. Cafodd hyn ei gadarnhau pan gyhuddwyd Whiting o'r drosedd yn 2001 a datgelwyd bod ganddo euogfarn flaenorol am drosedd rhyw yn erbyn plentyn.

Roedd cefnogaeth y papur newydd yn ganolog i lwyddiant yr ymgyrch. Ym mis Gorffennaf 2000, cyhoeddodd erthygl yn 'enwi a chodi cywilydd' ar 50 paedoffilydd honedig. Roedd y papur wedi addo y byddai'n parhau i wneud hyn nes ei fod wedi enwi pob paedoffilydd ym Mhrydain.

Llwyddiant Yn y pen draw, llwyddodd yr ymgyrch i berswadio'r llywodraeth i gyflwyno'r Cynllun Datgelu Troseddwyr Rhyw yn erbyn Plant ledled Cymru a Lloegr yn 2011. Gall unrhyw un ofyn i'r heddlu a oes gan unigolyn sydd mewn cysylltiad â phlentyn hanes o droseddau rhyw yn erbyn plant. Fodd bynnag, does dim rhaid i'r heddlu ddatgelu'r wybodaeth, a bydd ond yn gwneud hynny os yw'n credu bod y plentyn mewn perygl o niwed a bod datgelu'r wybodaeth yn angenrheidiol i ddiogelu'r plentyn.

Y rheol blwyddyn a diwrnod

Roedd Michael Gibson yn 20 oed pan ymosododd David Clark arno yn Darlington ym mis Ebrill 1992. Bu farw Michael ar ôl bod mewn coma am 22 mis. Niwed corfforol difrifol oedd yr unig gyhuddiad posibl yn erbyn David, a chafodd ei garcharu am ddwy flynedd. Cafodd ei ryddhau cyn i Michael farw.

Ar y pryd, roedd y rheol 'blwyddyn a diwrnod' yn bodoli. Roedd y ddeddf hon yn dyddio'n ôl i 1278. Yn ôl y rheol hon, os oedd dioddefwr ymosodiad yn byw am flwyddyn a diwrnod, nid oedd modd rhoi'r ymosodwr ar brawf am ddynladdiad neu lofruddiaeth.

Rôl y *Northern Echo*

Ceisiodd Pat, mam Michael, newid y ddeddf. Penderfynodd papur newydd y *Northern Echo* lansio ymgyrch 'Cyfiawnder i Michael' i'w chefnogi, gan annog darllenwyr i lofnodi deiseb yn galw am ddiddymu'r rheol blwyddyn

Swyddfa *News of the World*: casglu llofnodion ar gyfer y ddeiseb.

a diwrnod. Gyda chaniatâd Pat Gibson, cyhoeddodd yr *Echo* ffotograff ar ei dudalen flaen o Michael mewn coma yn ei wely yn yr ysbyty. Llofnododd miloedd o ddarllenwyr y ddeiseb.

Llwyddiant Yn 1994, cyflwynodd yr Aelod Seneddol lleol, Alan Milburn, fesur gerbron Tŷ'r Cyffredin i ddiddymu'r rheol blwyddyn a diwrnod, ond cafodd ei wrthod o drwch blewyn. Fodd bynnag, ar ôl i'r *Northern Echo* gyflwyno ei ddeiseb i Gomisiwn y Gyfraith (sy'n gwneud cynigion ar gyfer diwygio deddfau presennol), cafodd mesur ei basio gan Senedd San Steffan a ddaeth yn Ddeddf Diwygio'r Gyfraith (Rheol Blwyddyn a Diwrnod) 1996.

Roedd rôl y papur newydd yn hanfodol wrth lwyddo i ennill cefnogaeth y cyhoedd. Fel dywedodd ei olygydd, 'roedd pobl yn cael gwneud fel y mynnon nhw oherwydd bod y gyfraith yn hurt. Rhaid i bapurau newydd wneud beth bynnag y gallan nhw i ddiweddaru'r gyfraith.' Fodd bynnag, oherwydd gwaith mam Michael, gellir hefyd ystyried hyn yn ymgyrch lwyddiannus gan *unigolyn*.

Ymgyrchoedd gan unigolion sydd wedi effeithio ar y broses o lunio polisi

Mae llawer o ymgyrchoedd sy'n ddiweddarach yn denu cefnogaeth papurau newydd, gwleidyddion a charfanau pwyso yn dechrau pan fydd unigolyn yn teimlo'n ddigon cryf am bolisi penodol i weithredu ei hun. Mae ymgyrch Michael Brown dros Ddeddf Clare ac ymgyrch Ann Ming i newid y rheol ar erlyniad dwbl yn enghreifftiau da sy'n dangos sut mae unigolion wedi dechrau ymgyrchoedd ac wedi dal ati nes iddyn nhw sicrhau newid.

Deddf Clare

Yn 2009, cafodd Clare Wood, 36 oed, o Salford ym Manceinion Fwyaf ei churo, ei threisio a'i thagu, a chafodd ei chorff ei roi ar dân gan George Appleton. Roedd Clare wedi bod mewn perthynas â George yn y gorffennol. Roedd y berthynas wedi dod i ben yn 2008 ond roedd Appleton wedi parhau i aflonyddu arni.

Heb yn wybod i Clare, roedd gan Appleton hanes o euogfarnau am drais yn erbyn menywod, gan gynnwys dedfryd o garchar am 5 mlynedd am fygwth cyn-gariad â chyllell. Roedd ganddo euogfarnau am aflonyddu a bygythiadau parhaus, gan gynnwys pedwar gorchymyn peidio ag ymyrryd yn ymwneud â menywod eraill, ac roedd wedi treulio chwe mis yn y carchar am dorri un o'r gorchmynion hyn. Ar ôl lladd Clare, rhedodd Appleton i ffwrdd a chafwyd hyd iddo'n ddiweddarach wedi crogi ei hun.

Sut datblygodd yr achos

Roedd Michael, tad Clare, yn anhapus iawn ynglŷn â'r berthynas ond nid oedd yn gwybod dim am hanes Appleton. Ar ôl marwolaeth Clare, daeth Michael i glywed ei bod hi wedi cwyno sawl gwaith i Heddlu Manceinion, gan honni bod Appleton wedi aflonyddu arni sawl gwaith ar ôl i'w perthynas ddod i ben a'i fod wedi bygwth ei lladd a cheisio ei threisio, ond doedd yr heddlu ddim wedi gwneud dim.

Roedd rhaid i'r cwest aros 26 mis nes bod ymchwiliad llawn wedi cael ei gynnal i farwolaeth Clare a methiannau'r heddlu. Ar ddiwedd y cwest, ysgrifennodd y crwner at y Swyddfa Gartref i ofyn pam nad oedd Clare wedi cael gwybod am orffennol Appleton.

Roedd Michael yn flin iawn am y methiannau hyn, a lansiodd ymgyrch i newid y gyfraith er mwyn galluogi menywod i gael gwybod am orffennol treisgar eu partner. Gyda chymorth Michelle Livesey, newyddiadurwr ym Manceinion, gweithiodd am bedair blynedd, gan gasglu tystiolaeth, trefnu deisebau ac ennill cefnogaeth elusennau, gwleidyddion a'r cyfryngau i newid y gyfraith.

Cynllun Datgelu Trais Domestig

Llwyddodd ymgyrch Michael i wneud gwahaniaeth o'r diwedd yn 2013, pan gyflwynodd y llywodraeth gynllun peilot mewn pedair ardal heddlu. Yn dilyn cyfnod prawf llwyddiannus, yn 2014 cafodd y Cynllun Datgelu Trais Domestig ei gyflwyno ar draws y 43 heddlu yng Nghymru a Lloegr.

Mae'r Cynllun Datgelu Trais Domestig yn nodi dwy weithdrefn y gall yr heddlu eu defnyddio i roi gwybod i unigolyn am droseddau treisgar ac ymosodol blaenorol ei bartner:

- **Yr hawl i ofyn** Mae hyn yn galluogi aelod o'r cyhoedd i wneud cais i'r heddlu i ddatgelu gwybodaeth. Gall yr unigolyn ofyn am wybodaeth am ei bartner ei hun neu bartner rhywun mae'n ei adnabod.
- **Yr hawl i wybod** Mae hyn yn galluogi'r heddlu i ddatgelu gwybodaeth er mwyn amddiffyn dioddefwr posibl, heb i neb ofyn iddyn nhw wneud hynny.

Fodd bynnag, does dim rhaid i'r heddlu ddatgelu gwybodaeth, a byddan nhw'n cyfarfod ag asiantaethau diogelu eraill (fel y gwasanaeth prawf, carchardai neu wasanaethau cymdeithasol) i benderfynu a oes angen datgelu gwybodaeth er mwyn amddiffyn yr unigolyn dan sylw. Maen nhw hefyd yn penderfynu pwy ddylai dderbyn y wybodaeth, a byddan nhw'n sefydlu cynllun diogelwch ar gyfer y dioddefwr posibl.

Gweithredu'r cynllun

Ers i'r cynllun ddechrau, mae nifer o achosion o ddatgelu wedi bod. Er enghraifft, yn 2018, derbyniwyd 6,496 o geisiadau 'hawl i ofyn' a chafodd 2,575 eu cymeradwyo – cyfartaledd o 40%.

Fodd bynnag, mae gwahaniaethau mawr rhwng heddluoedd gwahanol. Er enghraifft, gwnaeth Heddlu Cumbria ddatgelu gwybodaeth yn achos 96% o'r ceisiadau ond gwnaeth Heddlu Swydd Bedford hynny yn achos 7% yn unig. Yn ôl beirniaid mae hyn yn enghraifft o 'gyfiawnder yn ôl daearyddiaeth'. Rhan o'r rheswm dros y gwahaniaethau hyn yw'r lefelau gwahanol o wybodaeth a hyfforddiant ar gyfer y cynllun mewn heddluoedd gwahanol.

GWEITHGAREDD / **Clip fideo**

Deddf Clare

Ewch i Hwb: www.hwb.gov.wales/

Newid y gyfraith ar erlyniad dwbl

Fel mae Testun 1.2 wedi'i ddangos, mae'r gyfraith ar erlyniad dwbl yn un o egwyddorion sylfaenol cyfraith gwlad (cyfraith gyffredin) Lloegr sydd wedi bodoli ers tua 800 mlynedd. Yn ôl y gyfraith hon, nid yw pobl sydd wedi'u cael yn ddieuog o drosedd yn gallu cael eu rhoi ar brawf am yr un drosedd eto, ac nid yw'r wladwriaeth yn gallu erlyn rhywun dro ar ôl tro nes ei bod yn llwyddo i gael euogfarn.

Fodd bynnag, gall y rheol arwain at anghyfiawnder os yw tystiolaeth newydd yn awgrymu bod rhywun sydd wedi'i gael yn ddieuog yn y gorffennol yn euog mewn gwirionedd. Roedd hyn yn wir yn achos llofruddiaeth Julie Hogg, merch Ann Ming.

Achos Billy Dunlop

Cafodd Julie ei llofruddio yn 1989 a chafodd Billy Dunlop ei gyhuddo o'r drosedd. Fodd bynnag, ar ôl i ddau reithgor fethu â dwyn rheithfarn *(reach a verdict)*, cafwyd Dunlop yn ddieuog. Fel arfer, os bydd dau reithgor yn methu â dwyn rheithfarn, bydd erlynwyr yn rhoi'r gorau i'r achos.

Yn 1998, cafodd Dunlop ei garcharu am ymosod ar gyn-gariad, a chyfaddefodd wrth swyddog yn y carchar ei fod wedi llofruddio Julie Hogg hefyd. Dywedodd y swyddog wrth yr awdurdodau ei fod wedi cyfaddef, a chafwyd Dunlop yn euog o anundoniaeth *(perjury:* dweud celwydd ar lw) yn ei dreial am lofruddiaeth Julie. Cafodd ei ddedfrydu i chwe blynedd o garchar am hyn, ond nid oedd yn bosibl gweithredu mewn perthynas â'r llofruddiaeth ei hun oherwydd y rheol erlyniad dwbl.

Ymgyrch Ann Ming

Gan ei bod yn dymuno gweld Dunlop yn cael ei ganfod yn euog o lofruddio ei merch, ymgyrchodd Ann Ming dros newid yn y gyfraith, gan lobïo gwleidyddion a defnyddio'r wasg, teledu a radio i roi cyhoeddusrwydd i'r achos.

Deddf Cyfiawnder Troseddol 2003 oedd canlyniad ymgyrch lwyddiannus Ann Ming. Roedd yn caniatáu cynnal ail dreial ar gyfer rhai troseddau difrifol. Ymhlith y troseddau hyn mae llofruddiaeth, dynladdiad, treisio, herwgipio, troseddau cyffuriau mawr a lladrad arfog. Fodd bynnag, er mwyn cynnal ail dreial, rhaid bod 'tystiolaeth newydd a grymus' wedi dod i'r amlwg a rhaid bod y Cyfarwyddwr Erlyniadau Cyhoeddus yn cytuno. Un treial arall yn unig sy'n cael ei ganiatáu.

Stephen Lawrence (chwith) a'i frawd.

Achos Stephen Lawrence

Roedd Syr William Macpherson hefyd yn cefnogi'r galwadau i newid y rheol yn ei adroddiad ar lofruddiaeth Stephen Lawrence yn 1993. Yn sgil methiannau'r heddlu yn ystod yr ymchwiliad, methodd yr ymgais i erlyn tri o'r pump o bobl a ddrwgdybiwyd yn wreiddiol yn 1996. Yn ddiweddarach, daeth tystiolaeth DNA newydd i'r amlwg a oedd yn cysylltu un o'r tri, Gary Dobson, â'r llofruddiaeth. Ymddangosodd Dobson mewn ail dreial a chafwyd ef yn euog o'r llofruddiaeth, ynghyd â David Norris, nad oedd wedi cael ei roi ar brawf yn 1996.

GWEITHGAREDD / **Clip fideo**

Erlyniad dwbl

Ewch i Hwb: www.hwb.gov.wales/

Ymgyrchoedd carfanau pwyso sydd wedi effeithio ar y broses o lunio polisi

Carfanau pwyso yw sefydliadau sy'n ceisio dylanwadu ar bolisïau'r llywodraeth er budd achos penodol. Maen nhw'n chwarae rhan bwysig wrth lunio polisi drwy ennill cefnogaeth y cyhoedd dros newid a pherswadio'r gwleidyddion sy'n llunio'r deddfau bod angen newid. Mae ymgyrch elusen Protection Against Stalking yn enghraifft dda o garfan bwyso yn perswadio'r gwleidyddion i newid polisi.

Protection Against Stalking

Yn 2011 lansiodd elusen Protection Against Stalking (PAS) ymgyrch i gyflwyno deddf newydd yn gwneud stelcio yn drosedd benodol. Ar yr adeg honno, doedd dim cyfeiriad penodol at stelcio yn neddf gwrth-aflonyddu 1997. Yn ôl un amcangyfrif, roedd stelcio yn effeithio ar 120,000 o bobl y flwyddyn.

Mewn rhai achosion, mae stelcio yn arwain at ymosodiadau corfforol a marwolaethau hyd yn oed. Cafodd Claire Bernal ei saethu'n farw gan ei stelciwr yn 2005 pan oedd hi'n gweithio mewn siop adrannol yn Llundain. Roedd disgwyl i'w lladdwr fynd gerbron llys yr wythnos ganlynol am aflonyddu arni.

Agwedd y system gyfiawnder

Roedd dull yr heddlu o ddelio â stelcio yn annigonol ac yn anhrefnus. Doedd dim polisi clir ac yn aml roedd ymchwiliadau yn dibynnu ar ddisgresiwn swyddogion unigol. Doedd yr heddlu ddim yn cymryd dioddefwyr o ddifrif, a gwelwyd 70 erlyniad yn unig mewn cyfnod o 10 mlynedd o dan ddeddf 1997.

Yr ymgyrch

Daeth PAS i'r casgliad nad oedd y ddeddf bresennol yn addas i'r pwrpas. Gyda chefnogaeth Napo, undeb gweithwyr y gwasanaeth prawf, sefydlodd PAS ymchwiliad seneddol annibynnol, gan berswadio ASau ac aelodau Tŷ'r Arglwyddi o bob plaid i fod yn rhan ohono.

Gwnaeth yr ymchwiliad bara am rai misoedd, a chlywyd tystiolaeth dioddefwyr a'u perthnasau (gan gynnwys mamau merched wedi'u lladd gan stelcwyr), arbenigwyr academaidd, cyfreithwyr, swyddogion yr heddlu a'r gwasanaeth prawf. Clywodd yr ymchwiliad am y bygythiadau, yr ofn, a'r niwed seicolegol a chorfforol mae stelcwyr yn ei achosi, ac am ymateb annigonol yr awdurdodau.

Llwyddiant Cafodd adroddiad yr ymchwiliad ei gyhoeddi ym mis Chwefror 2012 gyda chefnogaeth 60 o ASau ac arglwyddi, Ffederasiwn yr Heddlu a Chymdeithas yr Ynadon. Llwyddodd PAS i ennill cefnogaeth ASau i gynnwys diwygiad i'r mesur a oedd yn mynd drwy Senedd San Steffan. Daeth y mesur yn Ddeddf Diogelu Rhyddidau ym mis Ebrill 2012. Roedd yn gwneud stelcio yn drosedd.

Rhesymau dros y llwyddiant

Llwyddodd yr ymgyrch i newid y gyfraith am nifer o resymau. Roedd yr ymchwiliad wedi rhoi cyfle i glywed lleisiau dioddefwyr, yn ogystal â barn ymarferwyr rheng-flaen y sefydliadau cymorth. Gwnaethon nhw ennill cefnogaeth amrediad eang o sefydliadau a grwpiau, gan gadw'r ymgyrch yn llygad y cyhoedd drwy anfon datganiadau i'r wasg i'r cyfryngau. Gwnaethon nhw hefyd lobïo ASau ac arglwyddi unigol a fyddai'n gallu newid y gyfraith, gan ennill cefnogaeth ym mhob plaid wleidyddol.

GWEITHGAREDD / Clip fideo

Ymgyrchoedd carfanau pwyso   Ewch i Hwb: www.hwb.gov.wales/

INQUEST

Mae gwaith y garfan bwyso INQUEST yn canolbwyntio ar farwolaethau sy'n gysylltiedig â'r wladwriaeth, fel marwolaethau pobl sy'n cael eu cadw yn y ddalfa gan yr heddlu, neu mewn carchardai, canolfannau cadw mewnfudo a gofal seiciatrig. Mae INQUEST wedi bod yn gysylltiedig â sawl cwest, gan gynnwys marwolaethau tân Tŵr Grenfell, trychineb Hillsborough yn 1989, ac achos Mark Duggan a gafodd ei saethu gan yr heddlu gan arwain at derfysgoedd Llundain yn 2011.

Mae INQUEST yn ymgyrchu i sicrhau bod ymchwiliadau i farwolaethau yn trin pobl sydd wedi cael profedigaeth ag urddas a pharch. Mae'n ymgymryd â phob math o weithgareddau:

Gwaith achos Mae INQUEST yn gwneud gwaith achos arbenigol i gefnogi teuluoedd sydd wedi cael profedigaeth er mwyn dysgu'r gwir am farwolaeth rhywun a oedd yng ngofal y wladwriaeth ar y pryd.

Atebolrwydd Un o nodau INQUEST yw sicrhau bod sefydliadau gwladol yn atebol pan fyddan nhw'n methu â diogelu'r bobl yn eu gofal.

Newid polisïau Un arall o nodau INQUEST yw rhannu gwersi a ddysgwyd o ymchwiliadau eraill er mwyn atal rhagor o farwolaethau. Mae'n casglu tystiolaeth o'i waith achos, yn cynnal ymchwil ac yn defnyddio ei wybodaeth i roi pwysau ar gyrff cyhoeddus i newid eu polisïau.

Dyma rai enghreifftiau o ymgyrchoedd llwyddiannus INQUEST i newid polisïau:

- Sefydlu Comisiwn Cwynion Annibynnol yr Heddlu, sy'n ymchwilio i gwynion difrifol a honiadau o gamymddwyn yn erbyn yr heddlu.
- Ymestyn Deddf Dynladdiad Corfforaethol 2007 i gynnwys marwolaethau yng ngwarchodaeth awdurdodau cyhoeddus (roedd yn ymwneud â busnesau yn unig cyn hynny).

Mae INQUEST yn parhau i ymgyrchu dros newid, gan gynnwys:

- **Cyllid cyfartal i deuluoedd sydd wedi cael profedigaeth** mewn cwestau i farwolaethau yn gysylltiedig â'r wladwriaeth. Mae'r wladwriaeth yn ariannu costau cyfreithiol cyrff cyhoeddus mewn cwestau ond rhaid i deuluoedd dalu eu costau eu hunain.
- **'Deddf Hillsborough'** sy'n ei gwneud yn drosedd i uwch swyddogion yr heddlu guddio methiannau sefydliadol ac unigol.

PROFI EICH HUN

Cwestiwn ymarfer

Trafodwch ymgyrchoedd sydd wedi arwain at newid yn y gyfraith. (9 marc)

Ffynhonnell: arholiad CBAC Troseddeg Uned 2 2018

Cyngor

Mae angen i chi drafod dwy neu ragor o ymgyrchoedd sydd wedi arwain at newid yn y gyfraith, fel yr ymgyrchoedd sydd wedi'u trafod yn y testun hwn: ymgyrchoedd dros Ddeddf Sarah a Deddf Clare, yr ymgyrch yn erbyn y gyfraith ar erlyniad dwbl gan Ann Ming, ac elusen Protection Against Stalking.

Ar gyfer pob ymgyrch rydych chi'n ymdrin â nhw, disgrifiwch yn gryno y sefyllfa a arweiniodd at yr ymgyrch a sut enillodd yr ymgyrch gefnogaeth i newid y gyfraith (drwy ddeisebau, cefnogaeth y cyfryngau, cefnogaeth gwleidyddion etc.).

Mae'n bwysig eich bod chi'n nodi enw'r ddeddf newydd (e.e. y Cynllun Datgelu Trais Domestig yn achos Deddf Clare) a'ch bod chi'n disgrifio yn union pa newid yn y gyfraith y gwnaeth yr ymgyrch ei sicrhau.

Paratoi ar gyfer arholiad Uned 2

Nawr eich bod chi wedi cwblhau Uned 2, mae angen i chi adolygu a pharatoi ar gyfer yr arholiad. Bydd yr adran hon yn eich helpu chi i baratoi ar ei gyfer. Mae'n cynnwys rhywfaint o gyngor ar sut i baratoi eich hun, ynghyd â dau gwestiwn arholiad o gyn-bapur CBAC i chi roi cynnig ar eu hateb.

Mae cyngor hefyd ar sut i ateb y cwestiynau, er efallai yr hoffech chi roi cynnig ar eu hateb yn gyntaf heb edrych ar y cyngor.

Byddwch yn drefnus!

Y peth cyntaf i'w wneud yw rhoi trefn ar eich ffeil.

1. Gwnewch restr o'r deg testun yn Uned 2 er mwyn rhoi fframwaith i'ch gwaith adolygu.
2. Trefnwch eich nodiadau, eich gweithgareddau a'ch gwaith cartref ar gyfer pob testun. Defnyddiwch yr is-benawdau ym mhob testun fel canllaw ar gyfer rhoi trefn arnyn nhw. Gallech chi weithio gyda ffrind a rhannu eich gwaith neu lenwi unrhyw fylchau sydd gennych gyda'ch gilydd.
3. Gwnewch restr o'r prif faterion sydd wedi'u cynnwys ym mhob testun. Gan ddefnyddio'r materion hyn, ewch at eich nodiadau a'ch gwerslyfr i ddod o hyd i'r deunyddiau sydd eu hangen arnoch er mwyn eu deall. Gwnewch unrhyw nodiadau ychwanegol sydd eu hangen arnoch.
4. Gan ddefnyddio eich nodiadau a'ch gwerslyfr, rhestrwch y syniadau allweddol sydd eu hangen ar gyfer pob testun. Nodwch y cysylltiad rhwng y syniadau hyn a'r materion.

Ymarfer, ymarfer, ymarfer!

Ar ôl i chi roi trefn ar eich ffeil, y ffordd orau o baratoi ar gyfer yr arholiad yw drwy ymarfer y sgìl y byddwch chi'n cael ei brofi arno – y sgìl o ateb cwestiynau arholiad. Fyddech chi ddim yn ystyried sefyll prawf gyrru heb wneud rhywfaint o yrru ymlaen llaw, ac mae'r un peth yn wir am arholiadau.

Dyma rai ffyrdd y gallwch chi ymarfer:

Dylech chi ymgyfarwyddo â'r cwestiynau posibl drwy edrych ar y rhai yn yr adrannau *Profi eich hun* ar ddiwedd pob testun a'r papur ymarfer ar y dudalen nesaf.

Ceisiwch wella'r atebion rydych chi wedi eu cwblhau yn barod. Os na wnaethoch chi gael marciau llawn mewn aseiniad, ewch ati i'w ailysgrifennu gan roi ystyriaeth i sylwadau eich athro/athrawes, ynghyd â'r cyngor yn yr adran *Profi eich hun* yn y testun perthnasol.

Atebwch unrhyw gwestiynau na wnaethoch chi eu hateb yn gynharach. Mae'n bosibl nad ydych chi wedi gwneud pob aseiniad a roddwyd i chi. Gwnewch yr aseiniadau dydych chi heb eu gwneud. Efallai bydd eich athro/athrawes yn fodlon eu marcio! Os nad yw hyn yn bosibl, gofynnwch am farn ffrind (ac yna gwnewch yr un peth i'ch ffrind).

Astudiwch atebion y myfyrwyr sy'n ymddangos ar ddiwedd rhai testunau, a darllenwch y sylwadau wrth eu hymyl.

Atebwch gyn-bapurau arholiad sydd ar gael ar wefan CBAC (ac edrychwch ar y cynlluniau marcio ar yr un pryd hefyd).

Cwestiynau ymarfer diwedd yr uned

Isod mae dau gwestiwn o gyn-bapur arholiad CBAC Troseddeg Uned 2 i chi eu hateb. Mae cyngor ar sut i'w hateb ar gael ar y ddwy dudalen nesaf. Fodd bynnag, cyn i chi edrych ar y cyngor, beth am geisio gwneud cynlluniau cryno ar gyfer sut byddech chi'n ateb y cwestiynau? Neu, gallech chi ateb y cwestiynau yn gyntaf ac yna cymharu eich atebion â'r cyngor wedyn.

CWESTIWN 1

Senario

Mae Martha wedi bod yn briod â Tony am 15 mlynedd. Am y rhan fwyaf o'r amser hwnnw mae hi wedi dioddef camdriniaeth ddomestig. Am nifer o resymau, dydy hi erioed wedi reportio hyn i'r heddlu. Y prif reswm yw ei bod hi'n teimlo trueni dros Tony gan ei fod wedi bod yn ddi-waith ers peth amser ac yn methu cael swydd. Mae Tony yn cynhyrfu *(gets upset)* am y ffaith nad yw'n gallu darparu safon byw gwell ar gyfer Martha ac ef ei hunan. O ganlyniad i hynny, yn ddiweddar mae wedi dechrau lladrata bwyd o archfarchnad leol. Mae eu cymydog yn gwybod am y gamdriniaeth ddomestig ac wedi gweld ymgyrch ar y teledu yn ddiweddar i hybu ymwybyddiaeth ac i annog pobl i reportio camdriniaeth o'r fath.

(a) (i) Nodwch **un** ddamcaniaeth gymdeithasegol o droseddoldeb. (1 marc)

    (ii) Nodwch **dair** nodwedd o'r ddamcaniaeth gymdeithasegol sy'n cael ei henwi yng nghwestiwn 1 (a) (i). (3 marc)

(b) Esboniwch sut gall **un** ddamcaniaeth gymdeithasegol o droseddoldeb gael ei chymhwyso at sefyllfa Tony. (6 marc)

(c) Gwerthuswch **un** ddamcaniaeth gymdeithasegol o droseddoldeb. (9 marc)

(ch) Ar wahân i gydymdeimlo, disgrifiwch resymau pam efallai na fydd dioddefwyr camdriniaeth ddomestig yn reportio'r drosedd. (6 marc)

Ffynhonnell: arholiad CBAC Troseddeg Uned 2 2019

CWESTIWN 2

Senario

Mae'r efeilliaid Alan ac Adrian yn ymgyrchu am y swydd Comisiynydd Heddlu a Throsedd yn eu hardal. Mae'r ddau yn pryderu am yr effaith *(impact)* mae adroddiadau ar y cyfryngau am droseddau yn ei chael ar y cyhoedd. Mae'r ddau yn canolbwyntio eu hymgyrchoedd ar reoli troseddu. Mae cynigion Alan ar gyfer rheoli troseddu yn canolbwyntio ar daclo troseddu, ac mae poblyddiaeth gosbol *(penal populism)* yn ganolog i'w ymgyrch. Mae Adrian yn dadlau y dylai damcaniaethau unigolyddol o droseddoldeb lywio'r broses o ddatblygu polisïau. Mae mam yr efeilliaid yn 80 oed ac mae hi'n falch iawn o'i meibion, ond mae hi'n methu credu faint mae deddfau wedi newid yn ystod ei bywyd.

(a) Nodwch **un** nodwedd o lunio polisïau ffurfiol ac **un** nodwedd o lunio polisïau anffurfiol. (2 marc)

(b) Disgrifiwch yn gryno yr opsiynau ar gyfer polisïau rheoli troseddu y gallai Alan eu cynnig. (4 marc)

(c) Esboniwch yn gryno yr effaith mae cynrychioliad y cyfryngau o drosedd yn ei chael ar ganfyddiad y cyhoedd o drosedd. (4 marc)

(ch) Aseswch **un** polisi rheoli troseddu a gafodd ei ddatblygu o ddamcaniaethau unigolyddol o droseddoldeb. (6 marc)

(d) Trafodwch sut mae deddfau wedi newid dros gyfnod o amser. (9 marc)

Ffynhonnell: arholiad CBAC Troseddeg Uned 2 2019

Cyngor ar ateb y cwestiynau ymarfer

Cyngor ar ateb Cwestiwn 1

(a) (i) Rhowch enw'r ddamcaniaeth yn unig. Cyn i chi ddewis damcaniaeth i'w nodi, edrychwch ar gwestiwn (a) (ii), lle bydd rhaid i chi ysgrifennu am y ddamcaniaeth gymdeithasegol rydych chi wedi'i dewis.

(ii) Bydd eich ateb yn dibynnu ar y ddamcaniaeth y gwnaethoch chi ei nodi yn (a) (i). Er enghraifft, os gwnaethoch chi ddewis damcaniaeth straen, gallech chi nodi'r nodweddion hyn:

- Mae cymdeithas yn *cymdeithasoli* ei haelodau i anelu at gael 'llwyddiant ariannol'.
- Ond mae anghydraddoldeb yn golygu nad yw'r dosbarth gweithiol *yn gallu sicrhau llwyddiant* drwy ddulliau cyfreithlon (e.e. ysgolion da).
- Oherwydd bod eu *cyfleoedd wedi'u rhwystro* mae hyn yn creu *straen* rhwng y nod a'r dull o'i gyflawni, gan arwain at *anomi*.
- Gall unigolion ymateb mewn ffyrdd gwyrdroëdig, e.e. '*arloesi*' – cyflawni troseddau *iwtilitaraidd* e.e. dwyn.

Defnyddiwch dermau allweddol y ddamcaniaeth rydych chi wedi'i dewis (fel y rhai mewn llythrennau italig uchod). Cofiwch gysylltu unrhyw ddamcaniaeth rydych chi'n ei dewis â *throseddoldeb*.

(b) Gallai wneud synnwyr i ddefnyddio'r ddamcaniaeth rydych chi eisoes wedi ei disgrifio. Er enghraifft, os gwnaethoch chi ddewis damcaniaeth straen, gallech chi ei chymhwyso fel hyn:

- Mae cymdeithas yn gosod y nod o lwyddiant materol i bawb, gan gynnwys Tony.
- Ond mae ei gyfleoedd i gyflawni hyn drwy ddulliau cyfreithlon (e.e. gwaith caled) yn cael eu rhwystro gan ei fod yn ddi-waith ers cyfnod hir.
- Mae'n teimlo'r 'straen i anomi' gan nad yw'n gallu cyrraedd y nod o safon byw gwell.
- Mae Tony yn ymateb drwy 'arloesi', gan droi at drosedd iwtilitaraidd (dwyn bwyd) – dull anghyfreithlon o gyflawni ei nod.

Cofiwch gymhwyso unrhyw ddamcaniaeth rydych chi'n ei dewis at y senario. Peidiwch ag ychwanegu manylion dychmygol o ran beth arall gallai Tony fod wedi'i wneud!

(c) Cwestiwn 'Gwerthuswch' yw hwn sy'n canolbwyntio ar gryfderau a chyfyngiadau'r ddamcaniaeth. Peidiwch â gwastraffu amser yn disgrifio'r ddamcaniaeth – ni fyddwch chi'n cael unrhyw farciau am hyn. Yn hytrach, canolbwyntiwch ar yr hyn mae'r ddamcaniaeth yn gallu neu ddim yn gallu ei esbonio. Does dim rhaid i chi sôn am yr un nifer o gryfderau a chyfyngiadau, ond rhaid i chi ddweud rhywbeth am y ddau. Defnyddiwch yr eirfa arbenigol berthnasol (fel yr enghreifftiau yn y llythrennau italig isod). Gallwch chi ddewis unrhyw ddamcaniaeth gymdeithasegol, ond gallai wneud synnwyr i ddefnyddio'r un y gwnaethoch chi ei defnyddio ar gyfer y cwestiwn blaenorol. Er enghraifft, ar gyfer damcaniaeth straen, gallech chi gynnwys:

Cryfderau/manteision

- Mae'n esbonio pam mae *cyfraddau troseddu ymhlith y dosbarth gweithiol* yn uwch: maen nhw'n fwy tebygol o wynebu *cyfleoedd wedi'u rhwystro* (e.e. diffyg mynediad at ysgolion da, swyddi sy'n talu'n wael) felly maen nhw'n troi at *arloesi* (*troseddau iwtilitaraidd*, e.e. dwyn) i sicrhau llwyddiant.
- Mae'n esbonio pam mae unigolion mewn sefyllfaoedd cymdeithasol gwahanol yn troi at wahanol *addasiadau (cydymffurfio, arloesi, cadw defodau, encilio, gwrthryfela)*. E.e. mae'r dosbarth canol yn fwy tebygol o gydymffurfio gan fod ganddyn nhw fwy o gyfle i lwyddo drwy *ddulliau cyfreithlon*.

Cyfyngiadau/anfanteision

- Mae'n anwybyddu *troseddau'r cyfoethog* a *phŵer y dosbarth sy'n rheoli* i lunio deddfau er eu budd eu hunain.
- Mae'n *benderfyniaethol*: nid yw pob aelod o'r dosbarth gweithiol yn troseddu.
- Mae'n gweld trosedd fel *ymateb unigolyn*, gan anwybyddu *gwyredd grŵp*, e.e. isddiwylliannau tramgwyddus.
- Mae'n anwybyddu *troseddau sydd ddim yn iwtilitaraidd* heb gymhelliad economaidd, e.e. fandaliaeth.

(ch) Mae hwn yn gwestiwn synoptig a rhaid i chi ddefnyddio eich gwybodaeth o Uned 1, Testun 1.2. Mae sawl rheswm dros beidio â reportio trosedd i'r heddlu, e.e. ofn erledigaeth bellach, diffyg gwybodaeth, teimlad o gywilydd/embaras neu ddibyniaeth. Rhowch sawl rheswm. Datblygwch eich disgrifiad o'r rhesymau. Er enghraifft, os yw'r dioddefwr yn dibynnu ar y cam-driniwr, bydd reportio'r gamdriniaeth yn golygu y bydd mewn perygl o golli cefnogaeth ariannol ei bartner.

Cyngor ar ateb Cwestiwn 2

(a) Nodwch fod polisïau ffurfiol yn sancsiynau swyddogol, fel dirwyon neu garcharu, sy'n cael eu defnyddio i gosbi trosedd, neu ddeddfau sy'n cael eu pasio gan y Senedd. Gall polisïau anffurfiol gael eu hystyried fel sancsiynau answyddogol, fel cosbau anffurfiol o fewn y teulu neu grwpiau cyfoedion.

(b) Ystyriwch fwy nag un polisi rheoli troseddu. Defnyddiwch y senario i'ch helpu i adeiladu ar y cyfeiriad at y syniad o 'daclo troseddu'. Esboniwch beth yw ystyr poblyddiaeth gosbol a pha bolisïau gallai hyn eu cynnwys, fel dedfrydau carchar mwy llym (e.e. dedfrydau hirach neu benagored, neu 'tri rhybudd a dyna ni'). Mae polisïau eraill yn cynnwys plismona mwy llym (e.e. goddef dim) a strategaethau atal troseddu sefyllfaol (e.e. CCTV; caledu targedau). Cysylltwch y polisïau hyn â realaeth y dde (e.e. mae pobl sydd ar fin troseddu yn pwyso a mesur costau a buddion troseddu, felly os bydd yn fwy costus bydd hyn yn eu hatal).

(c) Mae hwn yn gwestiwn synoptig a rhaid i chi ddefnyddio eich gwybodaeth o Uned 1, Testun 1.5. Defnyddiwch dermau allweddol fel panig moesol, stereoteipio/teipeiddiadau, diawliaid y werin, sbiral ymhelaethu gwyredd, entrepreneuriaid moesol i amlinellu cynrychioliad y cyfryngau o drosedd. Esboniwch sut mae cynrychioliad y cyfryngau yn effeithio ar farn y cyhoedd am drosedd. A yw'n creu mwy o ofn o ddioddef trosedd, neu'n rhoi'r argraff i'r cyhoedd fod tueddiadau troseddu yn codi, er nad ydynt mewn gwirionedd? A yw'n creu agweddau negyddol tuag at leiafrifoedd neu bobl ifanc, neu'n arwain at alwadau am gosbau llymach am droseddau mae'r cyfryngau yn eu hamlygu? Cyfeiriwch at unrhyw enghreifftiau perthnasol diweddar a/neu astudiaethau fel un Stanley Cohen.

(ch) Dylech chi osgoi rhoi disgrifiadau hir o'r ddamcaniaeth ei hun a chanolbwyntio'n hytrach ar y polisi sy'n deillio ohoni. Mae polisïau yn cynnwys seicdreiddio (o ddamcaniaeth Freud), polisïau addasu ymddygiad, e.e. rhaglenni atgyfnerthu â thalebau mewn carchardai (o ddamcaniaeth dysgu gweithredol Skinner), therapi anghymell (o ddamcaniaeth Eysenck) a rhaglenni CBT. Cwestiwn 'Aseswch' yw hwn felly rhaid i chi gynnwys gwerthusiadau cadarnhaol a negyddol o'r polisi. Er enghraifft, ar gyfer rhaglenni atgyfnerthu â thalebau, rhowch ddisgrifiad cryno o sut mae'n gweithio, gan ddefnyddio geirfa arbenigol (e.e. atgyfnerthu dewisol). Ystyriwch i ba raddau mae'n effeithiol, e.e. unwaith y bydd yr atgyfnerthu yn dod i ben, mae ymddygiad yn dechrau dirywio, er bod hynny'n arafach nag yn achos carcharorion nad oedd yn rhan o'r rhaglen.

(d) Canolbwyntiwch ar newidiadau yn y gyfraith dros amser, yn hytrach nag ar wahaniaethau rhwng y gyfraith mewn cymdeithasau neu ddiwylliannau gwahanol – er y gallwch chi drafod sut mae newidiadau diwylliannol *o fewn* cymdeithas benodol yn gallu arwain at newidiadau yn y gyfraith. Er enghraifft, gallech chi drafod sut mae newidiadau o ran normau, gwerthoedd ac agweddau *yng nghymdeithas Prydain* wedi arwain at newidiadau yn y gyfraith ar gyfunrywioldeb – ond dylech chi osgoi trafod sut mae'r deddfau neu'r agweddau hyn ym Mhrydain yn wahanol i safbwyntiau *cymdeithasau eraill* am gyfunrywioldeb. Defnyddiwch enghreifftiau o newidiadau i ddeddfau penodol, e.e. yfed a gyrru, hiliaeth, cyfunrywioldeb/hawliau LHDT+, cyffuriau neu reoli gynnau. Disgrifiwch y ffactorau a'r camau a arweiniodd at y newid. Gwnewch yn siŵr eich bod chi'n enwi'r deddfau (neu'r cosbau) sydd wedi newid.

Ffynonellau

Aichhorn, A (1925; 1936) *Wayward Youth*, Viking Press

Ariès, P (1960) *Centuries of Childhood*, Penguin

Baker, P et al. (2013) 'Sketching Muslims: A corpus driven analysis of representations around the word 'Muslim' in the British press 1998–2009', *Applied Linguistics*

Ballinger S (gol.) (2018) *1968-2018 Many Rivers Crossed*, British Future

Bandura, A et al. (1963) 'Imitation of film-mediated aggressive models', *Journal of Abnormal and Social Psychology*

BBC News (2011)'Some England riot sentences "too severe"', BBC, 17 Awst

BBC News (2018) 'Police forces "ignoring Clare's Law and failing women"', BBC, 9 Ionawr

BBC News (2018) 'Stalking reports treble as prosecution rates fall', BBC, 20 Gorffennaf

Becker, H (1963) *Outsiders*, Free Press

Bennett, T a Wright, R (1984) *Remembering*, Cambridge University Press

Bowlby, J (1946; 1951) *Maternal Care and Maternal Health*, Shoken Books

Bradpiece, S (2016) 'Altered Perspectives: UK Rave Culture, Thatcherite Hegemony and the BBC', University of Bristol

Braithwaite, J (1988) *Crime, Shame and Reintegration*, Cambridge University Press

Carson, W (1971) 'White-Collar Crime and the Enforcement of Factory Legislation' yn Carson W a Wiles P (goln) *Crime and Delinquency in Britain*, Martin Robertson

Casciani, D (2014) 'Crime stats: The truth is out there', BBC, 21 Ionawr

Chambliss, W (1975) 'Toward a Political Economy of Crime', *Theory and Society*

Christiansen, KO (1977) 'A Preliminary Study of Criminality among Twins', yn Mednick, SA a Christiansen, KO (goln) *Biosocial Bases of Criminal Behaviour*, Gardiner Press

Cicourel, A (1968) *The Social Organisation of Juvenile Justice*, Wiley

Cloward, R ac Ohlin, L (1960) *Delinquency and Opportunity*, The Free Press

Cohen, AK (1955) *Delinquent Boys*, The Free Press

Cohen, S (1972: 1973) *Folk Devils and Moral Panics*, Paladin

Downes, D a Hansen, K (2006) 'Welfare and punishment in comparative perspective' yn Armstrong S et al. (goln) *Perspectives on Punishment*, Oxford University Press

Durkheim, E (1893; 1964) *The Division of Labour in Society*, The Free Press

Elias, N (1978; 1982) *The Civilising Process*, Cyfrolau 1 a 2, Blackwell

Ellis, L a Coontz, P (1990) 'Androgens, Brain Functioning and Criminality', yn Ellis, L a Hoffman, H (goln) *Crime in Biological, Social and Moral Contexts*, Praeger

Eysenck, HJ (1952) 'The Effects of Psychotherapy: An Evaluation', *Journal of Consulting Psychology*

Eysenck, HJ (1964) *Crime and Personality*, RKP

Farrington, DP et al. (1982) 'Personality and Delinquency in London and Montreal', yn Gunn, J a Farrington, DP (goln) *Abnormal Offenders, Delinquency and the Criminal Justice System*, Wiley

Feeley, M a Simon, J (1994) 'Actuarial Justice' yn Nelken, D *The Futures of Criminology*, Sage

Feldman, MP (1977) *Criminal Behaviour: a psychological analysis*, Wiley

Felson, M (2012) *Crime and Everyday Life*, Pine Forge Press

Gesch, CB et al. (2002) 'Influence of Supplementary Vitamins, Minerals and Essential Fatty Acids on the Antisocial Behaviour of Young Adult Prisoners', *British Journal of Psychiatry*

Glueck, S a Glueck, E (1950) *Unravelling Juvenile Delinquency*, Commonwealth Fund

Goffman, E (1961) *Asylums*, Doubleday

Gottfredson, M a Hirschi, T (1990) *A General Theory of Crime*, Stanford University Press

Green, P a Ward, T (2005) 'Special Issue on State Crime', *British Journal of Criminology*

Haggerty, K ac Ericson, R (2000) 'The Surveillant Assemblage', *British Journal of Sociology*

Henry, S a Milovanovic, D (1996) *Constitutive Criminology*, Sage

Hirschi a Gottfredson (1990) 'Commentary: Testing the General Theory of Crime', *Journal of Research in Crime and Delinquency*

Y Swyddfa Gartref (2003) *The Crime and Justice Survey*

Hutchings, B a Mednick, SA (1977) 'Registered criminality in the adoptive and biological parents of registered male criminal adoptees', yn Fieve, RR et al. (goln) *Genetic Research in Psychiatry*, Johns Hopkins University Press

Ishikawa, S, Raine, A et al. (2001) 'Autonomic stress reactivity and executive functions in successful and unsuccessful criminal psychopaths from the community', *Journal of Abnormal Psychology*

Jacob, PA et al. (1965) 'Aggressive Behaviour, Mental Sub-normality and the XYY Male', *Nature*

Jeffery, C (1959) 'An Integrated Theory of Crime and Criminal Behaviour', *Journal of Criminal Law, Criminology and Police Science*

Kaspersson, M (2008) 'On Treating the Symptoms and not the Cause: Reflections on the Dangerous Dogs Act', *Papers from the British Criminology Conference 2008*

Kelley, N a Sharrock, S (2017) *Racial prejudice in Britain today*, NatCen

Kohlberg, L (1976) 'Moral stages and moralisation: The cognitive-developmental approach', yn Lickona T (gol.) *Moral Development and Behavior*, Holt, Reinhart & Winston

Lea, J ac Young, J (1984; 1993) *What is to be Done About Law and Order?* Penguin

Lemert, E (1972) *Human Deviance, Social Problems and Social Control*, Prentice-Hall

Lodge, M a Hood, C (2002) 'Pavlovian policy responses to media feeding frenzies? Dangerous dogs regulation in comparative perspective', *Journal of Contingencies and Crisis Management*

Lombroso, C (1897) *L'Uomo Delinquente*, Bocca

Males, M a Macallair, D (1998) 'The effect of juvenile curfew laws in California', *Western Criminological Review*

Matthews, VM (1968) 'Differential Association: an empirical note', *Social Problems*

Mednick, SA et al. (1984) 'Genetic Influences on Criminal Convictions', *Science*

Merton, RK (1938; 1949) 'Social Structure and Anomie' yn Anshen R (gol.) *The Family*, Harper Brothers

Murray, C (1990) *The Emerging British Underclass*, IEA

Norris, C (2012) 'Accounting for the global growth of CCTV' in Ball, K et al. (goln) *Routledge Handbook of Surveillance Studies*, Routledge

Norris, C ac Armstrong, G (1999) *The Maximum Surveillance Society*, Berg

Osborn, SG a West, DJ (1979) 'Conviction records of fathers and sons compared', *British Journal of Criminology*

Pew Global Attitudes Survey (2013) 'The Global Divide on Homosexuality', Pew Research Center

Piliavin, I a Briar, B (1964) 'Police Encounters with Juveniles', *American Journal of Sociology*

Price, WH a Whatmore, PB (1967) 'Behaviour Disorders and Patterns of Crime among XYY Males', *British Medical Journal*

Rettig, S (1966) 'Ethical risk taking in group and individual conditions', *Journal of Personality and Social Psychology*

Rogers, S (2012), 'Riots broken down: who was in court and what's happened to them?' The Guardian, 4 Gorffennaf

Sammons, A a Putwain, D (2018) *Psychology and Crime*, Routledge

Scarmella, T a Brown, W (1978) 'Serum testosterone and aggressiveness in hockey players', *Psychosomatic Medicine*

Schalling (1987) 'Personality correlates of testosterone levels in young delinquents', yn Mednick SA et al. (goln) *The Causes of Crime: New Biological Approaches*, Cambridge University Press

Schlesinger, P a Tumber, H (1992) 'Crime and Criminal Justice in the Media', yn Downes, D *Unravelling Criminal Justice*, Macmillan

Schoenthaler, SJ (1982) 'The effects of blood sugar on the treatment and control of anti-social behaviour', *International Journal of Biosocial Research*

Sheldon, WH (1940) *Varieties of Delinquent Youth*, Harper

Siddique, H (2016) 'England had 5,700 recorded cases of FGM in 2015-16, figures show', The Guardian, 21 Gorffennaf

Skinner, BF (1953) *Science and Human Behavior*, Macmillan

Sutherland, E (1949) *White Collar Crime*, Holt, Rinehart and Winston

Thornton, D a Reid, RL (1982) 'Moral reasoning and types of criminal offence', *British Journal of Social Psychology*

Tombs, S (2013) 'Corporate crime', yn Hale C et al. (goln) *Criminology*, Oxford University Press

Wilkins, L (1964) *Social Deviance*, Tavistock

Wilson, J a Herrnstein, R (1985) *Crime and Human Nature*, Simon and Schuster

Wilson, J a Kelling, G (1982) 'Broken Windows', *Atlantic Monthly*

Yochelson, S a Samenow, S (1976) *The Criminal Personality*, Jason Aronson

Young, J (1971) *The Drugtakers*, Paladin

Young, J (2002) 'Crime and social exclusion' yn Maguire, M et al. (goln) *The Oxford Handbook of Criminology*, Oxford University Press

A

actus reus, 79, 165

Adroddiad Wolfenden 87, 93

adsefydlu, 123, 146

aflonyddu rhywiol, 9, 52

anghydraddoldeb, 111–13, 135–36, 143, 145–46, 165

Aichhorn, 140

ailgyfeirio, 113, 145, 147–48

alcohol, 19, 37, 94, 99, 123, 128, 136–38, 149–51, 163, 165

allblygedd, 102, 106, 130, 165

amcanion, 53, 61–65, 75

amcanion CAMPUS, 62, 64

amddifadedd cymharol, 113–14, 121, 136, 146, 165

amgylchedd, 8–9, 76, 79, 96, 99–100, 103, 127, 137, 140, 144, 153

amlbriodas, 84–85

anabledd, 14–15, 17, 152

anadliedyddion, 150

analluogi, 145–46

anffrwythloni, 139

anffurfio organau cenhedlu benywod, 15

anhwylder gemau electronig, 30

anomi, 107

anrhydedd, 15–17, 22–23, 61, 117–18

apiau ffôn, 26

ar lafar, 58–59, 60

Ariès, 89

arloesi, 108, 118

arolwg dioddefwyr, 44–45

Arolwg Troseddu Cymru a Lloegr, 14, 16, 34, 40, 44, 47, 63, 75

arteithio, 11

asesiad dan reolaeth, 3–6, 17, 22, 26, 31, 39, 47, 53, 60–61, 65–66, 71, 73–74

asesiad synoptig, 6

Asiantaeth Troseddu Cenedlaethol, 30

astudiaeth hydredol, 96

astudiaethau hunanadrodd, 46

astudiaethau mabwysiadu, 96–97, 99, 127, 137

astudiaethau o efeilliaid, 96, 99, 126–27, 137

atafiaeth, 94

atal troseddu, 66, 144–45, 148

atal troseddu sefyllfaol, 144

ataliaeth, 145–46

atgwympo, 146

atgyfnerthu, 103–4, 131, 141, 164

atgyfnerthu gwahaniaethol, 104

athreuliad y sampl, 132

awtomatiaeth, 92

B

babanladdiad, 98, 128–29

Bandura, 100, 104, 124, 132

baneri gwe, 56, 60

barnwyr, 35, 37

BBC, 38, 42, 152

Becker, 37

Bennett a Wright, 135

biocemegol, esboniadau 94, 98, 125, 128, 163

blogiau, 30–31, 51, 54, 60, 71

bourgeoisie, 111

Bowlby, 101–2, 123, 130, 140

Bradpiece, 38

Braithwaite, 144

Brown, 129, 157

Burke, 52

bwydo o'r fron, 98, 128, 165

C

cadw defodau, 108

caledu targedau, 144, 148

cam-drin plant yn rhywiol, 24, 33

camgymeriadau meddwl, 105, 132

canabis, 7, 19–21, 23–25, 75, 82, 86–88, 99, 109–11, 144, 147, 163

canfyddiad y cyhoedd o drosedd, 3, 32, 39, 150, 152

carchar, 36–37, 49–50, 87, 92, 110, 115, 122–23, 128, 130, 138, 141, 143, 145–48, 151, 153, 157–59, 165

carcharorion, 11, 30, 81, 94, 98, 115, 126, 128, 130, 139, 141, 143, 146–47, 165

carcharu, 11, 81, 85–87, 145–46, 151, 159

cardotwyr, 10

Caribî, y, 151–53

Carson, 112

cerddoriaeth, 7, 12–13, 25, 31, 38, 163–64

Chambliss, 91–92, 112

Christiansen, 96, 99

Cicourel, 35, 92, 110

clefyd Parkinson, 51, 58

cocên, 99, 128, 163, 165

codau moesol, 77–78

cofnod troseddol, 48–49, 82, 96–97, 117, 144

Cofrestr Troseddwyr Treisgar a Throseddwyr Rhyw, 82

Cohen, Albert, 109, 118, 143

Cohen, Stanley, 32–33, 36, 111

coler wen, 8–9, 17, 20, 22, 35, 61, 80, 103, 111–12, 125, 131, 136, 145

cosb, 5–6, 16, 35, 39, 82, 85, 90–91, 93, 101, 103, 105–6, 112, 120, 130–31, 135, 138, 141, 143–44, 149

cosb eithaf, y 86, 90–91, 153

cosb gorfforol, 90, 93

crefydd, 14–15, 85–86, 93, 114, 154

creu lluniad cymdeithasol, 84, 89, 93, 111, 163

crwydraeth, 10, 22

cydwybod, 100–101, 140

cyfalafiaeth troseddogenig, 111, 124, 135

cyfeiriadedd rhywiol, 14–15, 87, 149, 154

cyfiawnder actiwaraidd, 116, 136

cyfiawnhau eich dewis o ymgyrch, 61, 63

cyfleoedd cyfartal, 143

cyfleoedd wedi'u rhwystro, 108, 114, 123, 133, 136, 143, 164

cyflwyno eich achos dros weithredu, 72–73

cyflyru, 103–4, 106, 141

cyfradd cydgordiad, 96–97, 99, 126–27, 137

cyfryngau, y, 3–4, 7–9, 11–14, 17, 20, 22, 24–25, 27, 29–39, 44, 49–50, 52, 54–56, 58–60, 63, 67, 69–70, 74–76, 78, 80, 82, 84, 88–89, 97–98, 101, 104–5, 110–11, 114–15, 118, 122, 137, 139–42, 146, 149, 151, 153, 155, 158–60, 163, 165

gormod o sylw i droseddau, 34

trais yn y cyfryngau, 30

cyfryngau cymdeithasol, y, 12–14, 27, 30–31, 52, 54–56, 60, 63

cyfryngau print, 59–60

cyfunrywioldeb, 24, 33, 37, 83, 86–87, 93, 141, 149, 154–55, 165

cyffuriau, 10, 24, 80, 87–88, 93, 99, 136, 138, 147, 149, 151, 165

Cyllid a Thollau Ei Mawrhydi, 20, 44

cyllid, 61, 64–65, 75

Cymdeithas Diwygio Cyfreithiau Cyfunrywiol, 87

cymdeithasoli, 100–101, 103, 112–13, 123, 129, 131, 140

Cymorth i Ddioddefwyr, 26

cyn-foesol, 105

cyn-gonfensiynol, 105

Cynllun Datgelu Trais Domestig, 16, 158, 161